卞尺丹几乙し丹卞と
Translated Language Learning

Siddhartha
সিদ্ধার্থ

An Indian Poem
একটি ভারতীয় কবিতা

Hermann Hesse

হারমান হেসে

English / বাংলা

Copyright © 2024 Tranzlaty
All rights reserved
Published by Tranzlaty
Siddhartha – Eine Indische Dichtung
ISBN: 978-1-83566-674-6
Original text by Hermann Hesse
First published in German in 1922
www.tranzlaty.com

The Son of the Brahman
ব্রাহ্মণের পুত্র

In the shade of the house
ঘরের ছায়ায়
in the sunshine of the riverbank
নদীর তীরের রোদে
near the boats
নৌকার কাছাকাছি
in the shade of the Sal-wood forest
সাল-কাঠের বনের ছায়ায়
in the shade of the fig tree
ডুমুর গাছের ছায়ায়
this is where Siddhartha grew up
এখানেই সিদ্ধার্থ বড় হয়েছেন
he was the handsome son of a Brahman, the young falcon
তিনি ছিলেন একজন ব্রাহ্মণের সুদর্শন পুত্র, তরুণ বাজপাখি
he grew up with his friend Govinda
তিনি তার বন্ধু গোবিন্দের কাছে বড় হয়েছেন
Govinda was also the son of a Brahman
গোবিন্দও ছিলেন একজন ব্রাহ্মণের পুত্র
by the banks of the river the sun tanned his light shoulders
নদীর তীরে সূর্য তার আলোর কাঁধে রঙ করে
bathing, performing the sacred ablutions, making sacred offerings
গোসল করা, পবিত্র অজু করা, পবিত্র নৈবেদ্য করা
In the mango garden, shade poured into his black eyes
আম বাগানে তার কালো চোখে ছায়া ঢেলে
when playing as a boy, when his mother sang
যখন ছেলেবেলায় খেলত, যখন তার মা গান গাইত
when the sacred offerings were made
যখন পবিত্র নৈবেদ্য তৈরি করা হয়েছিল

when his father, the scholar, taught him
যখন তার পিতা পণ্ডিত তাকে শিক্ষা দিতেন
when the wise men talked
জ্ঞানীরা যখন কথা বলত
For a long time, Siddhartha had been partaking in the discussions of the wise men
বহুদিন ধরেই সিদ্ধার্থ জ্ঞানীদের আলোচনায় অংশ নিচ্ছিলেন
he practiced debating with Govinda
তিনি গোবিন্দের সাথে বিতর্কের অনুশীলন করতেন
he practiced the art of reflection with Govinda
তিনি গোবিন্দের সাথে প্রতিফলনের শিল্প অনুশীলন করেছিলেন
and he practiced meditation
এবং তিনি ধ্যান অনুশীলন করেন
He already knew how to speak the Om silently
সে আগে থেকেই জানত কিভাবে নীরবে ওম কথা বলতে হয়
he knew the word of words
তিনি শব্দের শব্দ জানতেন
he spoke it silently into himself while inhaling
শ্বাস নেওয়ার সময় সে নিজের মধ্যে চুপচাপ কথা বলেছিল
he spoke it silently out of himself while exhaling
নিঃশ্বাস ফেলার সময় তিনি নিঃশব্দে নিজের থেকে এটি বলেছিলেন
he did this with all the concentration of his soul
তিনি তার আত্মার সমস্ত একাগ্রতা দিয়ে এটি করেছিলেন
his forehead was surrounded by the glow of the clear-thinking spirit
তার কপাল পরিষ্কার-চিন্তা চেতনার দীপ্তি দ্বারা বেষ্টিত ছিল
He already knew how to feel Atman in the depths of his being

তিনি ইতিমধ্যেই জানতেন কিভাবে আত্মাকে তার সত্তার গভীরে অনুভব করতে হয়
he could feel the indestructible
তিনি অবিনশ্বর অনুভব করতে পারেন
he knew what it was to be at one with the universe
তিনি জানতেন যে মহাবিশ্বের সাথে এক হতে হবে
Joy leapt in his father's heart
বাবার হৃদয়ে আনন্দ লাফিয়ে উঠল
because his son was quick to learn
কারণ তার ছেলে দ্রুত শিখেছিল
he was thirsty for knowledge
তিনি জ্ঞানের জন্য তৃষ্ণার্ত ছিলেন
his father could see him growing up to become a great wise man
তার বাবা তাকে বড় হয়ে একজন মহান জ্ঞানী মানুষ হতে দেখেছিলেন
he could see him becoming a priest
তিনি তাকে পুরোহিত হতে দেখতে পান
he could see him becoming a prince among the Brahmans
তিনি তাকে ব্রাহ্মণদের মধ্যে রাজপুত্র হয়ে উঠতে দেখেছিলেন
Bliss leapt in his mother's breast when she saw him walking
তাকে হাঁটতে দেখে আনন্দ তার মায়ের বুকের মধ্যে লাফিয়ে উঠল
Bliss leapt in her heart when she saw him sit down and get up
তাকে বসতে এবং উঠতে দেখে আনন্দ তার হৃদয়ে লাফিয়ে উঠল
Siddhartha was strong and handsome
সিদ্ধার্থ ছিল শক্তিশালী এবং সুদর্শন
he, who was walking on slender legs
তিনি, যিনি সরু পায়ে হাঁটছিলেন

he greeted her with perfect respect

তিনি তাকে নিখুঁত সম্মানের সাথে অভ্যর্থনা জানালেন

Love touched the hearts of the Brahmans' young daughters

প্রেম ব্রাহ্মণদের যুবতী কন্যাদের হৃদয় স্পর্শ করেছিল

they were charmed when Siddhartha walked through the lanes of the town

সিদ্ধার্থ শহরের গলিপথে হেঁটে যাওয়ার সময় তারা মুগ্ধ হয়েছিল

his luminous forehead, his eyes of a king, his slim hips

তার উজ্জ্বল কপাল, রাজার মতো তার চোখ, তার পাতলা পোঁদ

But most of all he was loved by Govinda

তবে সবচেয়ে বেশি ভালোবাসতেন গোবিন্দের

Govinda, his friend, the son of a Brahman

গোবিন্দ, তার বন্ধু, ব্রাহ্মণের ছেলে

He loved Siddhartha's eye and sweet voice

তিনি সিদ্ধার্থের চোখ এবং মিষ্টি কন্ঠ পছন্দ করতেন

he loved the way he walked

তিনি যেভাবে হেঁটেছিলেন তা তিনি ভালোবাসতেন

and he loved the perfect decency of his movements

এবং তিনি তার নড়াচড়ার নিখুঁত শালীনতা পছন্দ করতেন

he loved everything Siddhartha did and said

তিনি সিদ্ধার্থ যা করতেন এবং যা বলেন সবই ভালোবাসতেন

but what he loved most was his spirit

কিন্তু তিনি যেটা সবচেয়ে বেশি ভালোবাসতেন তা হল তার আত্মা

he loved his transcendent, fiery thoughts

তিনি তার অতীন্দ্রিয়, জ্বলন্ত চিন্তা ভালোবাসতেন

he loved his ardent will and high calling

তিনি তার প্রবল ইচ্ছাশক্তি এবং উচ্চ আহ্বানকে ভালোবাসতেন

Govinda knew he would not become a common Brahman
গোবিন্দ জানতেন তিনি সাধারণ ব্রাহ্মণ হবেন না
no, he would not become a lazy official
না, তিনি অলস কর্মকর্তা হয়ে উঠবেন না
no, he would not become a greedy merchant
না, সে লোভী বণিক হয়ে উঠবে না
not a vain, vacuous speaker
নিরর্থক নয়, শূন্য স্পিকার
nor a mean, deceitful priest
বা একটি গড়, প্রতারক যাজক না
and he also would not become a decent, stupid sheep
এবং সে একটি ভদ্র, মূর্খ ভেড়া হয়ে উঠবে না
a sheep in the herd of the many
অনেকের পালের মধ্যে একটি ভেড়া
and he did not want to become one of those things
এবং তিনি সেই জিনিসগুলির মধ্যে একটি হতে চাননি।
he did not want to be one of those tens of thousands of Brahmans
তিনি সেই হাজার হাজার ব্রাহ্মণের একজন হতে চাননি
He wanted to follow Siddhartha; the beloved, the splendid
তিনি সিদ্ধার্থকে অনুসরণ করতে চেয়েছিলেন; প্রিয়, চমৎকার
in days to come, when Siddhartha would become a god, he would be there
আগামী দিনে, যখন সিদ্ধার্থ দেবতা হবেন, তিনি সেখানে থাকবেন
when he would join the glorious, he would be there
যখন তিনি গৌরবময় যোগদান করবেন, তিনি সেখানে থাকবেন
Govinda wanted to follow him as his friend
গোবিন্দ তাকে বন্ধু হিসেবে অনুসরণ করতে চেয়েছিলেন
he was his companion and his servant

তিনি ছিলেন তাঁর সহচর ও দাস
he was his spear-carrier and his shadow
তিনি ছিলেন তার বর্শা-বাহক এবং তার ছায়া
Siddhartha was loved by everyone
সিদ্ধার্থকে সবার প্রিয় ছিল
He was a source of joy for everybody
তিনি ছিলেন সবার জন্য আনন্দের উৎস
he was a delight for them all
তিনি তাদের সকলের জন্য আনন্দিত ছিলেন
But he, Siddhartha, was not a source of joy for himself
কিন্তু তিনি, সিদ্ধার্থ, নিজের জন্য আনন্দের উৎস ছিলেন না
he found no delight in himself
সে নিজের মধ্যে কোন আনন্দ খুঁজে পায়নি
he walked the rosy paths of the fig tree garden
সে ডুমুর গাছের বাগানের গোলাপী পথ দিয়ে হেঁটেছিল
he sat in the bluish shade in the garden of contemplation
মনন বাগানে নীলাভ ছায়ায় সে বসল
he washed his limbs daily in the bath of repentance
অনুতাপের স্নানে তিনি প্রতিদিন তার অঙ্গ-প্রত্যঙ্গ ধুতেন
he made sacrifices in the dim shade of the mango forest
তিনি আম বনের আবছা ছায়ায় বলিদান করেছিলেন
his gestures were of perfect decency
তার অঙ্গভঙ্গি ছিল নিখুঁত শালীনতা
he was everyone's love and joy
তিনি ছিলেন সকলের ভালবাসা এবং আনন্দ
but he still lacked all joy in his heart
কিন্তু তবুও তার হৃদয়ে সমস্ত আনন্দের অভাব ছিল
Dreams and restless thoughts came into his mind
স্বপ্ন ও অস্থির চিন্তা তার মনে আসে
his dreams flowed from the water of the river
তার স্বপ্ন নদীর জল থেকে প্রবাহিত হয়েছিল

his dreams sparked from the stars of the night
তার স্বপ্ন রাতের তারা থেকে স্ফুলিঙ্গ
his dreams melted from the beams of the sun
তার স্বপ্ন সূর্যের আলো থেকে গলে গেছে
dreams came to him, and a restlessness of the soul came to him
স্বপ্ন তার কাছে এসেছিল, এবং আত্মার অস্থিরতা তার কাছে এসেছিল
his soul was fuming from the sacrifices
তার আত্মা বলিদান থেকে ফুঁপিয়ে উঠছিল
he breathed forth from the verses of the Rig-Veda
তিনি ঋগ্বেদের শ্লোক থেকে নিঃশ্বাস ত্যাগ করেছিলেন
the verses were infused into him, drop by drop
শ্লোকগুলি তার মধ্যে মিশে গিয়েছিল, ফোঁটায় ফোঁটায়
the verses from the teachings of the old Brahmans
প্রাচীন ব্রাহ্মণদের শিক্ষা থেকে শ্লোক
Siddhartha had started to nurse discontent in himself
সিদ্ধার্থ নিজের মধ্যে অসন্তোষ পোষণ করতে শুরু করেছিল
he had started to feel doubt about the love of his father
সে তার বাবার ভালবাসা নিয়ে সন্দেহ বোধ করতে শুরু করেছিল
he doubted the love of his mother
সে তার মায়ের ভালবাসা নিয়ে সন্দেহ করত
and he doubted the love of his friend, Govinda
এবং তিনি তার বন্ধু গোবিন্দের প্রেমে সন্দেহ করেছিলেন
he doubted if their love could bring him joy forever and ever
তিনি সন্দেহ করেছিলেন যে তাদের ভালবাসা তাকে চিরতরে আনন্দ দিতে পারে কিনা
their love could not nurse him
তাদের ভালোবাসা তাকে লালন করতে পারেনি
their love could not feed him

তাদের ভালবাসা তাকে খাওয়াতে পারেনি
their love could not satisfy him
তাদের ভালবাসা তাকে সন্তুষ্ট করতে পারেনি
he had started to suspect his father's teachings
সে তার বাবার শিক্ষাকে সন্দেহ করতে শুরু করেছিল
perhaps he had shown him everything he knew
সম্ভবত তিনি তাকে যা জানতেন তা দেখিয়েছিলেন
there were his other teachers, the wise Brahmans
সেখানে তাঁর অন্যান্য শিক্ষক ছিলেন, জ্ঞানী ব্রাহ্মণ
perhaps they had already revealed to him the best of their wisdom
সম্ভবত তারা ইতিমধ্যেই তার কাছে তাদের সর্বোত্তম জ্ঞান প্রকাশ করেছিল
he feared that they had already filled his expecting vessel
তিনি আশঙ্কা করেছিলেন যে তারা ইতিমধ্যেই তার প্রত্যাশিত পাত্রটি পূরণ করেছে
despite the richness of their teachings, the vessel was not full
তাদের শিক্ষার সমৃদ্ধি সত্ত্বেও, পাত্রটি পূর্ণ ছিল না
the spirit was not content
আত্মা সন্তুষ্ট ছিল না
the soul was not calm
আত্মা শান্ত ছিল না
the heart was not satisfied
হৃদয় সন্তুষ্ট ছিল না
the ablutions were good, but they were water
অযু ভালো ছিল, কিন্তু পানি ছিল
the ablutions did not wash off the sin
অযু করলে গুনাহ ধুয়ে যায় না
they did not heal the spirit's thirst
তারা আত্মার তৃষ্ণা নিরাময় করে নি
they did not relieve the fear in his heart

তারা তার অন্তরের ভয় দূর করেনি
The sacrifices and the invocation of the gods were excellent
দেবতাদের বলিদান ও আবাহন ছিল চমৎকার
but was that all there was?
কিন্তু সেখানে কি সব ছিল?
did the sacrifices give a happy fortune?
কোরবানি কি একটি সুখী ভাগ্য দেয়?
and what about the gods?
এবং দেবতাদের সম্পর্কে কি?
Was it really Prajapati who had created the world?
আসলেই কি প্রজাপতি বিশ্ব সৃষ্টি করেছিলেন?
Was it not the Atman who had created the world?
সেই আত্মাই কি বিশ্ব সৃষ্টি করেননি?
Atman, the only one, the singular one
আত্মা, একমাত্র, একবচন
Were the gods not creations?
দেবতারা কি সৃষ্টি ছিল না?
were they not created like me and you?
তারা কি আমার ও তোমার মত সৃষ্টি হয়নি?
were the Gods not subject to time?
ঈশ্বর কি সময়ের অধীন ছিলেন না?
were the Gods mortal? Was it good?
ঈশ্বর কি নশ্বর ছিলেন? এটা ভাল ছিল?
was it right? was it meaningful?
এটা কি ঠিক ছিল? এটা কি অর্থপূর্ণ ছিল?
was it the highest occupation to make offerings to the gods?
দেবতাদের কাছে নৈবেদ্য দেওয়া কি সর্বোচ্চ পেশা ছিল?
For whom else were offerings to be made?
আর কার জন্য নৈবেদ্য তৈরি করা হয়েছিল?
who else was to be worshipped?
আর কার পূজা করা হবে?
who else was there, but Him?

তিনি ছাড়া আর কে ছিল?
The only one, the Atman
একমাত্র, আত্মা
And where was Atman to be found?
আর আত্মাকে কোথায় পাওয়া যাবে?
where did He reside?
তিনি কোথায় থাকতেন?
where did His eternal heart beat?
কোথায় তার চিরন্তন হৃদয় স্পন্দিত?
where else but in one's own self?
নিজের মধ্যে ছাড়া আর কোথায়?
in its innermost indestructible part
এর অভ্যন্তরীণ অবিনাশী অংশে
could he be that which everyone had in himself?
তিনি কি এমন হতে পারেন যা প্রত্যেকের নিজের মধ্যে ছিল?
But where was this self?
কিন্তু এই স্বয়ং কোথায় ছিল?
where was this innermost part?
এই ভিতরের অংশ কোথায় ছিল?
where was this ultimate part?
এই চূড়ান্ত অংশ কোথায় ছিল?
It was not flesh and bone
এটা মাংস এবং হাড় ছিল না
it was neither thought nor consciousness
এটা চিন্তা বা চেতনা ছিল না
this is what the wisest ones taught
জ্ঞানীরা এটাই শিখিয়েছে
So where was it?
তাহলে কোথায় ছিল?
the self, myself, the Atman
স্বয়ং, আমি, আত্মা

To reach this place, there was another way
এই জায়গায় পৌঁছানোর জন্য, অন্য পথ ছিল
was this other way worth looking for?
এই অন্য উপায় খুঁজছেন মূল্য ছিল?
Alas, nobody showed him this way
হায়রে, কেউ তাকে এভাবে দেখায়নি
nobody knew this other way
এই অন্যভাবে কেউ জানত না
his father did not know it
তার বাবা এটা জানতেন না
and the teachers and wise men did not know it
আর শিক্ষক ও জ্ঞানীরা তা জানতেন না
They knew everything, the Brahmans
তারা সবই জানতেন, ব্রাহ্মণরা
and their holy books knew everything
এবং তাদের পবিত্র বই সবই জানত
they had taken care of everything
তারা সবকিছুর যত্ন নিয়েছে
they took care of the creation of the world
তারা বিশ্ব সৃষ্টির যত্ন নিয়েছে
they described origin of speech, food, inhaling, exhaling
তারা বক্তৃতা, খাদ্য, শ্বাস নেওয়া, নিঃশ্বাস নেওয়ার উত্স বর্ণনা করেছে
they described the arrangement of the senses
তারা ইন্দ্রিয়ের বিন্যাস বর্ণনা করেছে
they described the acts of the gods
তারা দেবতাদের কাজ বর্ণনা করেছে
their books knew infinitely much
তাদের বই অসীম অনেক জানত
but was it valuable to know all of this?
কিন্তু এই সব জানা কি মূল্যবান ছিল?
was there not only one thing to be known?

শুধুমাত্র একটি জিনিস জানার ছিল না?
was there still not the most important thing to know?
এখনও কি জানার সবচেয়ে গুরুত্বপূর্ণ বিষয় ছিল না?
many verses of the holy books spoke of this innermost, ultimate thing
পবিত্র গ্রন্থের অনেক শ্লোক এই অন্তর্নিহিত, চূড়ান্ত জিনিসটির কথা বলেছে
it was spoken of particularly in the Upanishades of Samaveda
বিশেষ করে সামবেদের উপনিষদে এর কথা বলা হয়েছে
they were wonderful verses
তারা বিস্ময়কর আয়াত ছিল
"Your soul is the whole world", this was written there
"তোমার আত্মা সমগ্র জগত", এটি সেখানে লেখা ছিল
and it was written that man in deep sleep would meet with his innermost part
এবং এটা লেখা ছিল যে গভীর ঘুমে থাকা মানুষ তার অন্তরতম অংশের সাথে মিলিত হবে
and he would reside in the Atman
এবং তিনি আত্মায় বাস করবেন
Marvellous wisdom was in these verses
বিস্ময়কর জ্ঞান এই আয়াতে ছিল
all knowledge of the wisest ones had been collected here in magic words
বুদ্ধিমানদের সমস্ত জ্ঞান এখানে জাদু শব্দে সংগ্রহ করা হয়েছিল
it was as pure as honey collected by bees
এটা ছিল মৌমাছিদের সংগ্রহ করা মধুর মতই বিশুদ্ধ
No, the verses were not to be looked down upon
না, আয়াতগুলোকে অবজ্ঞা করার মতো ছিল না
they contained tremendous amounts of enlightenment
তাদের মধ্যে প্রচুর পরিমাণে জ্ঞানার্জন ছিল

they contained wisdom which lay collected and preserved
তাদের মধ্যে জ্ঞান ছিল যা সংগৃহীত এবং সংরক্ষিত ছিল
wisdom collected by innumerable generations of wise Brahmans
জ্ঞানী ব্রাহ্মণদের অসংখ্য প্রজন্মের দ্বারা সংগৃহীত জ্ঞান
But where were the Brahmans?
কিন্তু ব্রাহ্মণরা কোথায় ছিল?
where were the priests?
পুরোহিতরা কোথায় ছিল?
where the wise men or penitents?
কোথায় জ্ঞানী বা অনুতপ্ত?
where were those that had succeeded?
যারা সফল হয়েছিল তারা কোথায় ছিল?
where were those who knew more than deepest of all knowledge?
কোথায় ছিল যারা সমস্ত জ্ঞানের চেয়ে গভীর জ্ঞানের চেয়ে বেশি জানত?
where were those that also lived out the enlightened wisdom?
কোথায় ছিল যারা আলোকিত জ্ঞান থেকে বেঁচে ছিল?
Where was the knowledgeable one who brought Atman out of his sleep?
কোথায় ছিলেন সেই জ্ঞানী যিনি আত্মাকে ঘুম থেকে তুলে এনেছিলেন?
who had brought this knowledge into the day?
কে এই জ্ঞান দিনে এনেছে?
who had taken this knowledge into their life?
এই জ্ঞান কে তাদের জীবনে নিয়েছিল?
who carried this knowledge with every step they took?
তাদের প্রতিটি পদক্ষেপের সাথে কে এই জ্ঞান বহন করে?
who had married their words with their deeds?
কে তাদের কথাকে তাদের কাজের সাথে বিয়ে করেছিল?
Siddhartha knew many venerable Brahmans

সিদ্ধার্থ অনেক শ্রদ্ধেয় ব্রাহ্মণকে জানতেন
his father, the pure one
তার পিতা, খাঁটি এক
the scholar, the most venerable one
পণ্ডিত, সবচেয়ে সম্মানিত এক
His father was worthy of admiration
তার বাবা ছিলেন প্রশংসার যোগ্য
quiet and noble were his manners
শান্ত এবং মহৎ ছিল তার আচরণ
pure was his life, wise were his words
তার জীবন ছিল বিশুদ্ধ, জ্ঞানী ছিল তার কথা
delicate and noble thoughts lived behind his brow
সূক্ষ্ম এবং মহৎ চিন্তা তার ভ্রু পিছনে বাস
but even though he knew so much, did he live in blissfulness?
কিন্তু সে এত কিছু জানলেও কি সে সুখে থাকত?
despite all his knowledge, did he have peace?
তার সমস্ত জ্ঞান থাকা সত্ত্বেও সে কি শান্তি পেয়েছে?
was he not also just a searching man?
তিনি কি শুধু একজন অনুসন্ধানী মানুষ ছিলেন না?
was he still not a thirsty man?
সে কি এখনও তৃষ্ণার্ত মানুষ ছিল না?
Did he not have to drink from holy sources again and again?
তাকে কি বার বার পবিত্র উৎস থেকে পান করতে হয়নি?
did he not drink from the offerings?
তিনি কি নৈবেদ্য থেকে পান করেননি?
did he not drink from the books?
তিনি কি বই থেকে পান করেননি?
did he not drink from the disputes of the Brahmans?
তিনি কি ব্রাহ্মণদের বিবাদ থেকে পান করেননি?
Why did he have to wash off sins every day?
কেন তাকে প্রতিদিন পাপ ধুয়ে ফেলতে হবে?

must he strive for a cleansing every day?
তাকে কি প্রতিদিন শুদ্ধির জন্য চেষ্টা করতে হবে?
over and over again, every day
বারবার, প্রতিদিন
Was Atman not in him?
আত্মা কি তার মধ্যে ছিল না?
did not the pristine source spring from his heart?
আদি উৎস কি তার হৃদয় থেকে উত্পন্ন হয়নি?
the pristine source had to be found in one's own self
আদি উৎস খুঁজে বের করতে হয় নিজের মধ্যেই
the pristine source had to be possessed!
আদিম উৎস দখল করতে হয়েছিল!
doing anything else else was searching
অন্য কিছু করা অনুসন্ধান ছিল
taking any other pass is a detour
অন্য কোনো পাস নেওয়া একটি চক্কর
going any other way leads to getting lost
অন্য কোন পথে যাওয়া হারিয়ে যাওয়ার দিকে নিয়ে যায়
These were Siddhartha's thoughts
এই ছিল সিদ্ধার্থের চিন্তা
this was his thirst, and this was his suffering
এই ছিল তার তৃষ্ণা, এবং এই ছিল তার কষ্ট
Often he spoke to himself from a Chandogya-Upanishad:
প্রায়শই তিনি একটি চাঁদোগ্য-উপনিষদ থেকে নিজের সাথে কথা বলতেন:
"Truly, the name of the Brahman is Satyam"
"সত্যিই, ব্রাহ্মণের নাম সত্যম"
"he who knows such a thing, will enter the heavenly world every day"
"যে এমন কিছু জানে, সে প্রতিদিন স্বর্গীয় জগতে প্রবেশ করবে"
Often the heavenly world seemed near

প্রায়শই স্বর্গীয় জগৎ কাছে মনে হতো
but he had never reached the heavenly world completely
কিন্তু তিনি সম্পূর্ণরূপে স্বর্গীয় জগতে পৌঁছাননি
he had never quenched the ultimate thirst
সে কখনই চূড়ান্ত তৃষ্ণা মেটায়নি
And among all the wise and wisest men, none had reached it
এবং সমস্ত জ্ঞানী এবং জ্ঞানী ব্যক্তিদের মধ্যে, কেউ এটি পৌঁছায়নি
he received instructions from them
তিনি তাদের কাছ থেকে নির্দেশনা পেয়েছেন
but they hadn't completely reached the heavenly world
কিন্তু তারা সম্পূর্ণরূপে স্বর্গীয় জগতে পৌঁছায়নি
they hadn't completely quenched their thirst
তারা তাদের তৃষ্ণা পুরোপুরি মেটায়নি
because this thirst is an eternal thirst
কারণ এই তৃষ্ণা চিরন্তন তৃষ্ণা

"Govinda" Siddhartha spoke to his friend
"গোবিন্দ" সিদ্ধার্থ তার বন্ধুর সাথে কথা বলল
"Govinda, my dear, come with me under the Banyan tree"
"গোবিন্দ, আমার প্রিয়, আমার সাথে বটগাছের নীচে এসো"
"let's practise meditation"
"আসুন ধ্যান অনুশীলন করি"
They went to the Banyan tree
ওরা বটগাছে গেল
under the Banyan tree they sat down
বটগাছের নিচে তারা বসল
Siddhartha was right here
সিদ্ধার্থ এখানেই ছিল
Govinda was twenty paces away
গোবিন্দ বিশ পাস দূরে ছিলেন

Siddhartha seated himself and he repeated murmuring the verse
সিদ্ধার্থ নিজে বসে পড়ল এবং সে শ্লোকটা বার বার বকবক করে
Om is the bow, the arrow is the soul
ওম হল ধনুক, তীর হল আত্মা
The Brahman is the arrow's target
ব্রাহ্মণ তীরের নিশানা
the target that one should incessantly hit
লক্ষ্য যে এক অবিরাম আঘাত করা উচিত
the usual time of the exercise in meditation had passed
ধ্যানের ব্যায়ামের স্বাভাবিক সময় কেটে গেছে
Govinda got up, the evening had come
গোবিন্দ উঠলেন, সন্ধ্যা হয়ে এসেছে
it was time to perform the evening's ablution
সন্ধ্যার ওযু করার সময় হয়ে গেল
He called Siddhartha's name, but Siddhartha did not answer
তিনি সিদ্ধার্থের নাম ধরে ডাকলেন, কিন্তু সিদ্ধার্থ উত্তর দিল না
Siddhartha sat there, lost in thought
সিদ্ধার্থ সেখানেই বসে, চিন্তায় হারিয়ে গেল
his eyes were rigidly focused towards a very distant target
তার চোখ খুব দূরবর্তী লক্ষ্যের দিকে নিবদ্ধ ছিল
the tip of his tongue was protruding a little between the teeth
তার জিভের ডগা দাঁতের মাঝে একটু ছড়িয়ে পড়েছিল
he seemed not to breathe
মনে হচ্ছে সে শ্বাস নিচ্ছে না
Thus sat he, wrapped up in contemplation
এইভাবে তিনি বসলেন, ধ্যানে মগ্ন
he was deep in thought of the Om
তিনি ওমের গভীর চিন্তায় মগ্ন ছিলেন

his soul sent after the Brahman like an arrow
তার আত্মা তীরের মতো ব্রাহ্মণের পিছনে প্রেরণ করে
Once, Samanas had travelled through Siddhartha's town
একবার সিদ্ধার্থের শহরে সমানস ভ্রমণ করেছিলেন
they were ascetics on a pilgrimage
তারা তীর্থযাত্রায় তপস্বী ছিলেন
three skinny, withered men, neither old nor young
তিনজন রোগা, শুকনো পুরুষ, না বৃদ্ধ না তরুণ
dusty and bloody were their shoulders
ধুলো ও রক্তাক্ত ছিল তাদের কাঁধ
almost naked, scorched by the sun, surrounded by loneliness
প্রায় নগ্ন, সূর্যের আলোয় ঝলসে গেছে, একাকীত্বে ঘেরা
strangers and enemies to the world
বিশ্বের অপরিচিত এবং শত্রু
strangers and jackals in the realm of humans
মানুষের রাজ্যে অপরিচিত এবং শেয়াল
Behind them blew a hot scent of quiet passion
তাদের পিছনে শান্ত আবেগ একটি গরম ঘ্রাণ উড়িয়ে
a scent of destructive service
ধ্বংসাত্মক সেবা একটি ঘ্রাণ
a scent of merciless self-denial
নির্দয় আত্মত্যাগের ঘ্রাণ
the evening had come
সন্ধ্যা হয়ে এসেছে
after the hour of contemplation, Siddhartha spoke to Govinda
এক ঘন্টা চিন্তা করার পর সিদ্ধার্থ গোবিন্দের সাথে কথা বললেন
"Early tomorrow morning, my friend, Siddhartha will go to the Samanas"
"কাল সকালে, আমার বন্ধু, সিদ্ধার্থ সামনাতে যাবে"
"He will become a Samana"

"সে সামানা হয়ে যাবে"
Govinda turned pale when he heard these words
এই কথা শুনে গোবিন্দ ফ্যাকাশে হয়ে গেল
and he read the decision in the motionless face of his friend
এবং সে তার বন্ধুর স্থির মুখে সিদ্ধান্তটি পড়ল
the determination was unstoppable, like the arrow shot from the bow
দৃঢ় সংকল্প অপ্রতিরোধ্য ছিল, ধনুক থেকে ছোড়া তীর মত
Govinda realized at first glance; now it is beginning
গোবিন্দ প্রথম দেখাতেই বুঝলেন; এখন এটা শুরু হয়
now Siddhartha is taking his own way
এখন সিদ্ধার্থ তার নিজের পথ নিচ্ছে
now his fate is beginning to sprout
এখন তার ভাগ্য ফুটতে শুরু করেছে
and because of Siddhartha, Govinda's fate is sprouting too
এবং সিদ্ধার্থের কারণে, গোবিন্দের ভাগ্যও অঙ্কুরিত হচ্ছে
he turned pale like a dry banana-skin
সে শুকনো কলার চামড়ার মতো ফ্যাকাশে হয়ে গেল
"Oh Siddhartha," he exclaimed
"ওহ সিদ্ধার্থ," সে চিৎকার করে বলল
"will your father permit you to do that?"
"তোমার বাবা কি তোমাকে এটা করতে দেবে?"
Siddhartha looked over as if he was just waking up
সিদ্ধার্থ এমনভাবে তাকাল যেন সে জেগে উঠছে
like an Arrow he read Govinda's soul
তীরের মতো সে গোবিন্দের আত্মা পড়ে
he could read the fear and the submission in him
তিনি তার মধ্যে ভয় এবং জমা পড়তে পারেন
"Oh Govinda," he spoke quietly, "let's not waste words"
"ওহ গোবিন্দ," সে চুপচাপ বলল, "চলো কথাগুলো নষ্ট করি না"
"Tomorrow at daybreak I will begin the life of the Samanas"

"আগামীকাল ভোর বেলায় আমি শুরু করবো সমনদের জীবন"

"let us speak no more of it"

"এটা নিয়ে আর কথা বলি না"

Siddhartha entered the chamber where his father was sitting

সিদ্ধার্থ তার বাবা যেখানে বসেছিলেন সেই চেম্বারে প্রবেশ করলেন

his father was was on a mat of bast

তার বাবা বাস্টের মাদুরের উপর ছিলেন

Siddhartha stepped behind his father

সিদ্ধার্থ তার বাবার পিছনে পা রাখল

and he remained standing behind him

আর সে তার পিছনে দাঁড়িয়ে রইল

he stood until his father felt that someone was standing behind him

সে দাঁড়ালো যতক্ষণ না তার বাবা অনুভব করলো কেউ তার পিছনে দাঁড়িয়ে আছে

Spoke the Brahman: "Is that you, Siddhartha?"

ব্রাহ্মণ বললেন, "এটা কি তুমি, সিদ্ধার্থ?"

"Then say what you came to say"

"তাহলে বলো কি বলতে এসেছিস"

Spoke Siddhartha: "With your permission, my father"

সিদ্ধার্থ বললেন: "আপনার অনুমতি নিয়ে, আমার বাবা"

"I came to tell you that it is my longing to leave your house tomorrow"

"আমি তোমাকে বলতে এসেছি যে আগামীকাল তোমার বাড়ি ছেড়ে চলে যাবো"

"I wish to go to the ascetics"

"আমি সন্ন্যাসীদের কাছে যেতে চাই"

"My desire is to become a Samana"

"আমার সামানা হওয়ার ইচ্ছা"

"May my father not oppose this"
"আমার বাবা যেন এর বিরোধিতা না করেন"
The Brahman fell silent, and he remained so for long
ব্রাহ্মণ চুপ হয়ে গেলেন, এবং তিনি দীর্ঘকাল ধরে রইলেন
the stars in the small window wandered
ছোট জানালায় তারাগুলো ঘুরে বেড়াত
and they changed their relative positions
এবং তারা তাদের আপেক্ষিক অবস্থান পরিবর্তন করেছে
Silent and motionless stood the son with his arms folded
নিঃশব্দ ও গতিহীন ছেলেটি হাত গুটিয়ে দাঁড়িয়ে আছে
silent and motionless sat the father on the mat
নিঃশব্দ ও স্থির হয়ে বাবা মাদুরের উপর বসলেন
and the stars traced their paths in the sky
এবং তারা আকাশে তাদের পথ খুঁজে বের করেছে
Then spoke the father
তারপর বাবা কথা বললেন
"it is not proper for a Brahman to speak harsh and angry words"
"একজন ব্রাহ্মণের পক্ষে কঠোর এবং রাগান্বিত কথা বলা ঠিক নয়"
"But indignation is in my heart"
"কিন্তু ক্ষোভ আমার হৃদয়ে"
"I wish not to hear this request for a second time"
"আমি এই অনুরোধটি দ্বিতীয়বার শুনতে চাই না"
Slowly, the Brahman rose
ধীরে ধীরে ব্রাহ্মণ উঠল
Siddhartha stood silently, his arms folded
সিদ্ধার্থ নিঃশব্দে দাঁড়িয়ে, তার বাহু গুটিয়ে
"What are you waiting for?" asked the father
"আপনি কি জন্য অপেক্ষা করছেন?" বাবাকে জিজ্ঞেস করলেন
Spoke Siddhartha, "You know what I'm waiting for"

সিদ্ধার্থ বলল, "তুমি জানো আমি কিসের জন্য অপেক্ষা করছি"

Indignant, the father left the chamber

ক্ষিপ্ত হয়ে বাবা চেম্বার ছেড়ে চলে গেলেন

indignant, he went to his bed and lay down

রাগান্বিত হয়ে সে তার বিছানায় গিয়ে শুয়ে পড়ল

an hour passed, but no sleep had come over his eyes

এক ঘন্টা কেটে গেল, কিন্তু তার চোখে ঘুম আসেনি

the Brahman stood up and he paced to and fro

ব্রাহ্মণ উঠে দাঁড়ালেন এবং তিনি এদিক-ওদিক এগিয়ে গেলেন

and he left the house in the night

এবং সে রাতে বাড়ি ছেড়ে চলে গেল

Through the small window of the chamber he looked back inside

চেম্বারের ছোট্ট জানালা দিয়ে সে ফিরে তাকাল ভেতরে

and there he saw Siddhartha standing

সেখানে তিনি সিদ্ধার্থকে দাঁড়িয়ে থাকতে দেখেন

his arms were folded and he had not moved from his spot

তার হাত ভাঁজ ছিল এবং সে তার স্থান থেকে সরেনি

Pale shimmered his bright robe

ফ্যাকাশে তার উজ্জ্বল পোষাক shimmered

With anxiety in his heart, the father returned to his bed

মনে দুশ্চিন্তা নিয়ে বাবা বিছানায় ফিরে গেলেন

another sleepless hour passed

আরেকটি ঘুমহীন ঘন্টা কেটে গেল

since no sleep had come over his eyes, the Brahman stood up again

তার চোখে ঘুম না আসায় ব্রাহ্মণ আবার উঠে দাঁড়ালেন

he paced to and fro, and he walked out of the house

তিনি এদিক-ওদিক এদিক-ওদিক করতে থাকেন এবং ঘর থেকে বেরিয়ে যান

and he saw that the moon had risen
তিনি দেখলেন চাঁদ উঠেছে
Through the window of the chamber he looked back inside
চেম্বারের জানালা দিয়ে ভিতরে ফিরে তাকাল
there stood Siddhartha, unmoved from his spot
সেখানে সিদ্ধার্থ দাঁড়ালেন, তার স্থান থেকে অচল
his arms were folded, as they had been
তার অস্ত্র ভাঁজ ছিল, যেমন ছিল
moonlight was reflecting from his bare shins
চাঁদের আলো তার খালি পায়ের পাতা থেকে প্রতিফলিত হচ্ছিল
With worry in his heart, the father went back to bed
মনে দুশ্চিন্তা নিয়ে বাবা বিছানায় ফিরে গেলেন
he came back after an hour
তিনি এক ঘন্টা পরে ফিরে আসেন
and he came back again after two hours
এবং তিনি দুই ঘন্টা পরে আবার ফিরে আসেন
he looked through the small window
সে ছোট জানালা দিয়ে তাকাল
he saw Siddhartha standing in the moon light
সে দেখতে পেল সিদ্ধার্থ চাঁদের আলোয় দাঁড়িয়ে আছে
he stood by the light of the stars in the darkness
তিনি অন্ধকারে তারার আলোর পাশে দাঁড়িয়েছিলেন
And he came back hour after hour
আর ঘন্টার পর ঘন্টা ফিরে আসেন
silently, he looked into the chamber
চুপচাপ সে চেম্বারের দিকে তাকাল
he saw him standing in the same place
তিনি তাকে একই জায়গায় দাঁড়িয়ে থাকতে দেখলেন
it filled his heart with anger
এটা তার হৃদয় রাগে পূর্ণ
it filled his heart with unrest

এটা তার হৃদয় অশান্তিতে ভরা
it filled his heart with anguish
এটা তার হৃদয় যন্ত্রণা দিয়ে ভরা
it filled his heart with sadness
এটা তার হৃদয় বিষণ্ণতায় ভরা
the night's last hour had come
রাতের শেষ ঘন্টা এসে গেছে
his father returned and stepped into the room
তার বাবা ফিরে এসে ঘরে ঢুকলেন
he saw the young man standing there
তিনি যুবকটিকে সেখানে দাঁড়িয়ে থাকতে দেখলেন
he seemed tall and like a stranger to him
তাকে লম্বা এবং অপরিচিত লোকের মতো লাগছিল
"Siddhartha," he spoke, "what are you waiting for?"
"সিদ্ধার্থ," সে বলল, "কিসের জন্য অপেক্ষা করছ?"
"You know what I'm waiting for"
"আপনি জানেন আমি কি জন্য অপেক্ষা করছি"
"Will you always stand that way and wait?
"আপনি কি সবসময় এভাবে দাঁড়িয়ে অপেক্ষা করবেন?
"I will always stand and wait"
"আমি সবসময় দাঁড়াবো এবং অপেক্ষা করবো"
"will you wait until it becomes morning, noon, and evening?"
"আপনি কি সকাল, দুপুর এবং সন্ধ্যা না হওয়া পর্যন্ত অপেক্ষা করবেন?"
"I will wait until it become morning, noon, and evening"
"আমি সকাল, দুপুর এবং সন্ধ্যা না হওয়া পর্যন্ত অপেক্ষা করব"
"You will become tired, Siddhartha"
"তুমি ক্লান্ত হয়ে যাবে, সিদ্ধার্থ"
"I will become tired"
"আমি ক্লান্ত হয়ে যাবো"

"You will fall asleep, Siddhartha"
"তুমি ঘুমিয়ে পড়বে, সিদ্ধার্থ"
"I will not fall asleep"
"আমি ঘুমাবো না"
"You will die, Siddhartha"
"তুমি মারা যাবে, সিদ্ধার্থ"
"I will die," answered Siddhartha
"আমি মরে যাব," সিদ্ধার্থ উত্তর দিল
"And would you rather die, than obey your father?"
"আর তুমি কি তোমার বাবার কথা না মেনে মরবে?"
"Siddhartha has always obeyed his father"
"সিদ্ধার্থ সবসময় তার বাবার কথা মেনেছে"
"So will you abandon your plan?"
"তাহলে তুমি কি তোমার পরিকল্পনা পরিত্যাগ করবে?"
"Siddhartha will do what his father will tell him to do"
"সিদ্ধার্থ তার বাবা তাকে যা করতে বলবে তাই করবে"
The first light of day shone into the room
দিনের প্রথম আলো জ্বলে উঠল ঘরে
The Brahman saw that Siddhartha knees were softly trembling
ব্রাহ্মণ দেখলেন সিদ্ধার্থের হাঁটু মৃদু কাঁপছে
In Siddhartha's face he saw no trembling
সিদ্ধার্থের মুখে সে কাঁপতে দেখল না
his eyes were fixed on a distant spot
তার চোখ দূরবর্তী স্থানে স্থির ছিল
This was when his father realized
এটা তার বাবা যখন বুঝতে পেরেছিলেন
even now Siddhartha no longer dwelt with him in his home
এমনকি এখন সিদ্ধার্থ তার সাথে তার বাড়িতে আর থাকতেন না
he saw that he had already left him
সে দেখল যে সে ইতিমধ্যেই তাকে ছেড়ে চলে গেছে

The Father touched Siddhartha's shoulder
বাবা সিদ্ধার্থের কাঁধ স্পর্শ করলেন

"You will," he spoke, "go into the forest and be a Samana"
"তুমি করবে," সে বলল, "বনে গিয়ে সামানা হবে"

"When you find blissfulness in the forest, come back"
"যখন তুমি বনে সুখ খুঁজে পাবে, ফিরে এসো"

"come back and teach me to be blissful"
"ফিরে এসো এবং আমাকে সুখী হতে শেখাও"

"If you find disappointment, then return"
"যদি আপনি হতাশা খুঁজে পান তবে ফিরে আসুন"

"return and let us make offerings to the gods together, again"
"ফিরে আসুন এবং আসুন আমরা আবার একসাথে দেবতাদের উত্সর্গ করি"

"Go now and kiss your mother"
"এখন যাও এবং তোমার মাকে চুমু দাও"

"tell her where you are going"
"তাকে বল তুমি কোথায় যাচ্ছ"

"But for me it is time to go to the river"
"কিন্তু আমার জন্য এখন নদীতে যাওয়ার সময়"

"it is my time to perform the first ablution"
"এটাই আমার প্রথম অযু করার সময়"

He took his hand from the shoulder of his son, and went outside
ছেলের কাঁধ থেকে হাত নিয়ে বাইরে চলে গেলেন

Siddhartha wavered to the side as he tried to walk
সিদ্ধার্থ হাঁটতে হাঁটতে পাশ কাটিয়ে উঠল

He put his limbs back under control and bowed to his father
সে তার অঙ্গ-প্রত্যঙ্গকে নিয়ন্ত্রণে রেখে বাবাকে প্রণাম করল

he went to his mother to do as his father had said
সে তার বাবার কথা মত কাজ করার জন্য তার মায়ের কাছে গেল

As he slowly left on stiff legs a shadow rose near the last hut

সে ধীরে ধীরে শক্ত পায়ে চলে যেতেই শেষ কুঁড়েঘরের কাছে একটা ছায়া উঠল

who had crouched there, and joined the pilgrim?
কে সেখানে কুঁকড়েছিল এবং তীর্থযাত্রীর সাথে যোগ দিয়েছিল?

"Govinda, you have come" said Siddhartha and smiled
"গোবিন্দ, তুমি এসেছ" বলে সিদ্ধার্থ হাসল

"I have come," said Govinda
"আমি এসেছি," গোবিন্দ বললেন

With the Samanas
সমনাদের সাথে

In the evening of this day they caught up with the ascetics
এদিন সন্ধ্যায় তারা তপস্বীদের কাছে ধরা দেয়
the ascetics; the skinny Samanas
the ascetics; চর্মসার সামনা
they offered them their companionship and obedience
তারা তাদের সাহচর্য এবং আনুগত্য প্রস্তাব
Their companionship and obedience were accepted
তাদের সাহচর্য ও আনুগত্য কবুল হয়
Siddhartha gave his garments to a poor Brahman in the street
সিদ্ধার্থ রাস্তার এক দরিদ্র ব্রাহ্মণকে তার পোশাক দিলেন
He wore nothing more than a loincloth and earth-coloured, unsown cloak
তিনি একটি কটি এবং মাটির রঙের, অপরিচিত পোশাক ছাড়া আর কিছুই পরতেন না
He ate only once a day, and never anything cooked
তিনি দিনে মাত্র একবার খেতেন, এবং কখনও কিছু রান্না করেননি
He fasted for fifteen days, he fasted for twenty-eight days
তিনি পনের দিন উপবাস করেছিলেন, তিনি আঠাশ দিন উপবাস করেছিলেন
The flesh waned from his thighs and cheeks
তার উরু এবং গাল থেকে মাংস ক্ষয়ে গেল
Feverish dreams flickered from his enlarged eyes
তার বর্ধিত চোখ থেকে জ্বরের স্বপ্নগুলো ঝিকমিক করে উঠল
long nails grew slowly on his parched fingers
লম্বা নখ তার শুকনো আঙ্গুলে ধীরে ধীরে বেড়ে উঠল
and a dry, shaggy beard grew on his chin

এবং তার চিবুকের উপর একটি শুকনো, এলোমেলো দাড়ি বেড়েছে

His glance turned to ice when he encountered women

যখন তিনি মহিলাদের মুখোমুখি হন তখন তার দৃষ্টি বরফে পরিণত হয়

he walked through a city of nicely dressed people

তিনি সুন্দর পোশাক পরিহিত মানুষের একটি শহরের মধ্য দিয়ে হেঁটেছিলেন

his mouth twitched with contempt for them

তার মুখ তাদের প্রতি অবজ্ঞায় কাঁপছিল

He saw merchants trading and princes hunting

তিনি বণিকদের ব্যবসা এবং রাজপুত্রদের শিকার করতে দেখেছেন

he saw mourners wailing for their dead

তিনি শোকার্তরা তাদের মৃতদের জন্য বিলাপ করতে দেখেছেন

and he saw whores offering themselves

এবং তিনি বেশ্যাদের নিজেদের উৎসর্গ করতে দেখলেন

physicians trying to help the sick

চিকিত্সকরা অসুস্থদের সাহায্য করার চেষ্টা করছেন

priests determining the most suitable day for seeding

পুরোহিতরা বীজ বপনের জন্য সবচেয়ে উপযুক্ত দিন নির্ধারণ করে

lovers loving and mothers nursing their children

প্রেমিক প্রেমিকা এবং মায়েরা তাদের সন্তানদের লালনপালন করছে

and all of this was not worthy of one look from his eyes

এবং এই সব তার চোখ থেকে এক নজর যোগ্য ছিল না

it all lied, it all stank, it all stank of lies

এটা সব মিথ্যা, এটা সব stank, এটা সব মিথ্যার দাগ

it all pretended to be meaningful and joyful and beautiful

এটা সব অর্থপূর্ণ এবং আনন্দদায়ক এবং সুন্দর হতে ভান
and it all was just concealed putrefaction
এবং এটি সব ছিল শুধুমাত্র গোপন বিকৃতি
the world tasted bitter; life was torture
বিশ্বের স্বাদ তিক্ত; জীবন ছিল নির্যাতন

A single goal stood before Siddhartha
সিদ্ধার্থের সামনে একটি গোল
his goal was to become empty
তার লক্ষ্য ছিল খালি হয়ে যাওয়া
his goal was to be empty of thirst
তার লক্ষ্য ছিল তৃষ্ণামুক্ত হওয়া
empty of wishing and empty of dreams
ইচ্ছা শূন্য এবং স্বপ্ন শূন্য
empty of joy and sorrow
আনন্দ এবং দুঃখ শূন্য
his goal was to be dead to himself
তার লক্ষ্য ছিল নিজেকে মৃত হতে
his goal was not to be a self any more
তার লক্ষ্য আর নিজেকে হতে হবে না
his goal was to find tranquillity with an emptied heart
তার লক্ষ্য ছিল শূন্য হৃদয়ে প্রশান্তি পাওয়া
his goal was to be open to miracles in unselfish thoughts
তার লক্ষ্য ছিল নিঃস্বার্থ চিন্তায় অলৌকিক কাজের জন্য উন্মুক্ত হওয়া
to achieve this was his goal
এই অর্জন তার লক্ষ্য ছিল
when all of his self was overcome and had died
যখন তার সমস্ত আত্মাকে পরাস্ত করা হয়েছিল এবং মারা গিয়েছিল
when every desire and every urge was silent in the heart
যখন প্রতিটি ইচ্ছা এবং প্রতিটি তাগিদ হৃদয়ে নীরব ছিল

then the ultimate part of him had to awake
তারপর তার চূড়ান্ত অংশ জাগ্রত ছিল
the innermost of his being, which is no longer his self
তার সত্তার অন্তঃস্থ, যা আর তার স্বয়ং নেই
this was the great secret
এই মহান গোপন ছিল

Silently, Siddhartha exposed himself to the burning rays of the sun
নীরবে, সিদ্ধার্থ নিজেকে সূর্যের জ্বলন্ত রশ্মির কাছে উন্মোচিত করলেন
he was glowing with pain and he was glowing with thirst
সে ব্যথায় জ্বলছিল এবং তৃষ্ণায় জ্বলছিল
and he stood there until he neither felt pain nor thirst
এবং তিনি সেখানে দাঁড়ালেন যতক্ষণ না তিনি ব্যথা বা তৃষ্ণা অনুভব করেন না
Silently, he stood there in the rainy season
নিঃশব্দে, বর্ষায় সে সেখানে দাঁড়িয়ে থাকে
from his hair the water was dripping over freezing shoulders
তার চুল থেকে জল ঝরছে জমে থাকা কাঁধের উপর দিয়ে
the water was dripping over his freezing hips and legs
তার জমে থাকা নিতম্ব এবং পায়ের উপর দিয়ে জল ঝরছিল
and the penitent stood there
এবং অনুতপ্ত সেখানে দাঁড়িয়ে ছিল
he stood there until he could not feel the cold any more
তিনি সেখানে দাঁড়িয়ে থাকলেন যতক্ষণ না তিনি আর ঠান্ডা অনুভব করতে পারছেন না
he stood there until his body was silent
যতক্ষণ না তার শরীর চুপ হয়ে যায় ততক্ষণ সে সেখানে দাঁড়িয়ে রইল

he stood there until his body was quiet
তার শরীর শান্ত না হওয়া পর্যন্ত তিনি সেখানে দাঁড়িয়ে ছিলেন
Silently, he cowered in the thorny bushes
নিঃশব্দে কাঁটাঝোপের মধ্যে কাঁপতে থাকে
blood dripped from the burning skin
জ্বলন্ত ত্বক থেকে রক্ত ঝরছে
blood dripped from festering wounds
ক্ষত থেকে রক্ত ঝরছে
and Siddhartha stayed rigid and motionless
এবং সিদ্ধার্থ অনমনীয় এবং গতিহীন থেকে যায়
he stood until no blood flowed any more
তিনি দাঁড়ালেন যতক্ষণ না রক্ত প্রবাহিত হয়
he stood until nothing stung any more
তিনি দাঁড়ালেন যতক্ষণ না আর কিছু না হয়
he stood until nothing burned any more
তিনি দাঁড়ালেন যতক্ষণ না আর কিছুই জ্বলে না
Siddhartha sat upright and learned to breathe sparingly
সিদ্ধার্থ সোজা হয়ে বসল এবং অল্প অল্প করে শ্বাস নিতে শিখল
he learned to get along with few breaths
সে কয়েক দম নিয়ে চলতে শিখেছে
he learned to stop breathing
সে শ্বাস বন্ধ করতে শিখেছে
He learned, beginning with the breath, to calm the beating of his heart
তিনি শিখেছেন, শ্বাস থেকে শুরু করে, তার হৃদয়ের স্পন্দনকে শান্ত করতে
he learned to reduce the beats of his heart
সে তার হৃদয়ের স্পন্দন কমাতে শিখেছে
he meditated until his heartbeats were only a few

তিনি ধ্যান করেছিলেন যতক্ষণ না তার হৃদস্পন্দন মাত্র
কয়েক ছিল
and then his heartbeats were almost none
এবং তারপর তার হৃদস্পন্দন প্রায় নেই
Instructed by the oldest of the Samanas, Siddhartha
practised self-denial
সমানাসের প্রাচীনতম দ্বারা নির্দেশিত, সিদ্ধার্থ আত্মত্যাগের
অনুশীলন করেছিলেন
he practised meditation, according to the new Samana rules
তিনি নতুন সামানা নিয়ম অনুযায়ী ধ্যান অনুশীলন করেন
A heron flew over the bamboo forest
বাঁশের বনের উপর দিয়ে একটা বগল উড়ে গেল
Siddhartha accepted the heron into his soul
সিদ্ধার্থ বগলাকে নিজের আত্মায় গ্রহণ করলেন
he flew over forest and mountains
তিনি বন ও পাহাড়ের উপর দিয়ে উড়ে গেলেন
he was a heron, he ate fish
সে ছিল বগলা, মাছ খেত
he felt the pangs of a heron's hunger
তিনি একটি হরিনের ক্ষুধার যন্ত্রণা অনুভব করলেন
he spoke the heron's croak
তিনি বগুড়ার বাঁকা কথা বলেছিলেন
he died a heron's death
তিনি একটি বগলা মারা মারা যান
A dead jackal was lying on the sandy bank
বালুকাময় তীরে একটি মৃত শিয়াল পড়ে ছিল
Siddhartha's soul slipped inside the body of the dead jackal
সিদ্ধার্থের আত্মা মরা শেয়ালের দেহের ভিতর ঢুকে গেল
he was the dead jackal laying on the banks and bloated
সে ছিল মৃত শেয়াল পাড়ে শুয়ে ফুলে ওঠা
he stank and decayed and was dismembered by hyenas

তিনি দুর্গন্ধযুক্ত এবং ক্ষয়প্রাপ্ত হয়েছিলেন এবং হায়েনাদের দ্বারা বিচ্ছিন্ন হয়েছিলেন

he was skinned by vultures and turned into a skeleton

তিনি শকুন দ্বারা চামড়া এবং একটি কঙ্কাল পরিণত হয়

he was turned to dust and blown across the fields

তাকে ধুলোয় পরিণত করা হয়েছিল এবং মাঠ জুড়ে উড়িয়ে দেওয়া হয়েছিল

And Siddhartha's soul returned

আর সিদ্ধার্থের আত্মা ফিরে এল

it had died, decayed, and was scattered as dust

এটি মারা গিয়েছিল, পচে গিয়েছিল এবং ধূলিকণার মতো ছড়িয়ে পড়েছিল।

it had tasted the gloomy intoxication of the cycle

এটি চক্রের বিষণ্ণ নেশার স্বাদ পেয়েছিল

it awaited with a new thirst, like a hunter in the gap

এটি একটি নতুন তৃষ্ণা নিয়ে অপেক্ষা করছে, ফাঁকে শিকারীর মতো

in the gap where he could escape from the cycle

সেই ফাঁকে যেখানে সে চক্র থেকে পালাতে পারে

in the gap where an eternity without suffering began

সেই ফাঁকে যেখানে যন্ত্রণা ছাড়া অনন্তকাল শুরু হয়েছিল

he killed his senses and his memory

সে তার ইন্দ্রিয় এবং তার স্মৃতিকে হত্যা করেছিল

he slipped out of his self into thousands of other forms

সে তার নিজের থেকে ছিটকে গেল আঁরও হাজারো রূপের মধ্যে

he was an animal, a carrion, a stone

তিনি একটি পশু, একটি বাহক, একটি পাথর ছিল

he was wood and water

তিনি কাঠ এবং জল ছিল

and he awoke every time to find his old self again

এবং তিনি প্রতিবার জেগে উঠলেন তার পুরানো আত্মকে
আবার খুঁজে পাওয়ার জন্য
whether sun or moon, he was his self again
সূর্য হোক বা চন্দ্র, সে আবার তার স্বয়ং
he turned round in the cycle
সে চক্রে ঘুরল
he felt thirst, overcame the thirst, felt new thirst
তিনি তৃষ্ণা অনুভব করলেন, তৃষ্ণা কাটিয়ে উঠলেন, নতুন
তৃষ্ণা অনুভব করলেন

Siddhartha learned a lot when he was with the Samanas
সিদ্ধার্থ অনেক কিছু শিখেছে যখন সে সামনাতে ছিল
he learned many ways leading away from the self
তিনি নিজেকে থেকে দূরে নেতৃত্ব অনেক উপায় শিখেছি
he learned how to let go
সে শিখেছে কিভাবে ছেড়ে দিতে হয়
He went the way of self-denial by means of pain
যন্ত্রণার মধ্য দিয়ে তিনি আত্মত্যাগের পথে চলে গেলেন
he learned self-denial through voluntarily suffering and overcoming pain
তিনি স্বেচ্ছায় যন্ত্রণা এবং যন্ত্রণা কাটিয়ে উঠার মাধ্যমে
আত্মত্যাগ শিখেছেন
he overcame hunger, thirst, and tiredness
তিনি ক্ষুধা, তৃষ্ণা এবং ক্লান্তি কাটিয়ে উঠলেন
He went the way of self-denial by means of meditation
তিনি ধ্যানের মাধ্যমে আত্মত্যাগের পথে চলে গেলেন
he went the way of self-denial through imagining the mind to be void of all conceptions
মনকে সমস্ত ধারণা থেকে অকার্যকর কল্পনা করার মাধ্যমে
তিনি আত্মত্যাগের পথে গিয়েছিলেন
with these and other ways he learned to let go
এই এবং অন্যান্য উপায়ে সে ছেড়ে দিতে শিখেছে

a thousand times he left his self
হাজার বার সে নিজেকে ছেড়েছে
for hours and days he remained in the non-self
ঘন্টার পর ঘন্টা সে অ-স্বাধীনতায় রয়ে গেল
all these ways led away from the self
এই সমস্ত উপায় আত্ম থেকে দূরে নেতৃত্বে
but their path always led back to the self
কিন্তু তাদের পথ সর্বদা নিজের দিকে ফিরে আসে
Siddhartha fled from the self a thousand times
সিদ্ধার্থ হাজার বার স্বয়ং থেকে পালিয়েছে
but the return to the self was inevitable
কিন্তু স্ব-প্রত্যাবর্তন অনিবার্য ছিল
although he stayed in nothingness, coming back was inevitable
যদিও তিনি শূন্যতায় ছিলেন, ফিরে আসা অনিবার্য ছিল
although he stayed in animals and stones, coming back was inevitable
যদিও তিনি পশুপাখি এবং পাথরের মধ্যে থেকেছিলেন, ফিরে আসা অনিবার্য ছিল
he found himself in the sunshine or in the moonlight again
তিনি নিজেকে আবার সূর্যের আলোতে বা চাঁদের আলোতে খুঁজে পেলেন
he found himself in the shade or in the rain again
সে আবার ছায়ায় বা বৃষ্টিতে নিজেকে খুঁজে পেল
and he was once again his self; Siddhartha
এবং তিনি আবার তার স্ব ছিল; সিদ্ধার্থ
and again he felt the agony of the cycle which had been forced upon him
এবং তিনি আবার সেই চক্রের যন্ত্রণা অনুভব করলেন যা তাকে বাধ্য করা হয়েছিল

by his side lived Govinda, his shadow

তার পাশে থাকতেন গোবিন্দ, তার ছায়া

Govinda walked the same path and undertook the same efforts

গোবিন্দ একই পথে হাঁটলেন এবং একই প্রচেষ্টা গ্রহণ করলেন

they spoke to one another no more than the exercises required

তারা একে অপরের সাথে প্রয়োজনীয় ব্যায়ামের চেয়ে বেশি কথা বলত না

occasionally the two of them went through the villages

মাঝে মাঝে তারা দুজন গ্রামের মধ্যে দিয়ে যেত

they went to beg for food for themselves and their teachers

তারা নিজেদের এবং তাদের শিক্ষকদের জন্য খাবারের জন্য ভিক্ষা করতে গিয়েছিল

"How do you think we have progressed, Govinda" he asked

"আপনি কিভাবে মনে করেন আমরা উন্নতি করেছি, গোবিন্দ," তিনি জিজ্ঞাসা করলেন

"Did we reach any goals?" Govinda answered

"আমরা কি কোন লক্ষ্যে পৌঁছেছি?" উত্তর দিলেন গোবিন্দ

"We have learned, and we'll continue learning"

"আমরা শিখেছি, এবং আমরা শিখতে থাকব"

"You'll be a great Samana, Siddhartha"

"তুমি অনেক ভালো হবে সামানা, সিদ্ধার্থ"

"Quickly, you've learned every exercise"

"দ্রুত, আপনি প্রতিটি ব্যায়াম শিখেছেন"

"often, the old Samanas have admired you"

"প্রায়শই, পুরানো সমানারা আপনাকে প্রশংসা করেছে"

"One day, you'll be a holy man, oh Siddhartha"

"একদিন, তুমি একজন পবিত্র মানুষ হবে, ওহ সিদ্ধার্থ"

Spoke Siddhartha, "I can't help but feel that it is not like this, my friend"

সিদ্ধার্থ বললেন, "আমি সাহায্য করতে পারছি না কিন্তু মনে হচ্ছে এটা এমন নয়, আমার বন্ধু"

"What I've learned being among the Samanas could have been learned more quickly"

"সামানদের মধ্যে থেকে আমি যা শিখেছি তা আরও দ্রুত শেখা যেত"

"it could have been learned by simpler means"

"এটা সহজ উপায়ে শেখা যেত"

"it could have been learned in any tavern"

"এটি যে কোনো সরাইখানায় শেখা যেত"

"it could have been learned where the whorehouses are"

"বেশ্যারা কোথায় আছে তা জানা যেত"

"I could have learned it among carters and gamblers"

"আমি এটি কার্টার এবং জুয়াড়িদের মধ্যে শিখতে পারতাম"

Spoke Govinda, "Siddhartha is joking with me"

গোবিন্দ বললেন, "সিদ্ধার্থ আমার সাথে মজা করছে"

"How could you have learned meditation among wretched people?"

"কিভাবে আপনি হতভাগ্য মানুষের মধ্যে ধ্যান শিখতে পারেন?"

"how could whores have taught you about holding your breath?"

"কীভাবে বেশ্যারা আপনাকে আপনার শ্বাস ধরে রাখা শিখিয়েছে?"

"how could gamblers have taught you insensitivity against pain?"

"কীভাবে জুয়াড়িরা আপনাকে ব্যথার বিরুদ্ধে সংবেদনশীলতা শিখিয়েছে?"

Siddhartha spoke quietly, as if he was talking to himself

সিদ্ধার্থ চুপচাপ বলল, যেন নিজের সাথে কথা বলছে

"What is meditation?"

"ধ্যান কি?"

"What is leaving one's body?"
"কিসের শরীর ছেড়ে চলে যাচ্ছে?"
"What is fasting?"
"রোজা কি?"
"What is holding one's breath?"
"নিঃশ্বাস আটকে রাখা কি?"
"It is fleeing from the self"
"এটি নিজের থেকে পালিয়ে যাচ্ছে"
"it is a short escape of the agony of being a self"
"এটি একটি স্ব হওয়ার যন্ত্রণা থেকে একটি সংক্ষিপ্ত পরিত্রাণ"
"it is a short numbing of the senses against the pain"
"এটি ব্যথার বিরুদ্ধে সংক্ষিপ্ত সংবেদনশীলতা"
"it is avoiding the pointlessness of life"
"এটি জীবনের অর্থহীনতা এড়াচ্ছে"
"The same numbing is what the driver of an ox-cart finds in the inn"
"একটি অসাড়তা যা একটি গরুর গাড়ির চালক সরাইখানায় খুঁজে পায়"
"drinking a few bowls of rice-wine or fermented coconut-milk"
"কয়েক বাটি ভাত-ওয়াইন বা গাঁজানো নারকেল-দুধ পান করা"
"Then he won't feel his self anymore"
"তাহলে সে আর নিজেকে অনুভব করবে না"
"then he won't feel the pains of life anymore"
"তাহলে সে আর জীবনের কষ্ট অনুভব করবে না"
"then he finds a short numbing of the senses"
"তারপর সে ইন্দ্রিয়গুলির একটি সংক্ষিপ্ত অসাড়তা খুঁজে পায়"
"When he falls asleep over his bowl of rice-wine, he'll find the same what we find"

"যখন সে তার ভাত-ওয়াইনের বাটিতে ঘুমিয়ে পড়ে, তখন আমরা যা খুঁজে পাই সেও তাই পাবে"
"he finds what we find when we escape our bodies through long exercises"
"যখন আমরা দীর্ঘ অনুশীলনের মাধ্যমে আমাদের দেহ থেকে পালাতে পারি তখন তিনি যা খুঁজে পান"
"all of us are staying in the non-self"
"আমরা সবাই অ-স্বায় থাকি"
"This is how it is, oh Govinda"
"এ রকমই হয়, হে গোবিন্দ"
Spoke Govinda, "You say so, oh friend"
গোবিন্দ বলল, "তুমি তাই বলো ওরে বন্ধু"
"and yet you know that Siddhartha is no driver of an ox-cart"
"এবং তবুও আপনি জানেন যে সিদ্ধার্থ গরুর গাড়ির চালক নয়"
"and you know a Samana is no drunkard"
"এবং আপনি জানেন একটি সামানা কোন মাতাল নয়"
"it's true that a drinker numbs his senses"
"এটা সত্য যে একজন মদ্যপানকারী তার ইন্দ্রিয়কে অসাড় করে দেয়"
"it's true that he briefly escapes and rests"
"এটা সত্য যে সে অল্প সময়ের জন্য পালিয়ে যায় এবং বিশ্রাম নেয়"
"but he'll return from the delusion and finds everything to be unchanged"
"কিন্তু সে বিভ্রম থেকে ফিরে আসবে এবং সবকিছু অপরিবর্তিত দেখতে পাবে"
"he has not become wiser"
"সে জ্ঞানী হয়ে ওঠেনি"
"he has gathered any enlightenment"
"তিনি কোন জ্ঞান সংগ্রহ করেছেন"
"he has not risen several steps"

"তিনি কয়েক ধাপ উঠেনি"
And Siddhartha spoke with a smile
আর সিদ্ধার্থ হাসিমুখে কথা বলল
"I do not know, I've never been a drunkard"
"আমি জানি না, আমি কখনই মাতাল ছিলাম না"
"I know that I find only a short numbing of the senses"
"আমি জানি যে আমি সংক্ষিপ্ত সংবেদনগুলি খুঁজে পাই"
"I find it in my exercises and meditations"
"আমি আমার ব্যায়াম এবং ধ্যানের মধ্যে এটি খুঁজে পাই"
"and I find I am just as far removed from wisdom as a child in the mother's womb"
"এবং আমি দেখতে পাচ্ছি যে আমি মায়ের গর্ভে থাকা শিশুর মতো জ্ঞান থেকে দূরে সরে গেছি"
"this I know, oh Govinda"
"এই আমি জানি, হে গোবিন্দ"

And once again, another time, Siddhartha began to speak
আর একবার, আরেকবার, সিদ্ধার্থ কথা বলতে শুরু করল
Siddhartha had left the forest, together with Govinda
সিদ্ধার্থ গোবিন্দের সাথে বন ছেড়েছিলেন
they left to beg for some food in the village
তারা গ্রামে কিছু খাবারের জন্য ভিক্ষা করতে চলে গেল
he said, "What now, oh Govinda?"
তিনি বললেন, "এখন কি হে গোবিন্দ?"
"are we on the right path?"
"আমরা কি সঠিক পথে আছি?"
"are we getting closer to enlightenment?"
"আমরা কি জ্ঞানার্জনের কাছাকাছি যাচ্ছি?"
"are we getting closer to salvation?"
"আমরা কি পরিত্রাণের কাছাকাছি যাচ্ছি?"
"Or do we perhaps live in a circle?"
"বা আমরা সম্ভবত একটি বৃত্তে বাস করি?"

"we, who have thought we were escaping the cycle"
"আমরা যারা ভেবেছিলাম আমরা চক্র থেকে পালিয়ে যাচ্ছি"

Spoke Govinda, "We have learned a lot"
গোবিন্দ বলেছেন, "আমরা অনেক কিছু শিখেছি"

"Siddhartha, there is still much to learn"
"সিদ্ধার্থ, এখনও অনেক কিছু শেখার আছে"

"We are not going around in circles"
"আমরা বৃত্তে ঘুরছি না"

"we are moving up; the circle is a spiral"
"আমরা উপরে যাচ্ছি; বৃত্ত একটি সর্পিল"

"we have already ascended many levels"
"আমরা ইতিমধ্যে অনেক স্তরে উঠেছি"

Siddhartha answered, "How old would you think our oldest Samana is?"
সিদ্ধার্থ উত্তর দিল, "আমাদের প্রাচীনতম সামানার বয়স কত হবে বলে তোমার মনে হবে?"

"how old is our venerable teacher?"
"আমাদের শ্রদ্ধেয় শিক্ষকের বয়স কত?"

Spoke Govinda, "Our oldest one might be about sixty years of age"
গোবিন্দ বললেন, "আমাদের সবচেয়ে বয়স্ক ব্যক্তির বয়স প্রায় ষাট বছর হতে পারে"

Spoke Siddhartha, "He has lived for sixty years"
সিদ্ধার্থ বললেন, "তিনি ষাট বছর বেঁচে আছেন"

"and yet he has not reached the nirvana"
"এবং এখনও তিনি নির্বাণে পৌঁছাননি"

"He'll turn seventy and eighty"
"সে সত্তর এবং আশি হবে"

"you and me, we will grow just as old as him"
"আপনি এবং আমি, আমরা তার মতোই বৃদ্ধ হব"

"and we will do our exercises"

"এবং আমরা আমাদের অনুশীলন করব"
"and we will fast, and we will meditate"
"এবং আমরা উপবাস করব, এবং আমরা ধ্যান করব"
"But we will not reach the nirvana"
"তবে আমরা নির্বাণে পৌঁছাব না"
"he won't reach nirvana and we won't"
"সে নির্বাণে পৌঁছাবে না এবং আমরাও পাব না"
"there are uncountable Samanas out there"
"সেখানে অগণিত সমানা আছে"
"perhaps not a single one will reach the nirvana"
"সম্ভবত একজনও নির্বাণে পৌঁছাবে না"
"We find comfort, we find numbness, we learn feats"
"আমরা সান্ত্বনা পাই, আমরা অসাড়তা খুঁজে পাই, আমরা কীর্তি শিখি"
"we learn these things to deceive others"
"আমরা এই জিনিসগুলি শিখি অন্যকে প্রতারিত করার জন্য"
"But the most important thing, the path of paths, we will not find"
"কিন্তু সবচেয়ে গুরুত্বপূর্ণ জিনিস, পথের পথ, আমরা খুঁজে পাব না"
Spoke Govinda "If you only wouldn't speak such terrible words, Siddhartha!"
গোবিন্দ বললেন, "তুমি যদি এমন ভয়ঙ্কর কথা না বলতে, সিদ্ধার্থ!"
"there are so many learned men"
"অনেক জ্ঞানী লোক আছে"
"how could not one of them not find the path of paths?"
"তাদের একজন কিভাবে পথের পথ খুঁজে পায়নি?"
"how can so many Brahmans not find it?"
"এত ব্রাহ্মণ কিভাবে খুঁজে পায় না?"

"how can so many austere and venerable Samanas not find it?"
"এত কঠোর এবং শ্রদ্ধেয় সমানরা কিভাবে এটি খুঁজে পায় না?"
"how can all those who are searching not find it?"
"যারা খুঁজছে তারা কিভাবে খুঁজে পাবে না?"
"how can the holy men not find it?"
"কিভাবে পবিত্র পুরুষরা এটি খুঁজে পায় না?"
But Siddhartha spoke with as much sadness as mockery
কিন্তু সিদ্ধার্থ বিদ্রুপের মত দুঃখের সাথে কথা বলল
he spoke with a quiet, a slightly sad, a slightly mocking voice
তিনি একটি শান্ত, একটি সামান্য দুঃ খিত, একটি সামান্য ঠাট্টা কন্ঠে কথা বলেন
"Soon, Govinda, your friend will leave the path of the Samanas"
"শীঘ্রই, গোবিন্দ, তোমার বন্ধু সমানসের পথ ছাড়বে"
"he has walked along your side for so long"
"সে এতদিন তোমার পাশে হেঁটেছে"
"I'm suffering of thirst"
"আমি তৃষ্ণায় ভুগছি"
"on this long path of a Samana, my thirst has remained as strong as ever"
"সামানার এই দীর্ঘ পথে, আমার তৃষ্ণা বরাবরের মতোই প্রবল রয়ে গেছে"
"I always thirsted for knowledge"
"আমি সর্বদা জ্ঞানের জন্য তৃষ্ণার্ত"
"I have always been full of questions"
"আমি সবসময় প্রশ্নে পূর্ণ"
"I have asked the Brahmans, year after year"
"আমি বছরের পর বছর ব্রাহ্মণদের জিজ্ঞাসা করেছি"
"and I have asked the holy Vedas, year after year"

"এবং আমি বছরের পর বছর পবিত্র বেদ জিজ্ঞাসা করেছি"

"and I have asked the devoted Samanas, year after year"

"এবং আমি নিবেদিত সামনাকে বছরের পর বছর জিজ্ঞাসা করেছি"

"perhaps I could have learned it from the hornbill bird"

"হর্নবিল পাখির কাছ থেকে হয়তো আমি এটা শিখতে পারতাম"

"perhaps I should have asked the chimpanzee"

"সম্ভবত আমার শিম্পাঞ্জিকে জিজ্ঞাসা করা উচিত ছিল"

"It took me a long time"

"এটা আমার অনেক সময় নিয়েছে"

"and I am not finished learning this yet"

"এবং আমি এখনও এটি শেখা শেষ করিনি"

"oh Govinda, I have learned that there is nothing to be learned!"

"ওহ গোবিন্দ, আমি শিখেছি যে শেখার কিছু নেই!"

"There is indeed no such thing as learning"

"আসলে শেখার মতো কিছু নেই"

"There is just one knowledge"

"শুধু একটি জ্ঞান আছে"

"this knowledge is everywhere, this is Atman"

"এই জ্ঞান সর্বত্র, এই হল আত্মা"

"this knowledge is within me and within you"

"এই জ্ঞান আমার মধ্যে এবং আপনার মধ্যে"

"and this knowledge is within every creature"

"এবং এই জ্ঞান প্রতিটি প্রাণীর মধ্যে রয়েছে"

"this knowledge has no worse enemy than the desire to know it"

"এই জ্ঞানের এটা জানার ইচ্ছার চেয়ে খারাপ কোন শত্রু নেই"

"that is what I believe"

"এটাই আমি বিশ্বাস করি"
At this, Govinda stopped on the path
এই বলে গোবিন্দ পথে থামলেন
he rose his hands, and spoke
সে তার হাত তুলে কথা বলল
"If only you would not bother your friend with this kind of talk"
"যদি আপনি এই ধরণের কথা বলে আপনার বন্ধুকে বিরক্ত না করেন"
"Truly, your words stir up fear in my heart"
"সত্যিই, তোমার কথা আমার হৃদয়ে ভয় জাগায়"
"consider, what would become of the sanctity of prayer?"
"বিবেচনা করুন, নামাজের পবিত্রতা কি হবে?"
"what would become of the venerability of the Brahmans' caste?"
"ব্রাহ্মণদের বর্ণের শ্রদ্ধার কী হবে?"
"what would happen to the holiness of the Samanas?
"সমনাদের পবিত্রতার কি হবে?
"What would then become of all of that is holy"
"তাহলে সে সবের কি হবে পবিত্র"
"what would still be precious?"
"কি এখনও মূল্যবান হবে?"
And Govinda mumbled a verse from an Upanishad to himself
এবং গোবিন্দ একটি উপনিষদের একটি শ্লোক নিজের কাছে বিড়বিড় করলেন
"He who ponderingly, of a purified spirit, loses himself in the meditation of Atman"
"যে শুদ্ধ আত্মার চিন্তা করে, আত্মার ধ্যানে নিজেকে হারিয়ে ফেলে"
"inexpressible by words is the blissfulness of his heart"
"কথায় বর্ণনা করা যায় না তার হৃদয়ের আনন্দ"

But Siddhartha remained silent
কিন্তু সিদ্ধার্থ চুপ করে রইলেন
He thought about the words which Govinda had said to him
গোবিন্দ তাকে যে কথাগুলো বলেছিলেন সে কথাগুলো তিনি ভেবেছিলেন
and he thought the words through to their end
এবং তিনি তাদের শেষ মাধ্যমে শব্দ চিন্তা
he thought about what would remain of all that which seemed holy
যা পবিত্র বলে মনে হয় তার মধ্যে কি থাকবে তা নিয়ে তিনি চিন্তা করলেন
What remains? What can stand the test?
কি অবশিষ্ট থাকে? কি পরীক্ষা দাঁড়াতে পারে?
And he shook his head
ও মাথা নাড়ল

the two young men had lived among the Samanas for about three years
দুই যুবক প্রায় তিন বছর ধরে সামানদের মধ্যে বসবাস করেছিল
some news, a rumour, a myth reached them
কিছু খবর, একটি গুজব, একটি মিথ তাদের কাছে পৌঁছেছে
the rumour had been retold many times
গুজব অনেক বার retold করা হয়েছে
A man had appeared, Gotama by name
গোতমা নামে একজন লোক হাজির হয়েছিল
the exalted one, the Buddha
উচ্চতর এক, বুদ্ধ
he had overcome the suffering of the world in himself
তিনি নিজের মধ্যে বিশ্বের দুঃখকষ্ট অতিক্রম করেছিলেন
and he had halted the cycle of rebirths

এবং তিনি পুনর্জন্মের চক্রকে থামিয়ে দিয়েছিলেন
He was said to wander through the land, teaching
তিনি দেশে ঘুরে বেড়াতেন, শিক্ষা দিতেন
he was said to be surrounded by disciples
তিনি শিষ্য দ্বারা পরিবেষ্টিত বলা হয়
he was said to be without possession, home, or wife
তাকে বলা হয়েছিল কোন সম্পত্তি, বাড়ি বা স্ত্রী নেই
he was said to be in just the yellow cloak of an ascetic
বলা হয়, তিনি একজন তপস্বীর হলুদ পোশাকে ছিলেন
but he was with a cheerful brow
কিন্তু তিনি একটি প্রফুল্ল ভ্রু সঙ্গে ছিল
and he was said to be a man of bliss
এবং তাকে সুখের মানুষ বলা হয়
Brahmans and princes bowed down before him
ব্রাহ্মণ ও রাজপুত্ররা তাঁর সামনে প্রণাম করলেন
and they became his students
এবং তারা তার ছাত্র হয়ে গেল
This myth, this rumour, this legend resounded
এই মিথ, এই গুজব, এই কিংবদন্তি প্রতিধ্বনিত হয়েছিল
its fragrance rose up, here and there, in the towns
তার সুবাস উঠছে, এখানে-ওখানে, শহরে
the Brahmans spoke of this legend
ব্রাহ্মণরা এই কিংবদন্তির কথা বলেছেন
and in the forest, the Samanas spoke of it
এবং বনে, সমানারা এটির কথা বলেছিল
again and again, the name of Gotama the Buddha reached the ears of the young men
বার বার যুবকদের কানে গৌতম বুদ্ধের নাম পৌঁছে গেল
there was good and bad talk of Gotama
সেখানে গোতমের ভালো-মন্দ আলোচনা হতো
some praised Gotama, others defamed him

কেউ কেউ গোতমের প্রশংসা করলেন, কেউ কেউ তাঁকে অপমান করলেন

It was as if the plague had broken out in a country
যেন একটা দেশে প্লেগ ছড়িয়ে পড়েছে

news had been spreading around that in one or another place there was a man
চারিদিকে খবর ছড়িয়ে পড়ছিল যে এক না এক জায়গায় একজন লোক আছে

a wise man, a knowledgeable one
একজন জ্ঞানী মানুষ, একজন জ্ঞানী

a man whose word and breath was enough to heal everyone
একজন মানুষ যার শব্দ এবং নিঃশ্বাস সবাইকে সুস্থ করার জন্য যথেষ্ট ছিল

his presence could heal anyone who had been infected with the pestilence
তার উপস্থিতি যে কেউ মহামারীতে আক্রান্ত হয়েছিল তাকে নিরাময় করতে পারে

such news went through the land, and everyone would talk about it
এই ধরনের খবর দেশের মধ্যে দিয়ে গেছে, এবং সবাই এটা সম্পর্কে কথা বলতে হবে

many believed the rumours, many doubted them
অনেকে গুজব বিশ্বাস করেছিল, অনেকে সন্দেহ করেছিল

but many got on their way as soon as possible
কিন্তু অনেকেই যত তাড়াতাড়ি সম্ভব তাদের পথে নেমেছে

they went to seek the wise man, the helper
তারা জ্ঞানী ব্যক্তি, সাহায্যকারী খুঁজতে গিয়েছিলেন

the wise man of the family of Sakya
শাক্য পরিবারের জ্ঞানী ব্যক্তি

He possessed, so the believers said, the highest enlightenment
তিনি অধিকারী, তাই বিশ্বাসীরা বলেন, সর্বোচ্চ জ্ঞান

he remembered his previous lives; he had reached the nirvana
তিনি তার আগের জীবনের কথা মনে রেখেছিলেন; তিনি নির্বাণে পৌঁছেছিলেন

and he never returned into the cycle
এবং সে চক্রে ফিরে আসেনি

he was never again submerged in the murky river of physical forms
তিনি আর কখনও দৈহিক রূপের ঘোলা নদীতে নিমজ্জিত হননি

Many wonderful and unbelievable things were reported of him
তাঁর সম্পর্কে অনেক বিস্ময়কর এবং অবিশ্বাস্য বিষয় প্রকাশিত হয়েছিল

he had performed miracles
তিনি অলৌকিক কাজ করেছেন

he had overcome the devil
সে শয়তানকে পরাস্ত করেছিল

he had spoken to the gods
তিনি দেবতাদের সাথে কথা বলেছিলেন

But his enemies and disbelievers said Gotama was a vain seducer
কিন্তু তার শত্রু ও অবিশ্বাসীরা বলেছিল গোটামা একজন নিরর্থক প্রলোভনকারী

they said he spent his days in luxury
তারা বলেছিল যে সে বিলাসিতা করে তার দিন কাটিয়েছে

they said he scorned the offerings
তারা বলেছিল যে সে অর্ঘ্যকে অপমান করেছে

they said he was without learning
তারা বলেছিল যে সে শিখছে না

they said he knew neither meditative exercises nor self-castigation

তারা বলেছিল যে তিনি ধ্যান ব্যায়াম বা আত্ম-নিন্দা করতে জানেন না

The myth of Buddha sounded sweet
বুদ্ধের পৌরাণিক কাহিনী মধুর শোনাল
The scent of magic flowed from these reports
এই রিপোর্ট থেকে জাদুর ঘ্রাণ প্রবাহিত হয়
After all, the world was sick, and life was hard to bear
সর্বোপরি, পৃথিবী অসুস্থ ছিল এবং জীবন সহ্য করা কঠিন ছিল

and behold, here a source of relief seemed to spring forth
এবং দেখুন, এখানে স্বস্তির একটি উৎস উদিত হয়েছে বলে মনে হচ্ছে

here a messenger seemed to call out
এখানে একজন বার্তাবাহক ডাকছে বলে মনে হচ্ছে
comforting, mild, full of noble promises
সান্ত্বনাদায়ক, মৃদু, মহৎ প্রতিশ্রুতিতে পূর্ণ
Everywhere where the rumour of Buddha was heard, the young men listened up
যেখানেই বুদ্ধের গুঞ্জন শোনা গেল, যুবকরা শুনল
everywhere in the lands of India they felt a longing
ভারতবর্ষের সর্বত্রই তারা আকাঙ্ক্ষা অনুভব করেছিল
everywhere where the people searched, they felt hope
যেখানেই লোকেরা অনুসন্ধান করেছিল, তারা আশা অনুভব করেছিল

every pilgrim and stranger was welcome when he brought news of him
প্রত্যেক তীর্থযাত্রী এবং অপরিচিত ব্যক্তি যখন তার খবর নিয়ে আসে তখন তাকে স্বাগত জানানো হয়
the exalted one, the Sakyamuni
উচ্চতম, শাক্যমুনি
The myth had also reached the Samanas in the forest
অরণ্যের সমানানেও মিথ পৌঁছেছিল

and Siddhartha and Govinda heard the myth too
এবং সিদ্ধার্থ এবং গোবিন্দও মিথ শুনেছিলেন
slowly, drop by drop, they heard the myth
ধীরে ধীরে, ড্রপ ড্রপ, তারা মিথ শুনতে
every drop was laden with hope
প্রতিটি ফোঁটা আশায় ভারাক্রান্ত ছিল
every drop was laden with doubt
প্রতিটি ফোঁটা সন্দেহে ভারাক্রান্ত ছিল
They rarely talked about it
তারা খুব কমই এটি সম্পর্কে কথা বলত
because the oldest one of the Samanas did not like this myth
কারণ সমানাদের মধ্যে প্রাচীনতম এই মিথ পছন্দ করেননি
he had heard that this alleged Buddha used to be an ascetic
তিনি শুনেছিলেন যে এই কথিত বুদ্ধ তপস্বী ছিলেন
he heard he had lived in the forest
তিনি শুনেছেন যে তিনি বনে বাস করতেন
but he had turned back to luxury and worldly pleasures
কিন্তু তিনি বিলাসিতা এবং পার্থিব আনন্দের দিকে ফিরে গিয়েছিলেন
and he had no high opinion of this Gotama
এবং এই গোতমা সম্পর্কে তার কোন উচ্চ মতামত ছিল না

"Oh Siddhartha," Govinda spoke one day to his friend
"ওহ সিদ্ধার্থ," গোবিন্দ একদিন তার বন্ধুর সাথে কথা বললেন
"Today, I was in the village"
"আজ গ্রামে ছিলাম"
"and a Brahman invited me into his house"
"এবং একজন ব্রাহ্মণ আমাকে তার বাড়িতে আমন্ত্রণ জানায়"

"and in his house, there was the son of a Brahman from Magadha"
"এবং তার বাড়িতে মগধের এক ব্রাহ্মণের পুত্র ছিল"
"he has seen the Buddha with his own eyes"
"তিনি নিজের চোখে বুদ্ধকে দেখেছেন"
"and he has heard him teach"
"এবং তিনি তাকে শিক্ষা দিতে শুনেছেন"
"Verily, this made my chest ache when I breathed"
"সত্যিই, আমি যখন শ্বাস নিচ্ছি তখন এটি আমার বুকে ব্যাথা করে"
"and I thought this to myself:"
"এবং আমি নিজের কাছে এটি ভেবেছিলাম:"
"if only we heard the teachings from the mouth of this perfected man!"
"যদি আমরা এই সিদ্ধ মানুষের মুখ থেকে শিক্ষা শুনে থাকি!"
"Speak, friend, wouldn't we want to go there too"
"বলো বন্ধু, আমরাও কি সেখানে যেতে চাই না"
"wouldn't it be good to listen to the teachings from the Buddha's mouth?"
"বুদ্ধের মুখ থেকে শিক্ষা শোনা কি ভাল হবে না?"
Spoke Siddhartha, "I had thought you would stay with the Samanas"
সিদ্ধার্থ বললেন, "আমি ভেবেছিলাম তুমি সমানাদের সাথে থাকবে"
"I always had believed your goal was to live to be seventy"
"আমি সবসময় বিশ্বাস করতাম তোমার লক্ষ্য ছিল সত্তর বছর বেঁচে থাকা"
"I thought you would keep practising those feats and exercises"
"আমি ভেবেছিলাম আপনি সেই কৃতিত্ব এবং অনুশীলনগুলি অনুশীলন করতে থাকবেন"

"and I thought you would become a Samana"
"আর আমি ভেবেছিলাম তুমি সামানা হয়ে যাবে"
"But behold, I had not known Govinda well enough"
"কিন্তু দেখ, আমি গোবিন্দকে ভালো করে চিনতাম না"
"I knew little of his heart"
"আমি তার হৃদয় সম্পর্কে সামান্য জানতাম"
"So now you want to take a new path"
"তাই এখন আপনি একটি নতুন পথ নিতে চান"
"and you want to go there where the Buddha spreads his teachings"
"এবং আপনি সেখানে যেতে চান যেখানে বুদ্ধ তাঁর শিক্ষাগুলি ছড়িয়ে দেন"
Spoke Govinda, "You're mocking me"
গোবিন্দ বললেন, "তুমি আমাকে উপহাস করছ"
"Mock me if you like, Siddhartha!"
"আপনি যদি চান আমাকে উপহাস, সিদ্ধার্থ!"
"But have you not also developed a desire to hear these teachings?"
"কিন্তু তোমারও কি এই শিক্ষাগুলো শোনার ইচ্ছা জাগেনি?"
"have you not said you would not walk the path of the Samanas for much longer?"
"তুমি কি বলোনি তুমি সমনাদের পথে আর বেশিদিন হাঁটবে না?"
At this, Siddhartha laughed in his very own manner
এই বলে সিদ্ধার্থ তার নিজের ভঙ্গিতে হাসলেন
the manner in which his voice assumed a touch of sadness
যেভাবে তার কন্ঠ দুঃখের স্পর্শ ধরেছিল
but it still had that touch of mockery
কিন্তু এটা এখনও উপহাস যে স্পর্শ ছিল
Spoke Siddhartha, "Govinda, you've spoken well"
সিদ্ধার্থ বললেন, "গোবিন্দ, তুমি ভালো কথা বলেছ"

"you've remembered correctly what I said"
"আমি যা বলেছি তা আপনি ঠিক মনে রেখেছেন"
"If only you remembered the other thing you've heard from me"
"আপনি যদি আমার কাছ থেকে শোনা অন্য জিনিসটি মনে রাখেন"
"I have grown distrustful and tired against teachings and learning"
"আমি শিক্ষা ও শেখার বিরুদ্ধে অবিশ্বাসী এবং ক্লান্ত হয়ে পড়েছি"
"my faith in words, which are brought to us by teachers, is small"
"শিক্ষকদের দ্বারা আমাদের কাছে আনা শব্দের প্রতি আমার বিশ্বাস ছোট"
"But let's do it, my dear"
"তবে এটা করা যাক, আমার প্রিয়"
"I am willing to listen to these teachings"
"আমি এই শিক্ষাগুলি শুনতে ইচ্ছুক"
"though in my heart I do not have hope"
"যদিও আমার মনে আশা নেই"
"I believe that we've already tasted the best fruit of these teachings"
"আমি বিশ্বাস করি যে আমরা ইতিমধ্যে এই শিক্ষার সেরা ফল আস্বাদন করেছি"
Spoke Govinda, "Your willingness delights my heart"
গোবিন্দ বললেন, "তোমার ইচ্ছা আমার হৃদয়কে আনন্দ দেয়"
"But tell me, how should this be possible?"
"কিন্তু আমাকে বলুন, এটা কিভাবে সম্ভব হবে?"
"How can the Gotama's teachings have already revealed their best fruit to us?"

"কীভাবে গোটামার শিক্ষা ইতিমধ্যেই আমাদের কাছে তাদের সেরা ফল প্রকাশ করেছে?"

"we have not heard his words yet"

"আমরা এখনও তার কথা শুনিনি"

Spoke Siddhartha, "Let us eat this fruit"

সিদ্ধার্থ বললেন, "আসুন এই ফলটা খাই"

"and let us wait for the rest, oh Govinda!"

"এবং আমরা বাকিদের জন্য অপেক্ষা করি, হে গোবিন্দ!"

"But this fruit consists in him calling us away from the Samanas"

"কিন্তু এই ফলটি তার মধ্যে রয়েছে যে আমাদেরকে সামনা থেকে দূরে ডেকেছে"

"and we have already received it thanks to the Gotama!"

"এবং আমরা ইতিমধ্যে এটি পেয়েছি গোটামাকে ধন্যবাদ!"

"Whether he has more, let us await with calm hearts"

"তার আরও আছে কি না, আসুন আমরা শান্ত চিত্তে অপেক্ষা করি"

On this very same day Siddhartha spoke to the oldest Samana

এই দিনেই সিদ্ধার্থ প্রাচীনতম সামানার সাথে কথা বলেন

he told him of his decision to leaves the Samanas

তিনি তাকে তার সামনা ছাড়ার সিদ্ধান্তের কথা জানান

he informed the oldest one with courtesy and modesty

তিনি সৌজন্য ও বিনয়ের সাথে প্রাচীনতমকে জানিয়েছিলেন

but the Samana became angry that the two young men wanted to leave him

কিন্তু দুই যুবক তাকে ছেড়ে চলে যেতে চায় বলে সামানা রাগান্বিত হয়ে ওঠে

and he talked loudly and used crude words

এবং তিনি উচ্চস্বরে কথা বলতেন এবং অশোভন শব্দ ব্যবহার করতেন

Govinda was startled and became embarrassed
গোবিন্দ চমকে উঠলেন এবং লজ্জিত হলেন
But Siddhartha put his mouth close to Govinda's ear
কিন্তু সিদ্ধার্থ গোবিন্দের কানের কাছে মুখ রাখল
"Now, I want to show the old man what I've learned from him"
"এখন, আমি বৃদ্ধকে দেখাতে চাই যে আমি তার কাছ থেকে যা শিখেছি"
Siddhartha positioned himself closely in front of the Samana
সিদ্ধার্থ নিজেকে সামনার সামনে ঘনিষ্ঠভাবে অবস্থান করে
with a concentrated soul, he captured the old man's glance
একাগ্র আত্মার সাথে সে বৃদ্ধের দৃষ্টি কেড়ে নিল
he deprived him of his power and made him mute
তিনি তাকে তার ক্ষমতা থেকে বঞ্চিত করেছিলেন এবং তাকে নীরব করে দিয়েছিলেন
he took away his free will
সে তার স্বাধীন ইচ্ছা কেড়ে নিয়েছে
he subdued him under his own will, and commanded him
তিনি তার নিজের ইচ্ছার অধীনে তাকে বশীভূত করেছিলেন এবং তাকে আদেশ করেছিলেন
his eyes became motionless, and his will was paralysed
তার চোখ স্থবির হয়ে পড়েছিল এবং তার ইচ্ছাশক্তি অবশ হয়ে গিয়েছিল
his arms were hanging down without power
তার অস্ত্র শক্তি ছাড়া নিচে ঝুলন্ত ছিল
he had fallen victim to Siddhartha's spell
তিনি সিদ্ধার্থের মন্ত্রের শিকার হয়েছিলেন
Siddhartha's thoughts brought the Samana under their control
সিদ্ধার্থের চিন্তা সামনাকে তাদের নিয়ন্ত্রণে নিয়ে আসে
he had to carry out what they commanded

তারা যা আদেশ করেছিল তাকে তা পালন করতে হয়েছিল
And thus, the old man made several bows
এবং এইভাবে, বৃদ্ধ বেশ কয়েকটি ধনুক তৈরি করলেন
he performed gestures of blessing
তিনি আশীর্বাদ অঙ্গভঙ্গি সঞ্চালিত
he spoke stammeringly a godly wish for a good journey
তিনি একটি ভাল যাত্রার জন্য একটি ঈশ্বরীয় ইচ্ছা stammeringly কথা বলেছেন
the young men returned the good wishes with thanks
যুবকরা ধন্যবাদ দিয়ে শুভেচ্ছা ফিরিয়ে দিল
they went on their way with salutations
তারা অভিবাদন জানিয়ে পথ চলল
On the way, Govinda spoke again
পথে গোবিন্দ আবার কথা বললেন
"Oh Siddhartha, you have learned more from the Samanas than I knew"
"ওহ সিদ্ধার্থ, তুমি সামনা থেকে আমার জানার চেয়ে বেশি শিখেছ"
"It is very hard to cast a spell on an old Samana"
"পুরনো সামানায় মন্ত্র লেখা খুব কঠিন"
"Truly, if you had stayed there, you would soon have learned to walk on water"
"সত্যিই, আপনি যদি সেখানে থাকতেন, আপনি শীঘ্রই জলের উপর হাঁটতে শিখতেন"
"I do not seek to walk on water" said Siddhartha
"আমি জলের উপর হাঁটতে চাই না" সিদ্ধার্থ বলল
"Let old Samanas be content with such feats!"
"পুরোনো সমানারা এই ধরনের কৃতিত্বে সন্তুষ্ট থাকুক।"

Gotama
গোটামা

In Savathi, every child knew the name of the exalted Buddha
সাবতীতে, প্রতিটি শিশুই উচ্চ বুদ্ধের নাম জানত
every house was prepared for his coming
প্রতিটি ঘর তার আগমনের জন্য প্রস্তুত ছিল
each house filled the alms-dishes of Gotama's disciples
প্রতিটি ঘর গোতামের শিষ্যদের ভিক্ষার থালা ভর্তি করে
Gotama's disciples were the silently begging ones
গোটামার শিষ্যরা নীরবে ভিক্ষা করতেন
Near the town was Gotama's favourite place to stay
শহরের কাছেই ছিল গোটামার থাকার প্রিয় জায়গা
he stayed in the garden of Jetavana
তিনি জেতবনের বাগানে থেকে গেলেন
the rich merchant Anathapindika had given the garden to Gotama
ধনী বণিক অনাথপিণ্ডিকা গোতমাকে বাগানটি দিয়েছিলেন
he had given it to him as a gift
তিনি তাকে উপহার হিসাবে এটি দিয়েছিলেন
he was an obedient worshipper of the exalted one
তিনি ছিলেন উচ্চমানের একজন আনুগত্যকারী উপাসক
the two young ascetics had received tales and answers
দুই তরুণ তপস্বী গল্প এবং উত্তর পেয়েছিলেন
all these tales and answers pointed them to Gotama's abode
এই সমস্ত গল্প এবং উত্তরগুলি তাদের গোতমের আবাসের দিকে নির্দেশ করেছিল
they arrived in the town of Savathi
তারা সাবতী শহরে পৌঁছেছে
they went to the very first door of the town
তারা শহরের প্রথম দরজায় গেল

and they begged for food at the door
তারা দরজায় খাবারের জন্য ভিক্ষা করতে লাগল
a woman offered them food
একজন মহিলা তাদের খাবার দিলেন
and they accepted the food
তারা খাবার গ্রহণ করল
Siddhartha asked the woman
সিদ্ধার্থ মহিলাকে জিজ্ঞেস করল
"oh charitable one, where does the Buddha dwell?"
"হে দানশীল, বুদ্ধ কোথায় থাকেন?"
"we are two Samanas from the forest"
"আমরা বনের দুই সামনা"
"we have come to see the perfected one"
"আমরা সিদ্ধকে দেখতে এসেছি"
"we have come to hear the teachings from his mouth"
"আমরা তাঁর মুখ থেকে শিক্ষা শুনতে এসেছি"
Spoke the woman, "you Samanas from the forest"
মহিলা বললেন, "তুমি বনের সমানস"
"you have truly come to the right place"
"আপনি সত্যিই সঠিক জায়গায় এসেছেন"
"you should know, in Jetavana, there is the garden of Anathapindika"
"তোমার জানা উচিত, জেতবনে, অনাথপিন্ডিকার বাগান আছে"
"that is where the exalted one dwells"
"সেখানেই মহান ব্যক্তি বাস করেন"
"there you pilgrims shall spend the night"
"সেখানে তোমরা তীর্থযাত্রীরা রাত কাটাবে"
"there is enough space for the innumerable, who flock here"
"অসংখ্যের জন্য যথেষ্ট জায়গা আছে, যারা এখানে ঝাঁকে ঝাঁকে আসে"
"they too come to hear the teachings from his mouth"

"তারাও তাঁর মুখ থেকে শিক্ষা শুনতে আসে"
This made Govinda happy, and full of joy
এটি গোবিন্দকে খুশি করেছিল, এবং আনন্দে পূর্ণ হয়েছিল
he exclaimed, "we have reached our destination"
তিনি চিৎকার করে বললেন, "আমরা আমাদের গন্তব্যে পৌঁছেছি"
"our path has come to an end!"
"আমাদের পথ শেষ হয়ে গেছে!"
"But tell us, oh mother of the pilgrims"
"কিন্তু আমাদের বল, ওহে তীর্থযাত্রীদের মা"
"do you know him, the Buddha?"
"তুমি কি তাকে চেনো, বুদ্ধ?"
"have you seen him with your own eyes?"
"আপনি কি তাকে নিজের চোখে দেখেছেন?"
Spoke the woman, "Many times I have seen him, the exalted one"
মহিলাটি বললেন, "আমি তাকে বহুবার দেখেছি, মহিমান্বিত।"
"On many days I have seen him"
"অনেক দিন দেখেছি তাকে"
"I have seen him walking through the alleys in silence"
"আমি তাকে নীরবে গলি দিয়ে হাঁটতে দেখেছি"
"I have seen him wearing his yellow cloak"
"আমি তাকে তার হলুদ চাদর পরতে দেখেছি"
"I have seen him presenting his alms-dish in silence"
"আমি তাকে নীরবে তার ভিক্ষার থালা উপস্থাপন করতে দেখেছি"
"I have seen him at the doors of the houses"
"আমি তাকে ঘরের দরজায় দেখেছি"
"and I have seen him leaving with a filled dish"
"এবং আমি তাকে একটি ভরা থালা নিয়ে চলে যেতে দেখেছি"

Delightedly, Govinda listened to the woman
আনন্দিত হয়ে গোবিন্দ মহিলার কথা শুনলেন
and he wanted to ask and hear much more
এবং তিনি আরও অনেক কিছু জিজ্ঞাসা করতে এবং শুনতে চেয়েছিলেন
But Siddhartha urged him to walk on
কিন্তু সিদ্ধার্থ তাকে হাঁটার আহ্বান জানান
They thanked the woman and left
তারা মহিলাকে ধন্যবাদ জানিয়ে চলে গেল
they hardly had to ask for directions
তাদের খুব কমই দিকনির্দেশের জন্য জিজ্ঞাসা করতে হয়েছিল
many pilgrims and monks were on their way to the Jetavana
অনেক তীর্থযাত্রী ও সন্ন্যাসী জেতবনে যাচ্ছিলেন
they reached it at night, so there were constant arrivals
তারা রাতে এটি পৌঁছেছে, তাই ক্রমাগত আগমন ছিল
and those who sought shelter got it
এবং যারা আশ্রয় চেয়েছিল তারা তা পেয়েছে
The two Samanas were accustomed to life in the forest
দুই সামনা বনের জীবনে অভ্যস্ত ছিল
so without making any noise they quickly found a place to stay
তাই কোনো আওয়াজ না করেই তারা দ্রুত থাকার জায়গা খুঁজে পেল
and they rested there until the morning
তারা সেখানে সকাল পর্যন্ত বিশ্রাম নিল

At sunrise, they saw with astonishment the size of the crowd
সূর্যোদয়ের সময়, তারা বিস্ময়ের সাথে ভিড়ের আকার দেখতে পেল
a great many number of believers had come
অনেক সংখ্যক বিশ্বাসী এসেছিলেন

and a great number of curious people had spent the night here
এবং অনেক কৌতূহলী মানুষ এখানে রাত কাটিয়েছে
On all paths of the marvellous garden, monks walked in yellow robes
আশ্চর্যজনক বাগানের সমস্ত পথে, সন্ন্যাসীরা হলুদ পোশাক পরে হাঁটতেন
under the trees they sat here and there, in deep contemplation
গাছের নিচে তারা এখানে-সেখানে বসে গভীর চিন্তায় মগ্ন
or they were in a conversation about spiritual matters
অথবা তারা আধ্যাত্মিক বিষয় নিয়ে কথোপকথনে ছিল
the shady gardens looked like a city
ছায়াময় বাগানগুলোকে শহরের মতো লাগছিল
a city full of people, bustling like bees
লোকে ভরা একটি শহর, মৌমাছির মতো হৈচৈ
The majority of the monks went out with their alms-dish
ভিক্ষুদের অধিকাংশই তাদের ভিক্ষার থালা নিয়ে বেরিয়ে পড়েছিলেন
they went out to collect food for their lunch
তারা তাদের মধ্যাহ্নভোজের জন্য খাবার সংগ্রহ করতে বেরিয়েছিল
this would be their only meal of the day
এটি তাদের দিনের একমাত্র খাবার হবে
The Buddha himself, the enlightened one, also begged in the mornings
স্বয়ং বুদ্ধ, যিনি আলোকিত, তিনিও সকালে ভিক্ষা করতেন
Siddhartha saw him, and he instantly recognised him
সিদ্ধার্থ তাকে দেখেছিল, এবং সে সঙ্গে সঙ্গে তাকে চিনতে পেরেছিল
he recognised him as if a God had pointed him out

তিনি তাকে চিনতে পারলেন যেন একজন ঈশ্বর তাকে নির্দেশ করেছেন

He saw him, a simple man in a yellow robe

তিনি তাকে দেখলেন, হলুদ পোশাক পরা একজন সাধারণ মানুষ

he was bearing the alms-dish in his hand, walking silently

সে ভিক্ষার থালা হাতে নিয়ে নিঃশব্দে হাঁটছিল

"Look here!" Siddhartha said quietly to Govinda

"এখানে দেখো!" সিদ্ধার্থ নিঃশব্দে গোবিন্দকে বলল

"This one is the Buddha"

"ইনিই বুদ্ধ"

Attentively, Govinda looked at the monk in the yellow robe

মনোযোগ সহকারে গোবিন্দ হলুদ পোশাকে সন্ন্যাসীর দিকে তাকাল

this monk seemed to be in no way different from any of the others

এই সন্ন্যাসীকে অন্য কারো থেকে কোনোভাবেই আলাদা মনে হয়নি

but soon, Govinda also realized that this is the one

কিন্তু শীঘ্রই, গোবিন্দও বুঝতে পারলেন যে এই একজন

And they followed him and observed him

এবং তারা তাকে অনুসরণ করল এবং তাকে পর্যবেক্ষণ করল

The Buddha went on his way, modestly and deep in his thoughts

বুদ্ধ তার পথে চলে গেলেন, বিনয়ের সাথে এবং গভীর চিন্তায়

his calm face was neither happy nor sad

তার শান্ত মুখ সুখী বা বিষণ্ণ ছিল না

his face seemed to smile quietly and inwardly

তার মুখ শান্তভাবে এবং অভ্যন্তরীণ হাসি বলে মনে হচ্ছে

his smile was hidden, quiet and calm

তার হাসি লুকানো ছিল, শান্ত এবং শান্ত

the way the Buddha walked somewhat resembled a healthy child

বুদ্ধের চলার পথে কিছুটা সুস্থ শিশুর মতো

he walked just as all of his monks did

তিনি তার সমস্ত সন্ন্যাসীদের মতোই হাঁটতেন

he placed his feet according to a precise rule

তিনি একটি সুনির্দিষ্ট নিয়ম অনুযায়ী তার পা স্থাপন

his face and his walk, his quietly lowered glance

তার মুখ এবং তার হাঁটা, তার শান্তভাবে নিচু দৃষ্টি

his quietly dangling hand, every finger of it

তার চুপচাপ ঝুলে থাকা হাত, প্রতিটি আঙুল

all these things expressed peace

এই সব জিনিস শান্তি প্রকাশ

all these things expressed perfection

এই সব জিনিস পরিপূর্ণতা প্রকাশ

he did not search, nor did he imitate

তিনি অনুসন্ধান করেননি, নকলও করেননি

he softly breathed inwardly an unwhithering calm

সে মৃদু অভ্যন্তরীণভাবে একটি অস্পষ্ট প্রশান্তির নিঃশ্বাস ফেলল

he shone outwardly an unwhithering light

তিনি বাহ্যিকভাবে একটি অস্পষ্ট আলো জ্বলে উঠলেন

he had about him an untouchable peace

তিনি তার সম্পর্কে একটি অস্পৃশ্য শান্তি ছিল

the two Samanas recognised him solely by the perfection of his calm

দুই সামনা তাকে চিনতে পেরেছে একমাত্র তার প্রশান্তির পরিপূর্ণতায়

they recognized him by the quietness of his appearance

তারা তাকে চিনতে পেরেছিল তার চেহারার নিস্তব্ধতা দেখে

the quietness in his appearance in which there was no searching
তার চেহারার মধ্যে নিস্তব্ধতা যেখানে কোন অনুসন্ধান ছিল না

there was no desire, nor imitation
কোন ইচ্ছা ছিল, না অনুকরণ

there was no effort to be seen
দেখার কোন প্রচেষ্টা ছিল না

only light and peace was to be seen in his appearance
তার চেহারায় কেবল আলো ও শান্তি দেখা যেত

"Today, we'll hear the teachings from his mouth" said Govinda
"আজ, আমরা তার মুখ থেকে শিক্ষা শুনব" গোবিন্দ বললেন

Siddhartha did not answer
সিদ্ধার্থ উত্তর দিল না

He felt little curiosity for the teachings
তিনি শিক্ষার প্রতি সামান্য কৌতূহল অনুভব করেছিলেন

he did not believe that they would teach him anything new
তিনি বিশ্বাস করেননি যে তারা তাকে নতুন কিছু শেখাবে

he had heard the contents of this Buddha's teachings again and again
তিনি এই বুদ্ধের শিক্ষার বিষয়বস্তু বারবার শুনেছিলেন

but these reports only represented second hand information
কিন্তু এই রিপোর্ট শুধুমাত্র দ্বিতীয় হাত তথ্য প্রতিনিধিত্ব

But attentively he looked at Gotama's head
কিন্তু সে মনোযোগ সহকারে গোতমার মাথার দিকে তাকাল

his shoulders, his feet, his quietly dangling hand
তার কাঁধ, তার পা, তার চুপচাপ ঝুলানো হাত

it was as if every finger of this hand was of these teachings
যেন এই হাতের প্রতিটি আঙুল এই শিক্ষারই ছিল

his fingers spoke of truth

তার আঙ্গুল সত্য কথা বলে
his fingers breathed and exhaled the fragrance of truth
তার আঙ্গুল শ্বাস নিচ্ছে এবং সত্যের সুবাস নিঃশ্বাস নিচ্ছে
his fingers glistened with truth
তার আঙ্গুল সত্য সঙ্গে চকচকে
this Buddha was truthful down to the gesture of his last finger
এই বুদ্ধ তার শেষ আঙুলের ইশারায় সত্যবাদী ছিলেন
Siddhartha could see that this man was holy
সিদ্ধার্থ দেখতে পান যে এই লোকটি পবিত্র
Never before, Siddhartha had venerated a person so much
এর আগে কখনও সিদ্ধার্থ একজন মানুষকে এতটা শ্রদ্ধা করেননি
he had never before loved a person as much as this one
সে আগে কখনো একজন মানুষকে এতটা ভালোবাসেনি
They both followed the Buddha until they reached the town
শহরে পৌঁছনো পর্যন্ত তারা উভয়েই বুদ্ধকে অনুসরণ করেছিল
and then they returned to their silence
এবং তারপর তারা তাদের নীরবতা ফিরে
they themselves intended to abstain on this day
তারা নিজেরাই এই দিনে বিরত থাকার ইচ্ছা করেছিল
They saw Gotama returning the food that had been given to him
তারা দেখতে পেল গোতমা তাকে দেওয়া খাবার ফিরিয়ে দিচ্ছে
what he ate could not even have satisfied a bird's appetite
তিনি যা খেয়েছিলেন তা পাখির ক্ষুধাও মেটাতে পারেনি
and they saw him retiring into the shade of the mango-trees
এবং তারা তাকে আম গাছের ছায়ায় অবসর নিতে দেখেছিল

in the evening the heat had cooled down
সন্ধ্যায় তাপ কমে গিয়েছিল
everyone in the camp started to bustle about and gathered around
ক্যাম্পের সবাই হৈচৈ শুরু করলো এবং চারপাশে জড়ো হলো
they heard the Buddha teaching, and his voice
তারা বুদ্ধের শিক্ষা, এবং তার কন্ঠস্বর শুনেছিল
and his voice was also perfected
এবং তার কন্ঠস্বরও নিখুঁত ছিল
his voice was of perfect calmness
তার কন্ঠ নিখুঁত শান্ত ছিল
his voice was full of peace
তার কন্ঠ শান্তিতে পূর্ণ ছিল
Gotama taught the teachings of suffering
গোতমা শিখিয়েছেন কষ্টের শিক্ষা
he taught of the origin of suffering
তিনি কষ্টের উৎপত্তি শিখিয়েছেন
he taught of the way to relieve suffering
তিনি কষ্ট থেকে মুক্তির উপায় শিখিয়েছেন
Calmly and clearly his quiet speech flowed on
শান্তভাবে এবং স্পষ্টভাবে তার শান্ত বক্তৃতা প্রবাহিত হয়
Suffering was life, and full of suffering was the world
দুঃখ ছিল জীবন, আর কষ্টে পরিপূর্ণ ছিল পৃথিবী
but salvation from suffering had been found
কিন্তু কষ্ট থেকে পরিত্রাণ পাওয়া গেছে
salvation was obtained by him who would walk the path of the Buddha
যে বুদ্ধের পথে হাঁটবে তার দ্বারা মোক্ষ লাভ হয়েছিল
With a soft, yet firm voice the exalted one spoke
মৃদু, অথচ দৃঢ় কন্ঠে উচ্চাভিলাষী কথা বললেন
he taught the four main doctrines

তিনি চারটি প্রধান মতবাদ শিখিয়েছিলেন
he taught the eight-fold path
তিনি আট-গুণ পথ শিখিয়েছিলেন
patiently he went the usual path of the teachings
ধৈর্য সহকারে তিনি শিক্ষার স্বাভাবিক পথে চলে গেলেন
his teachings contained the examples
তার শিক্ষার উদাহরণ রয়েছে
his teaching made use of the repetitions
তার শিক্ষা পুনরাবৃত্তি ব্যবহার করেছে
brightly and quietly his voice hovered over the listeners
উজ্জ্বল এবং নিঃশব্দে তার কন্ঠ শ্রোতাদের উপর ঝাঁপিয়ে পড়ে
his voice was like a light
তার কন্ঠস্বর ছিল আলোর মত
his voice was like a starry sky
তার কন্ঠস্বর ছিল তারাময় আকাশের মত
When the Buddha ended his speech, many pilgrims stepped forward
বুদ্ধ যখন তার বক্তৃতা শেষ করলেন, অনেক তীর্থযাত্রী এগিয়ে গেলেন
they asked to be accepted into the community
তারা সম্প্রদায়ের মধ্যে গৃহীত হতে জিজ্ঞাসা
they sought refuge in the teachings
তারা শিক্ষার আশ্রয় চেয়েছিল
And Gotama accepted them by speaking
এবং গোতমা কথা বলে তাদের গ্রহণ করলেন
"You have heard the teachings well"
"আপনি ভাল শিক্ষা শুনেছেন"
"join us and walk in holiness"
"আমাদের সাথে যোগ দিন এবং পবিত্রতায় চলুন"
"put an end to all suffering"
"সব কষ্টের অবসান ঘটাও"

Behold, then Govinda, the shy one, also stepped forward and spoke
দেখ, তখন লাজুক গোবিন্দও এগিয়ে গিয়ে কথা বলল
"I also take my refuge in the exalted one and his teachings"
"আমিও মহান ব্যক্তি এবং তাঁর শিক্ষার আশ্রয় নিই"
and he asked to be accepted into the community of his disciples
এবং তিনি তাঁর শিষ্যদের সম্প্রদায়ের মধ্যে গৃহীত হতে বলেছিলেন
and he was accepted into the community of Gotama's disciples
এবং তিনি গোটামার শিষ্যদের সম্প্রদায়ে গৃহীত হন

the Buddha had retired for the night
বুদ্ধ রাতের জন্য অবসর গ্রহণ করেছিলেন
Govinda turned to Siddhartha and spoke eagerly
গোবিন্দ সিদ্ধার্থের দিকে ফিরে সাগ্রহে কথা বললেন
"Siddhartha, it is not my place to scold you"
"সিদ্ধার্থ, তোমাকে বকা দেওয়ার জায়গা আমার নয়"
"We have both heard the exalted one"
"আমরা দুজনেই উচ্চারণ শুনেছি"
"we have both perceived the teachings"
"আমরা উভয়ই শিক্ষা উপলব্ধি করেছি"
"Govinda has heard the teachings"
"শিক্ষা শুনেছেন গোবিন্দ"
"he has taken refuge in the teachings"
"তিনি শিক্ষার আশ্রয় নিয়েছেন"
"But, my honoured friend, I must ask you"
"কিন্তু, আমার সম্মানিত বন্ধু, আমি আপনাকে জিজ্ঞাসা করতে হবে"
"don't you also want to walk the path of salvation?"
"তুমিও কি মুক্তির পথে হাঁটতে চাও না?"

"Would you want to hesitate?"
"আপনি কি দ্বিধা করতে চান?"
"do you want to wait any longer?"
"আপনি কি আর অপেক্ষা করতে চান?"
Siddhartha awakened as if he had been asleep
সিদ্ধার্থের ঘুম ভেঙ্গে গেল
For a long time, he looked into Govinda's face
অনেকক্ষণ গোবিন্দের মুখের দিকে তাকিয়ে রইলেন
Then he spoke quietly, in a voice without mockery
তারপর চুপচাপ, ঠাট্টা-বিদ্রুপ ছাড়াই কথা বললেন
"Govinda, my friend, now you have taken this step"
"গোবিন্দ, আমার বন্ধু, এখন তুমি এই পদক্ষেপ নিয়েছ"
"now you have chosen this path"
"এখন আপনি এই পথ বেছে নিয়েছেন"
"Always, oh Govinda, you've been my friend"
"সর্বদা, ওহ গোবিন্দ, তুমি আমার বন্ধু ছিলে"
"you've always walked one step behind me"
"আপনি সবসময় আমার এক ধাপ পিছনে হেঁটেছেন"
"Often I have thought about you"
"আমি প্রায়ই তোমার কথা ভেবেছি"
"'Won't Govinda for once also take a step by himself'"
"'গোবিন্দ একবারের জন্যও নিজে থেকে এক কদম নেবেন না'"
"'won't Govinda take a step without me?'"
"'আমাকে ছাড়া কি গোবিন্দ একটা কদমও নেবে না?'
"'won't he take a step driven by his own soul?'"
"'সে কি তার নিজের আত্মার দ্বারা চালিত একটি পদক্ষেপ নেবে না?'"
"Behold, now you've turned into a man"
"দেখুন, এখন আপনি একজন পুরুষ হয়ে গেছেন"
"you are choosing your path for yourself"
"আপনি নিজের জন্য আপনার পথ বেছে নিচ্ছেন"

"I wish that you would go it up to its end"
"আমি আশা করি আপনি এটির শেষ পর্যন্ত যেতে পারেন"
"oh my friend, I hope that you shall find salvation!"
"ওহ আমার বন্ধু, আমি আশা করি আপনি পরিত্রাণ পাবেন!"
Govinda, did not completely understand it yet
গোবিন্দ, এখনও পুরোপুরি বুঝতে পারেনি
he repeated his question in an impatient tone
তিনি অধৈর্য স্বরে তার প্রশ্নটি পুনরাবৃত্তি করলেন
"Speak up, I beg you, my dear!"
"বলুন, আমি আপনাকে অনুরোধ করছি, আমার প্রিয়!"
"Tell me, since it could not be any other way"
"আমাকে বলুন, যেহেতু এটি অন্য কোন উপায় হতে পারে না"
"won't you also take your refuge with the exalted Buddha?"
"তুমিও কি মহিমান্বিত বুদ্ধের কাছে আশ্রয় নেবে না?"
Siddhartha placed his hand on Govinda's shoulder
সিদ্ধার্থ গোবিন্দের কাঁধে হাত রাখল
"You failed to hear my good wish for you"
"আপনি আপনার জন্য আমার শুভ কামনা শুনতে ব্যর্থ হয়েছেন"
"I'm repeating my wish for you"
"আমি আপনার জন্য আমার ইচ্ছা পুনরাবৃত্তি করছি"
"I wish that you would go this path"
"আমি চাই তুমি এই পথে যাও"
"I wish that you would go up to this path's end"
"আমি চাই আপনি এই পথের শেষ পর্যন্ত যেতে চান"
"I wish that you shall find salvation!"
"আমি চাই যে আপনি পরিত্রাণ পাবেন!"
In this moment, Govinda realized that his friend had left him

এই মুহূর্তে, গোবিন্দ বুঝতে পারলেন যে তার বন্ধু তাকে ছেড়ে চলে গেছে

when he realized this he started to weep
এটা বুঝতে পেরে তিনি কাঁদতে লাগলেন

"Siddhartha!" he exclaimed lamentingly
"সিদ্ধার্থ!" তিনি বিলাপ করে চিৎকার করে বললেন

Siddhartha kindly spoke to him
সিদ্ধার্থ তার সাথে সদয়ভাবে কথা বলল

"don't forget, Govinda, who you are"
"ভুলে যেও না গোবিন্দ, তুমি কে"

"you are now one of the Samanas of the Buddha"
"আপনি এখন বুদ্ধের সমানাদের একজন"

"You have renounced your home and your parents"
"আপনি আপনার বাড়ি এবং আপনার পিতামাতা ত্যাগ করেছেন"

"you have renounced your birth and possessions"
"আপনি আপনার জন্ম এবং সম্পত্তি পরিত্যাগ করেছেন"

"you have renounced your free will"
"আপনি আপনার স্বাধীন ইচ্ছা ত্যাগ করেছেন"

"you have renounced all friendship"
"তুমি সব বন্ধুত্ব ত্যাগ করেছ"

"This is what the teachings require"
"এই শিক্ষার প্রয়োজন"

"this is what the exalted one wants"
"সর্বোচ্চ ব্যক্তি এটাই চায়"

"This is what you wanted for yourself"
"আপনি নিজের জন্য এটাই চেয়েছিলেন"

"Tomorrow, oh Govinda, I will leave you"
"কাল, হে গোবিন্দ, আমি তোমাকে ছেড়ে যাব"

For a long time, the friends continued walking in the garden
অনেকক্ষণ বন্ধুরা বাগানে হাঁটতে থাকে

for a long time, they lay there and found no sleep

দীর্ঘ সময় ধরে, তারা সেখানে শুয়ে ছিল এবং ঘুম পায়নি
And over and over again, Govinda urged his friend
এবং বারবার, গোবিন্দ তার বন্ধুকে অনুরোধ করেছিলেন
"why would you not want to seek refuge in Gotama's teachings?"
"কেন তুমি গোতমের শিক্ষার আশ্রয় নিতে চাও না?"
"what fault could you find in these teachings?"
"আপনি এই শিক্ষার কি দোষ খুঁজে পেতে পারেন?"
But Siddhartha turned away from his friend
কিন্তু সিদ্ধার্থ তার বন্ধুর কাছ থেকে মুখ ফিরিয়ে নেন
every time he said, "Be content, Govinda!"
প্রতিবার তিনি বললেন, "সন্তুষ্ট হও গোবিন্দ!"
"Very good are the teachings of the exalted one"
"মহান ব্যক্তির শিক্ষাগুলি খুব ভাল"
"how could I find a fault in his teachings?"
"আমি কিভাবে তার শিক্ষার একটি ক্রুটি খুঁজে পেতে পারি?"

it was very early in the morning
এটা খুব ভোরে ছিল
one of the oldest monks went through the garden
প্রাচীনতম সন্ন্যাসীদের একজন বাগানের মধ্য দিয়ে গেলেন
he called to those who had taken their refuge in the teachings
যারা তাদের শিক্ষার আশ্রয় নিয়েছিল তাদের কাছে তিনি ডাকলেন
he called them to dress them up in the yellow robe
তিনি তাদের হলুদ আলখাল্লা পরতে ডাকলেন
and he instruct them in the first teachings and duties of their position
এবং তিনি তাদের প্রথম শিক্ষা এবং তাদের অবস্থানের কর্তব্য নির্দেশ

Govinda once again embraced his childhood friend
গোবিন্দ আবারও জড়িয়ে ধরলেন তার ছোটবেলার বন্ধুকে
and then he left with the novices
এবং তারপর তিনি নতুনদের সাথে চলে গেলেন
But Siddhartha walked through the garden, lost in thought
কিন্তু সিদ্ধার্থ উদ্যানের মধ্যে দিয়ে হেঁটে গেল, চিন্তায় হারিয়ে গেল
Then he happened to meet Gotama, the exalted one
অতঃপর তিনি গৌতমের সাথে দেখা করলেন
he greeted him with respect
তিনি তাকে সম্মানের সাথে অভ্যর্থনা জানালেন
the Buddha's glance was full of kindness and calm
বুদ্ধের দৃষ্টি ছিল উদারতা ও প্রশান্তিতে পূর্ণ
the young man summoned his courage
যুবক তার সাহস তলব
he asked the venerable one for the permission to talk to him
তিনি শ্রদ্ধেয় ব্যক্তির সাথে কথা বলার অনুমতি চাইলেন
Silently, the exalted one nodded his approval
নিঃশব্দে, মহিমান্বিত ব্যক্তি তার অনুমোদনে মাথা নাড়লেন
Spoke Siddhartha, "Yesterday, oh exalted one"
সিদ্ধার্থ বললেন, "গতকাল, হে মহিমান্বিত"
"I had been privileged to hear your wondrous teachings"
"আমি আপনার বিস্ময়কর শিক্ষা শুনতে বিশেষাধিকার পেয়েছিলাম"
"Together with my friend, I had come from afar, to hear your teachings"
"আমার বন্ধুর সাথে, আমি দূর থেকে এসেছি, তোমার শিক্ষা শুনতে"
"And now my friend is going to stay with your people"
"এবং এখন আমার বন্ধু আপনার লোকেদের সাথে থাকবে"
"he has taken his refuge with you"
"সে তোমার কাছে আশ্রয় নিয়েছে"

"But I will again start on my pilgrimage"
"তবে আমি আবার আমার তীর্থযাত্রা শুরু করব"

"As you please," the venerable one spoke politely
"আপনি যেমন খুশি," শ্রদ্ধেয় ভদ্রভাবে কথা বললেন

"Too bold is my speech," Siddhartha continued
"আমার বক্তৃতা খুবই সাহসী," সিদ্ধার্থ বলল

"but I do not want to leave the exalted on this note"
"কিন্তু আমি এই নোটে মহিমান্বিত ব্যক্তিদের ছেড়ে যেতে চাই না"

"I want to share with the most venerable one my honest thoughts"
"আমি সবচেয়ে শ্রদ্ধেয় ব্যক্তির সাথে আমার সৎ চিন্তা শেয়ার করতে চাই"

"Does it please the venerable one to listen for one moment longer?"
"এক মুহূর্ত আর শোনার জন্য কি শ্রদ্ধেয় ব্যক্তিকে খুশি করা যায়?"

Silently, the Buddha nodded his approval
নীরবে বুদ্ধ মাথা নেড়ে সম্মতি দিলেন

Spoke Siddhartha, "oh most venerable one"
সিদ্ধার্থ বললেন, "ওহ পরম শ্রদ্ধেয়"

"there is one thing I have admired in your teachings most of all"
"আপনার শিক্ষার মধ্যে একটি জিনিস আমি সবচেয়ে বেশি প্রশংসা করেছি"

"Everything in your teachings is perfectly clear"
"আপনার শিক্ষার সবকিছু পুরোপুরি পরিষ্কার"

"what you speak of is proven"
"আপনি যা বলছেন তা প্রমাণিত"

"you are presenting the world as a perfect chain"
"আপনি বিশ্বকে একটি নিখুঁত চেইন হিসাবে উপস্থাপন করছেন"

"a chain which is never and nowhere broken"
"একটি শৃঙ্খল যা কখনও এবং কোথাও ভাঙা হয় না"
"an eternal chain the links of which are causes and effects"
"একটি চিরন্তন শৃঙ্খল যার লিঙ্কগুলি কারণ এবং প্রভাব"
"Never before, has this been seen so clearly"
"এর আগে কখনও, এত স্পষ্টভাবে দেখা যায় নি"
"never before, has this been presented so irrefutably"
"এর আগে কখনও, এটি এত অকাট্যভাবে উপস্থাপন করা হয়েছে"
"truly, the heart of every Brahman has to beat stronger with love"
"সত্যিই, প্রতিটি ব্রাহ্মণের হৃদয়কে ভালবাসার সাথে শক্তিশালী হতে হবে"
"he has seen the world through your perfectly connected teachings"
"তিনি আপনার নিখুঁতভাবে সংযুক্ত শিক্ষার মাধ্যমে বিশ্বকে দেখেছেন"
"without gaps, clear as a crystal"
"ফাঁক ছাড়া, একটি স্ফটিক হিসাবে পরিষ্কার"
"not depending on chance, not depending on Gods"
"সুযোগের উপর নির্ভরশীল নয়, ঈশ্বরের উপর নির্ভরশীল নয়"
"he has to accept it whether it may be good or bad"
"সেটা ভালো হোক বা খারাপ হোক তাকে মেনে নিতে হবে"
"he has to live by it whether it would be suffering or joy"
"সেটা কষ্ট হোক বা আনন্দ হোক তার দ্বারাই তাকে বাঁচতে হবে"
"but I do not wish to discuss the uniformity of the world"
"কিন্তু আমি বিশ্বের অভিন্নতা নিয়ে আলোচনা করতে চাই না"
"it is possible that this is not essential"

"এটা সম্ভব যে এটি অপরিহার্য নয়"
"everything which happens is connected"
"যা কিছু ঘটে তা সংযুক্ত"
"the great and the small things are all encompassed"
"মহান এবং ছোট জিনিস সবই বেষ্টিত"
"they are connected by the same forces of time"
"তারা সময়ের একই শক্তি দ্বারা সংযুক্ত"
"they are connected by the same law of causes"
"তারা কারণের একই আইন দ্বারা সংযুক্ত"
"the causes of coming into being and of dying"
"আবির্ভাব এবং মৃত্যুর কারণ"
"this is what shines brightly out of your exalted teachings"
"এটিই আপনার উচ্চ শিক্ষা থেকে উজ্জ্বলভাবে জ্বলজ্বল করে"
"But, according to your very own teachings, there is a small gap"
"কিন্তু, আপনার নিজের শিক্ষা অনুযায়ী, একটি ছোট ফাঁক আছে"
"this unity and necessary sequence of all things is broken in one place"
"এই ঐক্য এবং সমস্ত জিনিসের প্রয়োজনীয় ক্রম এক জায়গায় ভেঙে গেছে"
"this world of unity is invaded by something alien"
"ঐক্যের এই বিশ্বটি বিদেশী কিছু দ্বারা আক্রমণ করেছে"
"there is something new, which had not been there before"
"নতুন কিছু আছে, যা আগে ছিল না"
"there is something which cannot be demonstrated"
"এমন কিছু আছে যা প্রদর্শন করা যায় না"
"there is something which cannot be proven"
"এমন কিছু আছে যা প্রমাণ করা যায় না"
"these are your teachings of overcoming the world"
"এগুলি আপনার বিশ্বকে জয় করার শিক্ষা"

"these are your teachings of salvation"
"এগুলি আপনার পরিত্রাণের শিক্ষা"
"But with this small gap, the eternal breaks apart again"
"কিন্তু এই ছোট ব্যবধানে, চিরন্তন আবার আলাদা হয়ে যায়"
"with this small breach, the law of the world becomes void"
"এই ছোট লঙ্ঘনের সাথে, বিশ্বের আইন বাতিল হয়ে যায়"
"Please forgive me for expressing this objection"
"এই আপত্তি প্রকাশ করার জন্য দয়া করে আমাকে ক্ষমা করুন"
Quietly, Gotama had listened to him, unmoved
নিঃশব্দে, গোতমা তাহার কথা শুনিয়াছিলেন, অস্থির
Now he spoke, the perfected one, with his kind and polite clear voice
এখন তিনি কথা বলেছেন, নিখুঁত একজন, তার সদয় এবং ভদ্র স্পষ্ট কণ্ঠে
"You've heard the teachings, oh son of a Brahman"
"হে ব্রাহ্মণের পুত্র, তুমি শিক্ষা শুনেছ"
"and good for you that you've thought about it this deeply"
"এবং আপনার জন্য ভাল যে আপনি এটি সম্পর্কে গভীরভাবে চিন্তা করেছেন"
"You've found a gap in my teachings, an error"
"আপনি আমার শিক্ষার মধ্যে একটি ফাঁক খুঁজে পেয়েছেন, একটি ত্রুটি"
"You should think about this further"
"আপনাদের এই সম্পর্কে আরও চিন্তা করা উচিত"
"But be warned, oh seeker of knowledge, of the thicket of opinions"
"তবে সতর্ক হও, হে জ্ঞান অন্বেষণকারী, মতামতের ঝোপ থেকে"
"be warned of arguing about words"
"শব্দগুলি নিয়ে তর্ক করার বিষয়ে সতর্ক থাকুন"

"There is nothing to opinions"
"মতের কিছু নেই"

"they may be beautiful or ugly"
"তারা সুন্দর বা কুৎসিত হতে পারে"

"opinions may be smart or foolish"
"মতামত স্মার্ট বা বোকা হতে পারে"

"everyone can support opinions, or discard them"
"প্রত্যেকে মতামত সমর্থন করতে পারে, বা তাদের বাতিল করতে পারে"

"But the teachings, you've heard from me, are no opinion"
"তবে শিক্ষাগুলো, আপনি আমার কাছ থেকে শুনেছেন, কোন মতামত নয়"

"their goal is not to explain the world to those who seek knowledge"
"যারা জ্ঞান খোঁজে তাদের কাছে পৃথিবী ব্যাখ্যা করা তাদের লক্ষ্য নয়"

"They have a different goal"
"তাদের একটি ভিন্ন লক্ষ্য আছে"

"their goal is salvation from suffering"
"তাদের লক্ষ্য কষ্ট থেকে পরিত্রাণ"

"This is what Gotama teaches, nothing else"
"গোতমা এটাই শেখায়, আর কিছু না"

"I wish that you, oh exalted one, would not be angry with me" said the young man
যুবকটি বলল, "আমি চাই, হে মহান ব্যক্তি, আপনি আমার উপর রাগ করবেন না"

"I have not spoken to you like this to argue with you"
"আমি তোমার সাথে তর্ক করার জন্য এইভাবে কথা বলিনি"

"I do not wish to argue about words"
"আমি শব্দ নিয়ে তর্ক করতে চাই না"

"You are truly right, there is little to opinions"

"আপনি সত্যিই সঠিক, মতামতের সামান্যই আছে"
"But let me say one more thing"
"তবে আর একটা কথা বলি"
"I have not doubted in you for a single moment"
"আমি তোমাকে এক মুহুর্তের জন্যও সন্দেহ করিনি"
"I have not doubted for a single moment that you are Buddha"
"আমি এক মুহূর্তের জন্যও সন্দেহ করিনি যে আপনি বুদ্ধ"
"I have not doubted that you have reached the highest goal"
"আমি সন্দেহ করিনি যে আপনি সর্বোচ্চ লক্ষ্যে পৌঁছেছেন"
"the highest goal towards which so many Brahmans are on their way"
"সর্বোচ্চ লক্ষ্য যার দিকে এত ব্রাহ্মণ তাদের পথে"
"You have found salvation from death"
"আপনি মৃত্যু থেকে পরিত্রাণ খুঁজে পেয়েছেন"
"It has come to you in the course of your own search"
"এটি আপনার নিজের সন্ধানে আপনার কাছে এসেছে"
"it has come to you on your own path"
"এটি আপনার নিজের পথে আপনার কাছে এসেছে"
"it has come to you through thoughts and meditation"
"এটি চিন্তা ও ধ্যানের মাধ্যমে আপনার কাছে এসেছে"
"it has come to you through realizations and enlightenment"
"এটি উপলব্ধি এবং জ্ঞানার্জনের মাধ্যমে আপনার কাছে এসেছে"
"but it has not come to you by means of teachings!"
"কিন্তু এটা শিক্ষার মাধ্যমে তোমার কাছে আসেনি!"
"And this is my thought"
"এবং এটি আমার চিন্তা"
"nobody will obtain salvation by means of teachings!"
"শিক্ষার মাধ্যমে কেউ পরিত্রাণ পাবে না!"
"You will not be able to convey your hour of enlightenment"

"আপনি আপনার জ্ঞানার্জনের সময়টি জানাতে সক্ষম হবেন না"

"words of what has happened to you won't convey the moment!"

"আপনার সাথে যা ঘটেছে তার শব্দগুলি মুহূর্তটি প্রকাশ করবে না!"

"The teachings of the enlightened Buddha contain much"

"আলোকিত বুদ্ধের শিক্ষায় অনেক কিছু রয়েছে"

"it teaches many to live righteously"

"এটি অনেককে ধার্মিকভাবে বাঁচতে শেখায়"

"it teaches many to avoid evil"

"এটি অনেককে মন্দ এড়াতে শেখায়"

"But there is one thing which these teachings do not contain"

"কিন্তু একটি জিনিস আছে যা এই শিক্ষার মধ্যে নেই"

"they are clear and venerable, but the teachings miss something"

"তারা স্পষ্ট এবং শ্রদ্ধেয়, কিন্তু শিক্ষাগুলি কিছু মিস করে"

"the teachings do not contain the mystery"

"শিক্ষায় রহস্য থাকে না"

"the mystery of what the exalted one has experienced for himself"

"উন্নত ব্যক্তি নিজের জন্য কী অনুভব করেছেন তার রহস্য"

"among hundreds of thousands, only he experienced it"

"শত হাজারের মধ্যে, শুধুমাত্র তিনি এটি অনুভব করেছিলেন"

"This is what I have thought and realized, when I heard the teachings"

"আমি যা ভেবেছি এবং উপলব্ধি করেছি, যখন আমি শিক্ষা শুনেছি"

"This is why I am continuing my travels"

"এই কারণেই আমি আমার ভ্রমণ চালিয়ে যাচ্ছি"

"this is why I do not to seek other, better teachings"
"এই কারণেই আমি অন্য, আরও ভাল শিক্ষা খুঁজতে চাই না"

"I know there are no better teachings"
"আমি জানি এর চেয়ে ভালো শিক্ষা আর নেই"

"I leave to depart from all teachings and all teachers"
"আমি সমস্ত শিক্ষা এবং সমস্ত শিক্ষক থেকে বিদায় নিচ্ছি"

"I leave to reach my goal by myself, or to die"
"আমি একাই আমার লক্ষ্যে পৌঁছতে চলে যাই, নয়তো মরে যাই"

"But often, I'll think of this day, oh exalted one"
"তবে প্রায়ই, আমি এই দিনটির কথা ভাবব, ওহ মহিমান্বিত"

"and I'll think of this hour, when my eyes beheld a holy man"
"এবং আমি এই সময়ের কথা ভাবব, যখন আমার চোখ একজন পবিত্র মানুষকে দেখবে"

The Buddha's eyes quietly looked to the ground
বুদ্ধের চোখ নিঃশব্দে মাটির দিকে তাকাল

quietly, in perfect equanimity, his inscrutable face was smiling
নিঃশব্দে, নিখুঁত নিরপেক্ষভাবে, তার অস্পষ্ট মুখটি হাসছিল

the venerable one spoke slowly
শ্রদ্ধেয় ধীরে ধীরে কথা বললেন

"I wish that your thoughts shall not be in error"
"আমি কামনা করি যে আপনার চিন্তাধারা ভুল হবে না"

"I wish that you shall reach the goal!"
"আমি আশা করি আপনি লক্ষ্যে পৌঁছাবেন!"

"But there is something I ask you to tell me"
"কিন্তু কিছু আছে যা আমি তোমাকে বলতে চাই"

"Have you seen the multitude of my Samanas?"
"তুমি কি আমার সামানদের ভিড় দেখেছ?"

"they have taken refuge in the teachings"
"তারা শিক্ষার আশ্রয় নিয়েছে"
"do you believe it would be better for them to abandon the teachings?"
"আপনি কি বিশ্বাস করেন যে তাদের জন্য শিক্ষা ত্যাগ করা ভাল হবে?"
"should they to return into the world of desires?"
"তাদের কি ইচ্ছার জগতে ফিরে যেতে হবে?"
"Far is such a thought from my mind" exclaimed Siddhartha
"আমার মন থেকে এমন ভাবনা অনেক দূর" সিদ্ধার্থ চিৎকার করে বলল
"I wish that they shall all stay with the teachings"
"আমি চাই তারা সবাই শিক্ষার সাথে থাকবে"
"I wish that they shall reach their goal!"
"আমি কামনা করি যে তারা তাদের লক্ষ্যে পৌঁছাবে!"
"It is not my place to judge another person's life"
"অন্যের জীবন বিচার করার জায়গা আমার নয়"
"I can only judge my own life "
"আমি কেবল নিজের জীবনের বিচার করতে পারি"
"I must decide, I must chose, I must refuse"
"আমাকে সিদ্ধান্ত নিতে হবে, আমাকে বেছে নিতে হবে, আমাকে অবশ্যই প্রত্যাখ্যান করতে হবে"
"Salvation from the self is what we Samanas search for"
"আত্ম থেকে পরিত্রাণই হল আমরা সমনারা অনুসন্ধান করি"
"oh exalted one, if only I were one of your disciples"
"হে মহান, আমি যদি তোমার শিষ্যদের একজন হতাম"
"I'd fear that it might happen to me"
"আমি ভয় করি যে এটি আমার সাথে ঘটতে পারে"
"only seemingly, would my self be calm and be redeemed"
"শুধুমাত্র আপাতদৃষ্টিতে, আমার আত্মা কি শান্ত হবে এবং মুক্তি পাবে"

"but in truth it would live on and grow"
"কিন্তু সত্যে এটি বেঁচে থাকবে এবং বৃদ্ধি পাবে"
"because then I would replace my self with the teachings"
"কারণ তখন আমি আমার নিজেকে শিক্ষা দিয়ে প্রতিস্থাপন করব"
"my self would be my duty to follow you"
"আপনাকে অনুসরণ করা আমার দায়িত্ব হবে"
"my self would be my love for you"
"আমার নিজের হবে তোমার জন্য আমার ভালোবাসা"
"and my self would be the community of the monks!"
"এবং আমার স্বভাবে সন্ন্যাসীদের সম্প্রদায় হবে!"
With half of a smile Gotama looked into the stranger's eyes
অর্ধেক হাসি দিয়ে গোতমা অপরিচিত ব্যক্তির চোখের দিকে তাকাল
his eyes were unwaveringly open and kind
তার চোখ অটল খোলা এবং সদয় ছিল
he bid him to leave with a hardly noticeable gesture
তিনি তাকে খুব কমই লক্ষণীয় অঙ্গভঙ্গি দিয়ে চলে যেতে বললেন
"You are wise, oh Samana" the venerable one spoke
"আপনি জ্ঞানী, ওহ সামানা" শ্রদ্ধেয় একজন বললেন
"You know how to talk wisely, my friend"
"তুমি বুদ্ধিমানের সাথে কথা বলতে জানো, আমার বন্ধু"
"Be aware of too much wisdom!"
"অত্যধিক জ্ঞান সচেতন হতে হবে!"
The Buddha turned away
বুদ্ধ মুখ ফিরিয়ে নিলেন
Siddhartha would never forget his glance
সিদ্ধার্থ তার একদৃষ্টি ভুলতে পারে না
his half smile remained forever etched in Siddhartha's memory
তার অর্ধেক হাসি চিরকাল সিদ্ধার্থের স্মৃতিতে রয়ে গেল

Siddhartha thought to himself
সিদ্ধার্থ মনে মনে ভাবল

"I have never before seen a person glance and smile this way"
"আমি এর আগে কখনো কাউকে এভাবে তাকিয়ে হাসতে দেখিনি"

"no one else sits and walks like he does"
"আর কেউ বসে না এবং তার মতো হাঁটে"

"truly, I wish to be able to glance and smile this way"
"সত্যিই, আমি এইভাবে তাকিয়ে থাকতে এবং হাসতে সক্ষম হতে চাই"

"I wish to be able to sit and walk this way, too"
"আমিও এই পথে বসতে এবং হাঁটতে সক্ষম হতে চাই"

"liberated, venerable, concealed, open, childlike and mysterious"
"মুক্ত, শ্রদ্ধেয়, গোপন, খোলা, শিশুসুলভ এবং রহস্যময়"

"he must have succeeded in reaching the innermost part of his self"
"তিনি অবশ্যই তার নিজের ভেতরের অংশে পৌঁছাতে সফল হয়েছেন"

"only then can someone glance and walk this way"
"তাহলেই কেউ এভাবে তাকিয়ে থাকতে পারে"

"I will also seek to reach the innermost part of my self"
"আমি আমার আত্মার অন্তর্নিহিত অংশে পৌঁছানোর চেষ্টা করব"

"I saw a man" Siddhartha thought
"আমি একজন মানুষকে দেখেছি" সিদ্ধার্থ ভাবল

"a single man, before whom I would have to lower my glance"
"একজন একা মানুষ, যার সামনে আমাকে আমার দৃষ্টি নিচু করতে হবে"

"I do not want to lower my glance before anyone else"

"আমি অন্য কারো সামনে আমার দৃষ্টি কমাতে চাই না"
"No teachings will entice me more anymore"
"কোন শিক্ষাই আমাকে আর প্রলুব্ধ করবে না"
"because this man's teachings have not enticed me"
"কারণ এই লোকটির শিক্ষা আমাকে প্রলুব্ধ করেনি"
"I am deprived by the Buddha" thought Siddhartha
"আমি বুদ্ধ দ্বারা বঞ্চিত" ভাবলেন সিদ্ধার্থ
"I am deprived, although he has given so much"
"আমি বঞ্চিত, যদিও তিনি অনেক দিয়েছেন"
"he has deprived me of my friend"
"সে আমাকে আমার বন্ধু থেকে বঞ্চিত করেছে"
"my friend who had believed in me"
"আমার বন্ধু যে আমাকে বিশ্বাস করেছিল"
"my friend who now believes in him"
"আমার বন্ধু যে এখন তাকে বিশ্বাস করে"
"my friend who had been my shadow"
"আমার বন্ধু যে আমার ছায়া ছিল"
"and now he is Gotama's shadow"
"এবং এখন তিনি গোটামার ছায়া"
"but he has given me Siddhartha"
"কিন্তু তিনি আমাকে সিদ্ধার্থ দিয়েছেন"
"he has given me myself"
"তিনি আমাকে নিজেই দিয়েছেন"

Awakening
জাগরণ

Siddhartha left the mango grove behind him
সিদ্ধার্থ তার পিছনে আমের বাগান ছেড়ে চলে গেল
but he felt his past life also stayed behind
কিন্তু সে অনুভব করলো তার অতীত জীবনও পেছনে রয়ে গেছে
the Buddha, the perfected one, stayed behind
বুদ্ধ, সিদ্ধ এক, পিছনে থেকে যান
and Govinda stayed behind too
এবং গোবিন্দও পিছনে রয়ে গেল
and his past life had parted from him
এবং তার অতীত জীবন তার কাছ থেকে বিচ্ছিন্ন হয়েছিল
he pondered as he was walking slowly
সে চিন্তা করছিল যে সে ধীরে ধীরে হাঁটছিল
he pondered about this sensation, which filled him completely
তিনি এই সংবেদন সম্পর্কে চিন্তা করেছিলেন, যা তাকে সম্পূর্ণরূপে পূর্ণ করেছিল
He pondered deeply, like diving into a deep water
গভীর জলে ঝাঁপ দেওয়ার মতো সে গভীরভাবে চিন্তা করল
he let himself sink down to the ground of the sensation
সে নিজেকে সংবেদনের মাটিতে তলিয়ে যেতে দেয়
he let himself sink down to the place where the causes lie
সে নিজেকে সেই জায়গায় ডুবিয়ে দিল যেখানে কারণগুলি রয়েছে।
to identify the causes is the very essence of thinking
কারণ চিহ্নিত করা চিন্তার সারমর্ম
this was how it seemed to him
এই ছিল এটা কিভাবে তার মনে হয়
and by this alone, sensations turn into realizations

এবং একা এটি দ্বারা, সংবেদন উপলব্ধিতে পরিণত হয়
and these sensations are not lost
এবং এই sensations হারিয়ে না
but the sensations become entities
কিন্তু সংবেদনগুলো সত্তা হয়ে যায়
and the sensations start to emit what is inside of them
এবং সংবেদনগুলি তাদের ভিতরে যা আছে তা নির্গত করতে শুরু করে
they show their truths like rays of light
তারা আলোর রশ্মির মতো তাদের সত্য দেখায়
Slowly walking along, Siddhartha pondered
ধীরে ধীরে হাঁটতে হাঁটতে সিদ্ধার্থ ভাবতে থাকে
He realized that he was no youth any more
তিনি বুঝতে পেরেছিলেন যে তিনি আর যুবক নন
he realized that he had turned into a man
তিনি বুঝতে পেরেছিলেন যে তিনি একজন পুরুষে পরিণত হয়েছেন
He realized that something had left him
তিনি বুঝতে পেরেছিলেন যে কিছু তাকে ছেড়ে গেছে
the same way a snake is left by its old skin
একইভাবে একটি সাপকে তার পুরানো চামড়া ফেলে রাখা হয়
what he had throughout his youth no longer existed in him
যৌবন জুড়ে তার যা ছিল তা আর তার মধ্যে নেই
it used to be a part of him; the wish to have teachers
এটা তার একটি অংশ হতে ব্যবহৃত; শিক্ষক থাকার ইচ্ছা
the wish to listen to teachings
শিক্ষা শোনার ইচ্ছা
He had also left the last teacher who had appeared on his path
তিনি তাঁর পথে আবির্ভূত শেষ শিক্ষককেও রেখে গেছেন
he had even left the highest and wisest teacher

এমনকি তিনি সর্বোচ্চ এবং জ্ঞানী শিক্ষককেও রেখে গেছেন
he had left the most holy one, Buddha
তিনি সবচেয়ে পবিত্র বুদ্ধকে রেখে গিয়েছিলেন
he had to part with him, unable to accept his teachings
তাকে তার সাথে আলাদা হতে হয়েছিল, তার শিক্ষা গ্রহণ করতে অক্ষম
Slower, he walked along in his thoughts
ধীরে ধীরে সে তার ভাবনার মধ্যে দিয়ে হেঁটে গেল
and he asked himself, "But what is this?"
এবং তিনি নিজেকে জিজ্ঞাসা করলেন, "কিন্তু এটা কি?"
"what have you sought to learn from teachings and from teachers?"
"আপনি শিক্ষা এবং শিক্ষকদের কাছ থেকে কী শিখতে চেয়েছেন?"
"and what were they, who have taught you so much?"
"এবং তারা কি ছিল, যারা আপনাকে এত কিছু শিখিয়েছে?"
"what are they if they have been unable to teach you?"
"তারা যদি আপনাকে শেখাতে অক্ষম হয় তবে তারা কি?"
And he found, "It was the self"
এবং তিনি খুঁজে পেলেন, "এটি নিজেই ছিল"
"it was the purpose and essence of which I sought to learn"
"এটি উদ্দেশ্য এবং সারমর্ম যা আমি শিখতে চেয়েছিলাম"
"It was the self I wanted to free myself from"
"এটি সেই স্বয়ং ছিল যার থেকে আমি নিজেকে মুক্ত করতে চেয়েছিলাম"
"the self which I sought to overcome"
"আমি যে নিজেকে কাটিয়ে উঠতে চেয়েছিলাম"
"But I was not able to overcome it"
"কিন্তু আমি এটা কাটিয়ে উঠতে পারিনি"
"I could only deceive it"
"আমি কেবল এটিকে প্রতারণা করতে পারি"

"I could only flee from it"
"আমি কেবল এটি থেকে পালিয়ে যেতে পারি"
"I could only hide from it"
"আমি কেবল এটি থেকে লুকাতে পারি"
"Truly, no thing in this world has kept my thoughts so busy"
"সত্যিই, এই পৃথিবীর কোন জিনিসই আমার চিন্তাকে এতটা ব্যস্ত রাখে নি"
"I have been kept busy by the mystery of me being alive"
"আমার বেঁচে থাকার রহস্যে আমাকে ব্যস্ত রাখা হয়েছে"
"the mystery of me being one"
"আমার এক হওয়ার রহস্য"
"the mystery if being separated and isolated from all others"
"রহস্য যদি আলাদা করা হয় এবং অন্য সকল থেকে বিচ্ছিন্ন হয়"
"the mystery of me being Siddhartha!"
"আমার সিদ্ধার্থ হওয়ার রহস্য!"
"And there is no thing in this world I know less about"
"এবং এই পৃথিবীতে এমন কিছু নেই যা আমি কম জানি"
he had been pondering while slowly walking along
ধীরে ধীরে হাঁটার সময় সে চিন্তা করছিল
he stopped as these thoughts caught hold of him
এই চিন্তাগুলো তাকে ধরে রেখে সে থেমে গেল
and right away another thought sprang forth from these thoughts
এবং ঠিক তখনই এই চিন্তাগুলো থেকে আরেকটি চিন্তার উদ্রেক হল
"there's one reason why I know nothing about myself"
"আমি নিজের সম্পর্কে কিছুই জানি না তার একটি কারণ"
"there's one reason why Siddhartha has remained alien to me"
"সিদ্ধার্থ আমার কাছে পরক থেকে যাওয়ার একটা কারণ আছে"

"all of this stems from one cause"
"এই সব একটি কারণ থেকে উদ্ভূত হয়"
"I was afraid of myself, and I was fleeing"
"আমি নিজেকে ভয় পেয়েছিলাম, এবং আমি পালিয়ে যাচ্ছিলাম"
"I have searched for both Atman and Brahman"
"আমি আত্মা এবং ব্রহ্ম উভয়ের সন্ধান করেছি"
"for this I was willing to dissect my self"
"এর জন্য আমি আমার নিজেকে ব্যবচ্ছেদ করতে ইচ্ছুক ছিলাম"
"and I was willing to peel off all of its layers"
"এবং আমি এর সমস্ত স্তর খোসা ছাড়তে ইচ্ছুক"
"I wanted to find the core of all peels in its unknown interior"
"আমি এর অজানা অভ্যন্তরে সমস্ত খোসার মূল খুঁজে পেতে চেয়েছিলাম"
"the Atman, life, the divine part, the ultimate part"
"আত্ম, জীবন, ঐশ্বরিক অংশ, চূড়ান্ত অংশ"
"But I have lost myself in the process"
"কিন্তু আমি এই প্রক্রিয়ায় নিজেকে হারিয়ে ফেলেছি"
Siddhartha opened his eyes and looked around
সিদ্ধার্থ চোখ খুলে চারদিকে তাকাল
looking around, a smile filled his face
চারপাশে তাকিয়ে তার মুখে হাসি ফুটল
a feeling of awakening from long dreams flowed through him
দীর্ঘ স্বপ্ন থেকে জাগরণের অনুভূতি তার মধ্যে দিয়ে প্রবাহিত হয়েছিল
the feeling flowed from his head down to his toes
অনুভূতি তার মাথা থেকে তার পায়ের আঙ্গুলের নিচে প্রবাহিত
And it was not long before he walked again

এবং সে আবার হাঁটতে বেশি সময় লাগেনি

he walked quickly, like a man who knows what he has got to do

তিনি দ্রুত হাঁটলেন, একজন লোকের মতো যে জানে তাকে কী করতে হবে

"now I will not let Siddhartha escape from me again!"

"এখন আমি সিদ্ধার্থকে আর আমার কাছ থেকে পালাতে দেব না!"

"I no longer want to begin my thoughts and my life with Atman"

"আমি আর আত্মার সাথে আমার চিন্তা এবং আমার জীবন শুরু করতে চাই না"

"nor do I want to begin my thoughts with the suffering of the world"

"এবং আমি বিশ্বের দুঃখকষ্ট দিয়ে আমার চিন্তা শুরু করতে চাই না"

"I do not want to kill and dissect myself any longer"

"আমি আর নিজেকে মেরে ফেলতে চাই না"

"Yoga-Veda shall not teach me anymore"

"যোগ-বেদ আমাকে আর শেখাবে না"

"nor Atharva-Veda, nor the ascetics"

"না অথর্ব-বেদ, না তপস্বী"

"there will not be any kind of teachings"

"কোন ধরণের শিক্ষা হবে না"

"I want to learn from myself and be my student"

"আমি নিজের থেকে শিখতে চাই এবং আমার ছাত্র হতে চাই"

"I want to get to know myself; the secret of Siddhartha"

"আমি নিজেকে জানতে চাই; সিদ্ধার্থের রহস্য"

He looked around, as if he was seeing the world for the first time

সে চারপাশে তাকাল, যেন সে এই প্রথম পৃথিবী দেখছে
Beautiful and colourful was the world
সুন্দর আর রঙিন ছিল পৃথিবী
strange and mysterious was the world
অদ্ভুত এবং রহস্যময় পৃথিবী ছিল
Here was blue, there was yellow, here was green
এখানে নীল ছিল, হলুদ ছিল, এখানে সবুজ ছিল
the sky and the river flowed
আকাশ ও নদী বয়ে গেল
the forest and the mountains were rigid
জঙ্গল এবং পাহাড় কঠোর ছিল
all of the world was beautiful
সমস্ত পৃথিবী সুন্দর ছিল
all of it was mysterious and magical
এটা সব রহস্যময় এবং যাদুকর ছিল
and in its midst was he, Siddhartha, the awakening one
এবং এর মাঝে তিনি ছিলেন, সিদ্ধার্থ, জাগ্রত ব্যক্তি
and he was on the path to himself
এবং সে নিজের পথেই ছিল
all this yellow and blue and river and forest entered Siddhartha
এই সব হলুদ-নীল এবং নদী ও বন সিদ্ধার্থে প্রবেশ করল
for the first time it entered through the eyes
প্রথমবারের মতো এটি চোখের মাধ্যমে প্রবেশ করেছে
it was no longer a spell of Mara
এটা আর মারার মন্ত্র ছিল না
it was no longer the veil of Maya
এটা আর মায়ার পর্দা ছিল না
it was no longer a pointless and coincidental
এটা আর একটি অর্থহীন এবং কাকতালীয় ছিল না
things were not just a diversity of mere appearances
জিনিষ শুধু নিছক চেহারা একটি বৈচিত্র ছিল না

appearances despicable to the deeply thinking Brahman
গভীর চিন্তাশীল ব্রাহ্মণের কাছে ঘৃণ্য চেহারা
the thinking Brahman scorns diversity, and seeks unity
চিন্তাশীল ব্রাহ্মণ বৈচিত্র্যকে ঘৃণা করে, এবং ঐক্য চায়
Blue was blue and river was river
নীল ছিল নীল আর নদী ছিল নদী
the singular and divine lived hidden in Siddhartha
একবচন এবং ঐশ্বরিক সিদ্ধার্থের মধ্যে লুকিয়ে থাকতেন
divinity's way and purpose was to be yellow here, and blue there
দেবত্বের পথ এবং উদ্দেশ্য ছিল এখানে হলুদ এবং সেখানে নীল
there sky, there forest, and here Siddhartha
সেখানে আকাশ, সেখানে বন, আর এখানে সিদ্ধার্থ
The purpose and essential properties was not somewhere behind the things
উদ্দেশ্য এবং অপরিহার্য বৈশিষ্ট্য জিনিস পিছনে কোথাও ছিল না
the purpose and essential properties was inside of everything
উদ্দেশ্য এবং অপরিহার্য বৈশিষ্ট্য সবকিছু ভিতরে ছিল
"How deaf and stupid have I been!" he thought
"আমি কত বধির এবং বোকা ছিলাম!" তিনি ভেবেছিলেন
and he walked swiftly along
এবং তিনি সঙ্গে সঙ্গে দ্রুত হাঁটা
"When someone reads a text he will not scorn the symbols and letters"
"যখন কেউ একটি পাঠ্য পড়ে তখন সে চিহ্ন এবং অক্ষরকে অবজ্ঞা করবে না"
"he will not call the symbols deceptions or coincidences"
"তিনি প্রতীকগুলিকে প্রতারণা বা কাকতালীয় বলবেন না"
"but he will read them as they were written"

"কিন্তু সে সেগুলি পড়বে যেমন লেখা হয়েছিল"
"he will study and love them, letter by letter"
"তিনি অধ্যয়ন করবেন এবং তাদের ভালোবাসবেন, চিঠিতে চিঠি"
"I wanted to read the book of the world and scorned the letters"
"আমি বিশ্বের বই পড়তে চেয়েছিলাম এবং অক্ষরগুলিকে অপমান করেছি"
"I wanted to read the book of myself and scorned the symbols"
"আমি নিজের বই পড়তে চেয়েছিলাম এবং প্রতীকগুলিকে অপমান করেছি"
"I called my eyes and my tongue coincidental"
"আমি আমার চোখ এবং আমার জিহ্বাকে কাকতালীয় বলেছি"
"I said they were worthless forms without substance"
"আমি বলেছিলাম যে তারা পদার্থ ছাড়া মূল্যহীন রূপ"
"No, this is over, I have awakened"
"না, এটা শেষ, আমি জেগে গেছি"
"I have indeed awakened"
"আমি সত্যিই জেগেছি"
"I had not been born before this very day"
"এই দিনের আগে আমার জন্ম হয়নি"
In thinking these thoughts, Siddhartha suddenly stopped once again
এসব ভাবতে ভাবতে সিদ্ধার্থ হঠাৎ আবার থেমে গেল
he stopped as if there was a snake lying in front of him
সে থেমে গেল যেন তার সামনে একটা সাপ পড়ে আছে
suddenly, he had also become aware of something else
হঠাৎ, তিনি আরও কিছু সম্পর্কে সচেতন হয়েছিলেন
He was indeed like someone who had just woken up

তিনি আসলেই এমন একজনের মতন যিনি এইমাত্র জেগে উঠেছেন

he was like a new-born baby starting life anew
তিনি একটি নবজাত শিশুর মতন নতুন করে জীবন শুরু করেছিলেন

and he had to start again at the very beginning
এবং তাকে আবার শুরু করতে হয়েছিল

in the morning he had had very different intentions
সকালে তার খুব ভিন্ন উদ্দেশ্য ছিল

he had thought to return to his home and his father
সে তার বাড়িতে এবং তার বাবার কাছে ফিরে যাওয়ার কথা ভেবেছিল

But now he stopped as if a snake was lying on his path
কিন্তু এখন সে থেমে গেল যেন একটা সাপ তার পথে পড়ে আছে

he made a realization of where he was
তিনি কোথায় ছিলেন তা উপলব্ধি করেছিলেন

"I am no longer the one I was"
"যে ছিলাম আমি আর নেই"

"I am no ascetic anymore"
"আমি আর তপস্বী নই"

"I am not a priest anymore"
"আমি আর পুরোহিত নই"

"I am no Brahman anymore"
"আমি আর ব্রাহ্মণ নই"

"Whatever should I do at my father's place?"
"আমার বাবার জায়গায় আমি কি করব?"

"Study? Make offerings? Practise meditation?"
"অধ্যয়ন? নৈবেদ্য করা? ধ্যান অনুশীলন?"

"But all this is over for me"
"কিন্তু এই সব আমার জন্য শেষ"

"all of this is no longer on my path"

"এই সব আর আমার পথে নেই"

Motionless, Siddhartha remained standing there
নির্বিকার, সিদ্ধার্থ সেখানেই দাঁড়িয়ে রইল

and for the time of one moment and breath, his heart felt cold
এবং এক মুহূর্ত এবং নিঃশ্বাসের জন্য, তার হৃদয় শীতল অনুভূত হয়েছিল

he felt a coldness in his chest
সে তার বুকে শীতলতা অনুভব করল

the same feeling a small animal feels when it sees how alone it is
একই অনুভূতি একটি ছোট প্রাণী অনুভব করে যখন সে দেখে যে সে কতটা একা

For many years, he had been without home and had felt nothing
বহু বছর ধরে, তিনি বাড়ি ছাড়া ছিলেন এবং কিছুই অনুভব করেননি

Now, he felt he had been without a home
এখন, তিনি অনুভব করেছিলেন যে তিনি বাড়ি ছাড়াই ছিলেন

Still, even in the deepest meditation, he had been his father's son
তারপরও গভীর ধ্যানের মধ্যেও তিনি ছিলেন পিতার পুত্র

he had been a Brahman, of a high caste
তিনি ছিলেন একজন ব্রাহ্মণ, উচ্চ বর্ণের

he had been a cleric
তিনি একজন ধর্মগুরু ছিলেন

Now, he was nothing but Siddhartha, the awoken one
এখন, তিনি জেগে ওঠা সিদ্ধার্থ ছাড়া আর কিছুই ছিলেন না

nothing else was left of him
তার আর কিছুই অবশিষ্ট ছিল না

Deeply, he inhaled and felt cold
গভীরভাবে, তিনি শ্বাস নিলেন এবং ঠান্ডা অনুভব করলেন
a shiver ran through his body
তার শরীরে একটা শিহরণ বয়ে গেল
Nobody was as alone as he was
কেউ তার মতো একা ছিল না
There was no nobleman who did not belong to the noblemen
এমন কোন সম্ভ্রান্ত ব্যক্তি ছিলেন না যিনি সম্ভ্রান্ত ব্যক্তিদের অন্তর্ভূক্ত ছিলেন না
there was no worker that did not belong to the workers
এমন কোন শ্রমিক ছিল না যে শ্রমিকদের অন্তর্গত ছিল না
they had all found refuge among themselves
তারা সবাই নিজেদের মধ্যে আশ্রয় পেয়েছিল
they shared their lives and spoke their languages
তারা তাদের জীবন ভাগ করে নেয় এবং তাদের ভাষায় কথা বলে
there are no Brahman who would not be regarded as Brahmans
এমন কোন ব্রাহ্মণ নেই যাকে ব্রাহ্মণ হিসাবে গণ্য করা হবে না
and there are no Brahmans that didn't live as Brahmans
এবং এমন কোন ব্রাহ্মণ নেই যে ব্রাহ্মণ হিসাবে বাস করেনি
there are no ascetic who could not find refuge with the Samanas
এমন কোন তপস্বী নেই যে সমানাদের কাছে আশ্রয় পায়নি
and even the most forlorn hermit in the forest was not alone
এমনকি বনের সবচেয়ে অসহায় সন্ন্যাসীও একা ছিলেন না
he was also surrounded by a place he belonged to
তিনি একটি জায়গা দ্বারা বেষ্টিত ছিল
he also belonged to a caste in which he was at home

তিনি একটি বর্ণেরও ছিলেন যেখানে তিনি বাড়িতে ছিলেন
Govinda had left him and became a monk
গোবিন্দ তাকে ত্যাগ করে সন্ন্যাসী হয়েছিলেন
and a thousand monks were his brothers
এবং এক হাজার সন্ন্যাসী ছিল তার ভাই
they wore the same robe as him
তারা তাঁর মতো একই পোশাক পরত।
they believed in his faith and spoke his language
তারা তাঁর বিশ্বাসে বিশ্বাস করেছিল এবং তাঁর ভাষায় কথা বলেছিল
But he, Siddhartha, where did he belong to?
কিন্তু সে, সিদ্ধার্থ, সে কোথায় ছিল?
With whom would he share his life?
কার সাথে সে তার জীবন ভাগ করবে?
Whose language would he speak?
তিনি কার ভাষায় কথা বলবেন?
the world melted away all around him
পৃথিবী তার চারপাশে গলে গেছে
he stood alone like a star in the sky
তিনি আকাশের তারার মত একা দাঁড়িয়ে ছিলেন
cold and despair surrounded him
ঠান্ডা ও হতাশা তাকে ঘিরে রেখেছে
but Siddhartha emerged out of this moment
কিন্তু সিদ্ধার্থ এই মুহূর্ত থেকে বেরিয়ে আসেন
Siddhartha emerged more his true self than before
সিদ্ধার্থ আগের চেয়ে তার সত্যিকারের আত্মপ্রকাশ করেছিল
he was more firmly concentrated than he had ever been
তিনি আরো দৃঢ়ভাবে তিনি কখনও ছিল থেকে নিবদ্ধ ছিল
He felt; "this had been the last tremor of the awakening"
তিনি অনুভব করলেন; "এটাই ছিল জাগরণের শেষ কম্পন"
"the last struggle of this birth"

"এই জন্মের শেষ সংগ্রাম"

And it was not long until he walked again in long strides
এবং দীর্ঘ পদক্ষেপে তিনি আবার হাঁটতে বেশি সময় লাগেনি
he started to proceed swiftly and impatiently
তিনি দ্রুত এবং অধৈর্যভাবে এগিয়ে যেতে শুরু করেন
he was no longer going home
সে আর বাড়ি যাচ্ছিল না
he was no longer going to his father
সে আর তার বাবার কাছে যাচ্ছিল না

Part Two
পর্ব দুই

***

Kamala
কমলা

Siddhartha learned something new on every step of his path
সিদ্ধার্থ তার পথের প্রতিটি পদক্ষেপে নতুন কিছু শিখেছে
because the world was transformed and his heart was enchanted
কারণ পৃথিবী পরিবর্তিত হয়েছিল এবং তার হৃদয় মন্ত্রমুগ্ধ হয়েছিল
He saw the sun rising over the mountains
তিনি পাহাড়ের উপর সূর্য উদিত হতে দেখলেন
and he saw the sun setting over the distant beach
তিনি দূরের সমুদ্র সৈকতে সূর্যাস্ত দেখতে পেলেন
At night, he saw the stars in the sky in their fixed positions
রাতে তিনি আকাশের তারাগুলোকে তাদের নির্দিষ্ট অবস্থানে দেখতে পেলেন
and he saw the crescent of the moon floating like a boat in the blue
আর তিনি দেখলেন চাঁদের অর্ধচন্দ্র নীলে নৌকার মত ভাসছে
He saw trees, stars, animals, and clouds
তিনি গাছ, তারা, প্রাণী এবং মেঘ দেখেছিলেন
rainbows, rocks, herbs, flowers, streams and rivers
রংধনু, শিলা, ভেষজ, ফুল, স্রোত এবং নদী
he saw the glistening dew in the bushes in the morning
সে সকালে ঝোপের মধ্যে ঝলমলে শিশির দেখতে পেল

he saw distant high mountains which were blue
তিনি দূরের উঁচু পাহাড় দেখতে পেলেন যেগুলো নীল
wind blew through the rice-field
ধানক্ষেতের মধ্য দিয়ে বাতাস বয়ে গেল
all of this, a thousand-fold and colourful, had always been there
এই সব, হাজার গুণ এবং রঙিন, সবসময় ছিল
the sun and the moon had always shone
সূর্য এবং চাঁদ সবসময় উজ্জ্বল ছিল
rivers had always roared and bees had always buzzed
নদীগুলি সর্বদা গর্জন করত এবং মৌমাছিরা সর্বদা গুঞ্জন করত
but in former times all of this had been a deceptive veil
কিন্তু আগের সময়ে এই সবই ছিল প্রতারণামূলক পর্দা
to him it had been nothing more than fleeting
তার কাছে এটা ক্ষণস্থায়ী ছাড়া আর কিছুই ছিল না
it was supposed to be looked upon in distrust
এটা অবিশ্বাসের মধ্যে দেখা উচিত ছিল
it was destined to be penetrated and destroyed by thought
এটা চিন্তা দ্বারা অনুপ্রবেশ এবং ধ্বংস করা ভাগ্য ছিল
since it was not the essence of existence
যেহেতু এটি অস্তিত্বের সারমর্ম ছিল না
since this essence lay beyond, on the other side of, the visible
যেহেতু এই সারমর্মটি দৃশ্যমান, এর অপর দিকে রয়েছে
But now, his liberated eyes stayed on this side
কিন্তু এখন তার মুক্ত দৃষ্টি এ দিকেই রয়ে গেছে
he saw and became aware of the visible
তিনি দেখেছেন এবং দৃশ্যমান সম্পর্কে সচেতন হয়েছেন
he sought to be at home in this world
তিনি এই পৃথিবীতে বাড়িতে থাকতে চেয়েছিলেন
he did not search for the true essence

তিনি প্রকৃত সারাংশ অনুসন্ধান করেননি
he did not aim at a world beyond
তিনি বাইরে একটি বিশ্বের লক্ষ্য ছিল না
this world was beautiful enough for him
এই পৃথিবী তার জন্য যথেষ্ট সুন্দর ছিল
looking at it like this made everything childlike
এইভাবে দেখে সবকিছু শিশুর মতো হয়ে গেছে
Beautiful were the moon and the stars
সুন্দর ছিল চাঁদ ও তারা
beautiful was the stream and the banks
সুন্দর স্রোত এবং তীর ছিল
the forest and the rocks, the goat and the gold-beetle
বন এবং পাথর, ছাগল এবং সোনার পোকা
the flower and the butterfly; beautiful and lovely it was
ফুল এবং প্রজাপতি; সুন্দর এবং সুন্দর ছিল
to walk through the world was childlike again
বিশ্বের মধ্যে দিয়ে হাঁটা আবার শিশুর মত ছিল
this way he was awoken
এইভাবে তিনি জেগে উঠলেন
this way he was open to what is near
এইভাবে তিনি কাছাকাছি যা খোলা ছিল
this way he was without distrust
এইভাবে তিনি অবিশ্বাসী ছিলেন
differently the sun burnt the head
অন্যভাবে সূর্য মাথা পোড়া
differently the shade of the forest cooled him down
অন্যভাবে বনের ছায়া তাকে শীতল করেছে
differently the pumpkin and the banana tasted
কুমড়া এবং কলার স্বাদ আলাদা
Short were the days, short were the nights
ছোট ছিল দিন, ছোট ছিল রাত
every hour sped swiftly away like a sail on the sea

প্রতি ঘন্টায় সমুদ্রের উপর পাল তোলার মত দ্রুত গতিতে চলে যায়

and under the sail was a ship full of treasures, full of joy
এবং পালের নীচে ধন-সম্পদ ভরা একটি জাহাজ ছিল, আনন্দে পূর্ণ

Siddhartha saw a group of apes moving through the high canopy
সিদ্ধার্থ দেখলেন একদল বনমানুষের উঁচু ছাউনি দিয়ে চলাচল করছে

they were high in the branches of the trees
তারা গাছের ডালে উঁচু ছিল

and he heard their savage, greedy song
এবং তিনি তাদের বর্বর, লোভী গান শুনেছেন

Siddhartha saw a male sheep following a female one and mating with her
সিদ্ধার্থ একটি পুরুষ ভেড়াকে একটি স্ত্রীকে অনুসরণ করে তার সাথে সঙ্গম করতে দেখেছিল

In a lake of reeds, he saw the pike hungrily hunting for its dinner
খাগড়ার একটি হ্রদে, তিনি দেখতে পেলেন পাইক তার রাতের খাবারের জন্য ক্ষুধার্তভাবে শিকার করছে

young fish were propelling themselves away from the pike
অল্প বয়স্ক মাছ পাইক থেকে নিজেদের দূরে সরিয়ে নিচ্ছিল

they were scared, wiggling and sparkling
তারা ভীত ছিল, wiggling এবং sparkling

the young fish jumped in droves out of the water
অল্পবয়সী মাছ জল থেকে ঝাঁপিয়ে পড়ল

the scent of strength and passion came forcefully out of the water
শক্তি এবং আবেগের ঘ্রাণ জল থেকে জোর করে এসেছিল

and the pike stirred up the scent
এবং পাইক ঘ্রাণ আপ আলোড়িত

All of this had always existed
এই সব সবসময় বিদ্যমান ছিল
and he had not seen it, nor had he been with it
এবং তিনি এটা দেখেন নি, এবং তিনি এর সাথে ছিলেন না
Now he was with it and he was part of it
এখন তিনি এটির সাথে ছিলেন এবং তিনি এটির অংশ ছিলেন
Light and shadow ran through his eyes
তার চোখ দিয়ে আলো-ছায়া বয়ে গেল
stars and moon ran through his heart
তারা এবং চাঁদ তার হৃদয় দিয়ে দৌড়ে

Siddhartha remembered everything he had experienced in the Garden Jetavana
সিদ্ধার্থ উদ্যান জেটাবনে যা অভিজ্ঞতা হয়েছিল তার সবই মনে রেখেছিল
he remembered the teaching he had heard there from the divine Buddha
তিনি ঐশ্বরিক বুদ্ধের কাছ থেকে সেখানে যে শিক্ষা শুনেছিলেন তা তার মনে পড়ে
he remembered the farewell from Govinda
গোবিন্দের কাছ থেকে বিদায়ের কথা মনে পড়ে গেল
he remembered the conversation with the exalted one
তিনি মহান এক সঙ্গে কথোপকথন মনে আছে
Again he remembered his own words that he had spoken to the exalted one
আবার তার নিজের কথা মনে পড়ল যা তিনি উচ্চারণ করেছিলেন
he remembered every word
তার প্রতিটি শব্দ মনে আছে

he realized he had said things which he had not really known
তিনি বুঝতে পেরেছিলেন যে তিনি এমন কিছু বলেছেন যা তিনি সত্যিই জানেন না

he astonished himself with what he had said to Gotama
তিনি গোতমাকে যা বলেছিলেন তাতে তিনি নিজেই অবাক হয়ে গেলেন

the Buddha's treasure and secret was not the teachings
বুদ্ধের ধন এবং গোপন শিক্ষা ছিল না

but the secret was the inexpressible and not teachable
কিন্তু রহস্য ছিল অবর্ণনীয় এবং শিক্ষার যোগ্য নয়

the secret which he had experienced in the hour of his enlightenment
গোপন যা তিনি তার জ্ঞানার্জনের সময়ে অনুভব করেছিলেন

the secret was nothing but this very thing which he had now gone to experience
এই গোপন জিনিসটি ছাড়া আর কিছুই ছিল না যা তিনি এখন অনুভব করতে গিয়েছিলেন

the secret was what he now began to experience
গোপন কি তিনি এখন অভিজ্ঞতা শুরু

Now he had to experience his self
এখন তাকে নিজের অভিজ্ঞতা নিতে হয়েছিল

he had already known for a long time that his self was Atman
তিনি ইতিমধ্যেই দীর্ঘদিন ধরে জানতেন যে তার স্বয়ং আত্মা

he knew Atman bore the same eternal characteristics as Brahman
তিনি জানতেন যে, আত্মার মধ্যেও ব্রাহ্মণের মতোই চিরন্তন বৈশিষ্ট্য রয়েছে

But he had never really found this self

কিন্তু তিনি সত্যিই এই নিজেকে খুঁজে পায়নি
because he had wanted to capture the self in the net of thought
কারণ সে নিজেকে বন্দী করতে চেয়েছিল চিন্তার জালে
but the body was not part of the self
কিন্তু শরীর আত্মার অংশ ছিল না
it was not the spectacle of the senses
এটা ইন্দ্রিয়ের চশমা ছিল না
so it also was not the thought, nor the rational mind
তাই এটা চিন্তাও ছিল না, যুক্তিবাদী মনও ছিল না
it was not the learned wisdom, nor the learned ability
এটা শেখা প্রজ্ঞা ছিল না, বা শেখা ক্ষমতা ছিল না
from these things no conclusions could be drawn
এসব থেকে কোনো সিদ্ধান্তে আসা যায়নি
No, the world of thought was also still on this side
না, চিন্তার জগৎও তখনও এ দিকেই ছিল
Both, the thoughts as well as the senses, were pretty things
উভয়, চিন্তা এবং সেইসাথে ইন্দ্রিয়, সুন্দর জিনিস ছিল
but the ultimate meaning was hidden behind both of them
কিন্তু চূড়ান্ত অর্থ লুকিয়ে ছিল তাদের উভয়ের আড়ালে
both had to be listened to and played with
উভয় শুনতে এবং সঙ্গে খেলা ছিল
neither had to be scorned nor overestimated
অবজ্ঞা বা অত্যধিক মূল্যায়ন করা হয়নি
there were secret voices of the innermost truth
অন্তরতম সত্যের গোপন কন্ঠস্বর ছিল
these voices had to be attentively perceived
এই কন্ঠস্বর মনোযোগ সহকারে অনুভূত করা উচিত ছিল
He wanted to strive for nothing else
তিনি অন্য কিছুর জন্য চেষ্টা করতে চেয়েছিলেন
he would do what the voice commanded him to do
ভয়েস তাকে যা করতে আদেশ করবে সে তাই করবে

he would dwell where the voices advised him to
কন্ঠস্বর তাকে যেখানে পরামর্শ দিয়েছিল সেখানেই সে বাস করবে
Why had Gotama sat down under the Bodhi tree?
গোতমা কেন বোধিবৃক্ষের নিচে বসলেন?
He had heard a voice in his own heart
সে তার নিজের মনের আওয়াজ শুনেছিল
a voice which had commanded him to seek rest under this tree
একটি কন্ঠস্বর যা তাকে এই গাছের নীচে বিশ্রাম নিতে আদেশ করেছিল
he could have gone on to make offerings
তিনি নৈবেদ্য করতে যেতে পারতেন
he could have performed his ablutions
তিনি তার অযু করতে পারতেন
he could have spent that moment in prayer
সে সেই মুহূর্তটি প্রার্থনায় কাটাতে পারত
he had chosen not to eat or drink
তিনি খাওয়া বা পান না করা বেছে নিয়েছিলেন
he had chosen not to sleep or dream
তিনি ঘুম বা স্বপ্ন না বেছে নিয়েছিলেন
instead, he had obeyed the voice
পরিবর্তে, তিনি কন্ঠস্বর পালন করেছিলেন
To obey like this was good
এইভাবে মান্য করা ভাল ছিল
it was good not to obey to an external command
একটি বহিরাগত আদেশ মান্য না করা ভাল ছিল
it was good to obey only the voice
এটা শুধুমাত্র ভয়েস মান্য করা ভাল ছিল
to be ready like this was good and necessary
এই মত প্রস্তুত হতে ভাল এবং প্রয়োজনীয় ছিল
there was nothing else that was necessary

প্রয়োজন ছিল অন্য কিছু ছিল না

in the night Siddhartha got to a river
রাতে সিদ্ধার্থ একটি নদীর ধারে উঠল
he slept in the straw hut of a ferryman
তিনি একটি ফেরিম্যানের খড়ের কুঁড়েঘরে শুয়েছিলেন
this night Siddhartha had a dream
এই রাতে সিদ্ধার্থ একটি স্বপ্ন দেখেছিল
Govinda was standing in front of him
গোবিন্দ তার সামনে দাঁড়িয়ে ছিলেন
he was dressed in the yellow robe of an ascetic
তিনি একজন সন্ন্যাসীর হলুদ পোশাক পরেছিলেন
Sad was how Govinda looked
গোবিন্দ দেখতে কেমন দুঃখ ছিল
sadly he asked, "Why have you forsaken me?"
মন খারাপ করে জিজ্ঞেস করলেন, "তুমি আমাকে ছেড়ে চলে গেলে কেন?"
Siddhartha embraced Govinda, and wrapped his arms around him
সিদ্ধার্থ গোবিন্দকে আলিঙ্গন করলেন, এবং তার চারপাশে তার বাহু জড়িয়ে নিলেন
he pulled him close to his chest and kissed him
তিনি তাকে তার বুকের কাছে টেনে নিয়ে তাকে চুম্বন করলেন
but it was not Govinda anymore, but a woman
কিন্তু সে আর গোবিন্দ নয়, একজন নারী
a full breast popped out of the woman's dress
মহিলার পোশাক থেকে একটি পূর্ণ স্তন বেরিয়ে এসেছে
Siddhartha lay and drank from the breast
সিদ্ধার্থ শুয়ে স্তন থেকে পান করল
sweetly and strongly tasted the milk from this breast
মিষ্টি এবং দৃঢ়ভাবে এই স্তন থেকে দুধের স্বাদ

It tasted of woman and man
এটি নারী এবং পুরুষের স্বাদ পেয়েছে
it tasted of sun and forest
এটি সূর্য এবং বনের স্বাদ পেয়েছে
it tasted of animal and flower
এটি প্রাণী এবং ফুলের স্বাদ পেয়েছে
it tasted of every fruit and every joyful desire
এটি প্রতিটি ফল এবং প্রতিটি আনন্দদায়ক আকাঙ্ক্ষার স্বাদ নিয়েছে।
It intoxicated him and rendered him unconscious
এটি তাকে নেশাগ্রস্ত করে এবং তাকে অজ্ঞান করে দেয়
Siddhartha woke up from the dream
স্বপ্ন থেকে জেগে উঠলেন সিদ্ধার্থ
the pale river shimmered through the door of the hut
ফ্যাকাশে নদী কুঁড়েঘরের দরজা দিয়ে ঝিকিমিকি করছে
a dark call of an owl resounded deeply through the forest
একটি পেঁচার একটি অন্ধকার ডাক বনের মধ্যে গভীরভাবে অনুরণিত
Siddhartha asked the ferryman to get him across the river
সিদ্ধার্থ ফেরিওয়ালাকে নদী পার হতে বললেন
The ferryman got him across the river on his bamboo-raft
ফেরিওয়ালা তাকে তার বাঁশের ভেলায় করে নদী পার করে দিল
the water shimmered reddish in the light of the morning
ভোরের আলোয় জল লাল হয়ে উঠল
"This is a beautiful river," he said to his companion
"এটি একটি সুন্দর নদী," তিনি তার সঙ্গীকে বললেন
"Yes," said the ferryman, "a very beautiful river"
"হ্যাঁ," ফেরিওয়ালা বলল, "খুব সুন্দর নদী"
"I love it more than anything"
"আমি এটাকে যেকোনো কিছুর চেয়ে বেশি ভালোবাসি"
"Often I have listened to it"

"প্রায়ই আমি এটা শুনেছি"
"often I have looked into its eyes"
"প্রায়ই আমি এর চোখের দিকে তাকিয়েছি"
"and I have always learned from it"
"এবং আমি সবসময় এটি থেকে শিখেছি"
"Much can be learned from a river"
"নদী থেকে অনেক কিছু শেখা যায়"
"I thank you, my benefactor" spoke Siddhartha
"আমি আপনাকে ধন্যবাদ, আমার হিতকর" সিদ্ধার্থ বললেন
he disembarked on the other side of the river
সে নদীর ওপারে নেমে গেল
"I have no gift I could give you for your hospitality, my dear"
"আমার কাছে এমন কোন উপহার নেই যা আমি তোমাকে তোমার আতিথেয়তার জন্য দিতে পারি, আমার প্রিয়"
"and I also have no payment for your work"
"এবং আপনার কাজের জন্য আমার কাছে কোন অর্থ নেই"
"I am a man without a home"
"আমি ঘর ছাড়া মানুষ"
"I am the son of a Brahman and a Samana"
"আমি ব্রাহ্মণ ও সমনের পুত্র"
"I did see it," spoke the ferryman
"আমি এটা দেখেছি," ফেরিম্যান বলল
"I did not expect any payment from you"
"আমি আপনার কাছ থেকে কোন অর্থ আশা করিনি"
"it is custom for guests to bear a gift"
"অতিথিদের জন্য উপহার বহন করা রীতি"
"but I did not expect this from you either"
"কিন্তু আমিও তোমার কাছ থেকে এটা আশা করিনি"
"You will give me the gift another time"
"তুমি আমাকে আরেকবার উপহার দেবে"
"Do you think so?" asked Siddhartha, bemusedly

"আপনি কি তাই মনে করেন?" সিদ্ধার্থ বিরক্ত হয়ে জিজ্ঞেস করল

"I am sure of it," replied the ferryman
"আমি এটা নিশ্চিত," ফেরিম্যান জবাব দিল

"This too, I have learned from the river"
"এটাও আমি নদী থেকে শিখেছি"

"everything that goes comes back!"
"যা যায় সব ফিরে আসে!"

"You too, Samana, will come back"
"তুমিও, সামানা, ফিরে আসবে"

"Now farewell! Let your friendship be my reward"
"এখন বিদায়! তোমার বন্ধুত্ব আমার প্রতিদান হোক"

"Commemorate me, when you make offerings to the gods"
"আমাকে স্মরণ করো, যখন তুমি দেবতাদের কাছে নৈবেদ্য দাও"

Smiling, they parted from each other
হাসতে হাসতে তারা একে অপরের থেকে বিচ্ছিন্ন হয়ে গেল

Smiling, Siddhartha was happy about the friendship
হাসিমুখে, সিদ্ধার্থ বন্ধুত্বের জন্য খুশি

and he was happy about the kindness of the ferryman
এবং ফেরিম্যানের দয়ায় তিনি খুশি ছিলেন

"He is like Govinda," he thought with a smile
"তিনি গোবিন্দের মতো," তিনি হেসে ভাবলেন

"all I meet on my path are like Govinda"
"আমার চলার পথে যাদের দেখা হয় তারা গোবিন্দের মতো"

"All are thankful for what they have"
"তাদের যা আছে তার জন্য সবাই কৃতজ্ঞ"

"but they are the ones who would have a right to receive thanks"
"কিন্তু তারাই যাদের ধন্যবাদ পাওয়ার অধিকার আছে"

"all are submissive and would like to be friends"

"সবাই অনুগত এবং বন্ধু হতে চাই"
"all like to obey and think little"
"সবাই আনুগত্য করতে এবং সামান্য চিন্তা করতে পছন্দ করে"
"all people are like children"
"সকল মানুষ শিশুর মত"

At about noon, he came through a village
দুপুর একটার দিকে গ্রামের ভেতর দিয়ে এলেন
In front of the mud cottages, children were rolling about in the street
মাটির কুটিরের সামনে শিশুরা রাস্তায় ঘুরে বেড়াচ্ছিল
they were playing with pumpkin-seeds and sea-shells
তারা কুমড়া-বীজ এবং সামুদ্রিক শাঁস নিয়ে খেলছিল
they screamed and wrestled with each other
তারা চিৎকার করে একে অপরের সাথে কুস্তি করে
but they all timidly fled from the unknown Samana
কিন্তু তারা সবাই ভয়ে অজানা সামনা থেকে পালিয়ে যায়
In the end of the village, the path led through a stream
গ্রামের শেষ প্রান্তে একটা স্রোতের মধ্যে দিয়ে পথ চলে গেছে
by the side of the stream, a young woman was kneeling
স্রোতের ধারে এক যুবতী হাঁটু গেড়ে বসে আছে
she was washing clothes in the stream
সে স্রোতে কাপড় ধুচ্ছিল
When Siddhartha greeted her, she lifted her head
সিদ্ধার্থ তাকে অভিবাদন জানালে সে মাথা তুলল
and she looked up to him with a smile
এবং তিনি একটি হাসি সঙ্গে তার দিকে তাকান
he could see the white in her eyes glistening
সে তার চোখে সাদা দেখতে পেল
He called out a blessing to her
তিনি তাকে আশীর্বাদ ডাকলেন

this was the custom among travellers

এই ছিল ভ্রমণকারীদের মধ্যে রীতি

and he asked how far it was to the large city

এবং তিনি জিজ্ঞাসা করলেন যে এটি বড় শহর থেকে কতদূর ছিল

Then she got up and came to him

তারপর সে উঠে তার কাছে এল

beautifully her wet mouth was shimmering in her young face

সুন্দরভাবে তার ভেজা মুখটি তার তরুণ মুখের মধ্যে জ্বলজ্বল করছিল

She exchanged humorous banter with him

তিনি তার সাথে হাস্যরসাত্মক বক্তৃতা করেন

she asked whether he had eaten already

সে জিজ্ঞেস করল সে ইতিমধ্যে খেয়েছে কিনা

and she asked curious questions

এবং তিনি কৌতূহলী প্রশ্ন জিজ্ঞাসা

"is it true that the Samanas slept alone in the forest at night?"

"এটা কি সত্য যে সমনরা রাতে বনে একা শুয়েছিল?"

"is it true Samanas are not allowed to have women with them"

"এটা কি সত্যি যে সামনাদের সাথে মহিলাদের রাখা নিষেধ"

While talking, she put her left foot on his right one

কথা বলার সময়, সে তার বাম পা তার ডানদিকে রাখল

the movement of a woman who would want to initiate sexual pleasure

একজন মহিলার আন্দোলন যিনি যৌন আনন্দ শুরু করতে চান

the textbooks call this "climbing a tree"

পাঠ্যপুস্তক এটিকে "গাছে আরোহণ" বলে

Siddhartha felt his blood heating up

সিদ্ধার্থ অনুভব করল তার রক্ত গরম হয়ে যাচ্ছে

he had to think of his dream again

তাকে আবার তার স্বপ্নের কথা ভাবতে হয়েছিল

he bend slightly down to the woman

তিনি মহিলার দিকে সামান্য নিচু

and he kissed with his lips the brown nipple of her breast

এবং তিনি তার ঠোঁট দিয়ে তার স্তনের বাদামী স্তনবৃন্তে চুম্বন করলেন

Looking up, he saw her face smiling

ওপরের দিকে তাকিয়ে দেখল তার মুখটা হাসছে

and her eyes were full of lust

এবং তার চোখ লালসা পূর্ণ ছিল

Siddhartha also felt desire for her

সিদ্ধার্থও তার জন্য কামনা অনুভব করল

he felt the source of his sexuality moving

সে অনুভব করল তার যৌনতার উৎস নড়ছে

but he had never touched a woman before

কিন্তু সে আগে কখনো কোনো নারীকে স্পর্শ করেনি

so he hesitated for a moment

তাই সে এক মুহূর্ত ইতস্তত করল

his hands were already prepared to reach out for her

তার হাত ইতিমধ্যে তার জন্য পৌঁছানোর জন্য প্রস্তুত ছিল

but then he heard the voice of his innermost self

কিন্তু তারপর সে তার অন্তরতম আত্মার কন্ঠস্বর শুনতে পেল

he shuddered with awe at his voice

সে তার কন্ঠে বিস্ময়ে কেঁপে উঠল

and this voice told him no

এবং এই কন্ঠ তাকে না

all charms disappeared from the young woman's smiling face

যুবতীর হাস্যোজ্জ্বল মুখ থেকে সমস্ত আকর্ষণ অদৃশ্য হয়ে গেল

he no longer saw anything else but a damp glance
সে আর কিছু দেখতে পেল না শুধু একটা স্যাঁতসেঁতে দৃষ্টি ছাড়া

all he could see was female animal in heat
তিনি শুধু তাপে নারী প্রাণী দেখতে পান

Politely, he petted her cheek
ভদ্রভাবে, তিনি তার গাল peted

he turned away from her and disappeared away
সে তার কাছ থেকে দূরে সরে গেল এবং অদৃশ্য হয়ে গেল

he left from the disappointed woman with light steps
তিনি হতাশ মহিলার কাছ থেকে হালকা পদক্ষেপ নিয়ে চলে গেলেন

and he disappeared into the bamboo-wood
এবং সে বাঁশ-কাঠের মধ্যে অদৃশ্য হয়ে গেল

he reached the large city before the evening
সন্ধ্যার আগে সে বড় শহরে পৌঁছে গেল

and he was happy to have reached the city
এবং তিনি শহরে পৌঁছে খুশি

because he felt the need to be among people
কারণ তিনি মানুষের মধ্যে থাকার প্রয়োজন অনুভব করেছিলেন

or a long time, he had lived in the forests
অথবা দীর্ঘকাল, সে বনে বাস করত

for first time in a long time he slept under a roof
বহুদিনের মধ্যে প্রথমবার সে ছাদের নিচে ঘুমালো

Before the city was a beautifully fenced garden
শহরের আগে একটি সুন্দর বেড়াযুক্ত বাগান ছিল

the traveller came across a small group of servants
ভ্রমণকারী ভৃত্যদের একটি ছোট দল জুড়ে এসেছিলেন

the servants were carrying baskets of fruit

চাকররা ফলের ঝুড়ি নিয়ে যাচ্ছিল

four servants were carrying an ornamental sedan-chair

চারজন চাকর একটি শোভাময় সেডান-চেয়ার বহন করছিল

on this chair sat a woman, the mistress

এই চেয়ারে একজন মহিলা বসেছিলেন, উপপত্নী

she was on red pillows under a colourful canopy

তিনি একটি রঙিন ছাউনি অধীনে লাল বালিশ ছিল

Siddhartha stopped at the entrance to the pleasure-garden

সিদ্ধার্থ আনন্দ-বাগানের প্রবেশদ্বারে থামল

and he watched the parade go by

এবং তিনি কুচকাওয়াজ দেখেছেন

he saw saw the servants and the maids

তিনি দাস ও দাসীকে দেখলেন

he saw the baskets and the sedan-chair

তিনি ঝুড়ি এবং সেডান-চেয়ার দেখলেন

and he saw the lady on the chair

এবং তিনি চেয়ারে ভদ্রমহিলা দেখতে

Under her black hair he saw a very delicate face

তার কালো চুলের নিচে সে খুব নাজুক মুখ দেখতে পেল

a bright red mouth, like a freshly cracked fig

একটি উজ্জ্বল লাল মুখ, একটি সদ্য ফাটা ডুমুরের মতো

eyebrows which were well tended and painted in a high arch

ভ্রু যা ভালভাবে প্রবণতা এবং একটি উচ্চ খিলানে আঁকা ছিল

they were smart and watchful dark eyes

তারা স্মার্ট এবং সতর্ক অন্ধকার চোখ ছিল

a clear, tall neck rose from a green and golden garment

একটি পরিষ্কার, লম্বা ঘাড় একটি সবুজ এবং সোনালি পোশাক থেকে গোলাপ

her hands were resting, long and thin
তার হাত বিশ্রাম ছিল, দীর্ঘ এবং পাতলা
she had wide golden bracelets over her wrists
তার হাতের কব্জিতে সোনার চওড়া ব্রেসলেট ছিল
Siddhartha saw how beautiful she was, and his heart rejoiced
সিদ্ধার্থ দেখল যে সে কত সুন্দর, এবং তার হৃদয় আনন্দিত হল
He bowed deeply, when the sedan-chair came closer
সে গভীরভাবে প্রণাম করল, যখন সেডান-চেয়ারটা কাছে এল
straightening up again, he looked at the fair, charming face
আবার সোজা হয়ে ফর্সা, মোহনীয় মুখের দিকে তাকাল
he read her smart eyes with the high arcs
তিনি উচ্চ আর্কস সঙ্গে তার স্মার্ট চোখ পড়া
he breathed in a fragrance of something he did not know
তিনি এমন কিছুর সুগন্ধে নিঃশ্বাস নিলেন যা তিনি জানেন না
With a smile, the beautiful woman nodded for a moment
মুচকি হেসে সুন্দরী মহিলা কিছুক্ষণ মাথা নাড়ল
then she disappeared into the garden
তারপর সে বাগানে অদৃশ্য হয়ে গেল
and then the servants disappeared as well
এবং তারপর চাকররাও অদৃশ্য হয়ে গেল
"I am entering this city with a charming omen" Siddhartha thought
সিদ্ধার্থ ভাবল, "আমি এই শহরে প্রবেশ করছি একটি মনোমুগ্ধকর শক নিয়ে।"
He instantly felt drawn into the garden
সে সাথে সাথে বাগানে টানা অনুভব করল
but he thought about his situation
কিন্তু সে তার অবস্থার কথা ভেবেছিল

he became aware of how the servants and maids had looked at him
তিনি জানতে পারলেন যে, দাস-দাসীরা তার দিকে কেমন তাকায়

they thought him despicable, distrustful, and rejected him
তারা তাকে ঘৃণ্য, অবিশ্বাসী ভেবেছিল এবং তাকে প্রত্যাখ্যান করেছিল

"I am still a Samana" he thought
"আমি এখনও সামানা" সে ভাবল

"I am still an ascetic and beggar"
"আমি এখনও একজন তপস্বী এবং ভিক্ষুক"

"I must not remain like this"
"আমার এভাবে থাকতে হবে না"

"I will not be able to enter the garden like this," he laughed
"আমি এভাবে বাগানে ঢুকতে পারব না," সে হেসে বলল

he asked the next person who came along the path about the garden
পথ ধরে আসা পাশের ব্যক্তিকে তিনি বাগান সম্পর্কে জিজ্ঞাসা করলেন

and he asked for the name of the woman
এবং তিনি মহিলার নাম জিজ্ঞাসা করলেন

he was told that this was the garden of Kamala, the famous courtesan
তাকে বলা হয়েছিল যে, এটি বিখ্যাত গণিকা কমলার বাগান

and he was told that she also owned a house in the city
এবং তাকে বলা হয়েছিল যে তারও শহরে একটি বাড়ির মালিক

Then, he entered the city with a goal
তারপর, তিনি একটি লক্ষ্য নিয়ে শহরে প্রবেশ করেন

Pursuing his goal, he allowed the city to suck him in

তার লক্ষ্য অনুসরণ করে, তিনি শহরটিকে তাকে স্তন্যপান করার অনুমতি দিয়েছিলেন

he drifted through the flow of the streets
সে রাস্তার স্রোত ভেদ করে চলে গেল
he stood still on the squares in the city
তিনি শহরের চত্বরে স্থির হয়ে দাঁড়িয়ে রইলেন
he rested on the stairs of stone by the river
তিনি নদীর ধারে পাথরের সিঁড়িতে বিশ্রাম নিলেন
When the evening came, he made friends with a barber's assistant
সন্ধ্যা হলে সে নাপিতের সহকারীর সাথে বন্ধুত্ব করে
he had seen him working in the shade of an arch
তিনি তাকে একটি খিলানের ছায়ায় কাজ করতে দেখেছিলেন
and he found him again praying in a temple of Vishnu
এবং তিনি তাকে আবার বিষ্ণুর মন্দিরে প্রার্থনা করতে পান
he told about stories of Vishnu and the Lakshmi
তিনি বিষ্ণু ও লক্ষ্মীর গল্প বলতেন
Among the boats by the river, he slept this night
নদীর ধারে নৌকার মধ্যে সে এই রাতে ঘুমিয়েছে
Siddhartha came to him before the first customers came into his shop
প্রথম গ্রাহকরা তার দোকানে আসার আগেই সিদ্ধার্থ তার কাছে আসেন
he had the barber's assistant shave his beard and cut his hair
তিনি নাপিতের সহকারীকে দাড়ি কামিয়ে চুল কেটে দিতেন
he combed his hair and anointed it with fine oil
তিনি তার চুল আঁচড়ালেন এবং সূক্ষ্ম তেল দিয়ে অভিষেক করলেন
Then he went to take his bath in the river
তারপর নদীতে গোসল করতে গেলেন

late in the afternoon, beautiful Kamala approached her garden
বিকেলে সুন্দরী কমলা তার বাগানের কাছে এলো
Siddhartha was standing at the entrance again
সিদ্ধার্থ আবার ঢোকার মুখে দাঁড়িয়ে ছিল
he made a bow and received the courtesan's greeting
তিনি একটি ধনুক তৈরি করলেন এবং গণিকাদের অভিবাদন গ্রহণ করলেন
he got the attention of one of the servant
সে একজন ভৃত্যের দৃষ্টি আকর্ষণ করল
he asked him to inform his mistress
তিনি তাকে তার উপপত্নীকে জানাতে বললেন
"a young Brahman wishes to talk to her"
"একজন যুবক ব্রাহ্মণ তার সাথে কথা বলতে চায়"
After a while, the servant returned
কিছুক্ষণ পর চাকর ফিরে এল
the servant asked Siddhartha to follow him
ভৃত্য সিদ্ধার্থকে তার অনুসরণ করতে বলল
Siddhartha followed the servant into a pavilion
সিদ্ধার্থ ভৃত্যকে অনুসরণ করে মণ্ডপে ঢুকল
here Kamala was lying on a couch
এখানে কমলা একটা সোফায় শুয়ে ছিল
and the servant left him alone with her
আর চাকরটি তাকে তার কাছে একা রেখে গেল।
"Weren't you also standing out there yesterday, greeting me?" asked Kamala
"আপনি কি গতকাল সেখানে দাঁড়িয়ে আমাকে শুভেচ্ছা জানালেন না?" কমলা জিজ্ঞেস করল
"It's true that I've already seen and greeted you yesterday"
"এটা সত্য যে আমি ইতিমধ্যেই আপনাকে গতকাল দেখেছি এবং শুভেচ্ছা জানিয়েছি"
"But didn't you yesterday wear a beard, and long hair?"

"কিন্তু তুমি কি গতকাল দাড়ি, লম্বা চুল পরেনি?"
"and was there not dust in your hair?"
"আর তোমার চুলে কি ধুলো ছিল না?"
"You have observed well, you have seen everything"
"আপনি ভালভাবে পর্যবেক্ষণ করেছেন, আপনি সবকিছু দেখেছেন"
"You have seen Siddhartha, the son of a Brahman"
"তুমি ব্রাহ্মণের পুত্র সিদ্ধার্থকে দেখেছ"
"the Brahman who has left his home to become a Samana"
"যে ব্রাহ্মণ তার ঘর ছেড়ে সামনা হয়েছে"
"the Brahman who has been a Samana for three years"
"সেই ব্রাহ্মণ যিনি তিন বছর ধরে সমানা"
"But now, I have left that path and came into this city"
কিন্তু এখন সেই পথ ছেড়ে এই শহরে এসেছি।
"and the first one I met, even before I had entered the city, was you"
"এবং শহরে ঢোকার আগেও প্রথম যার সাথে আমার দেখা হয়েছিল, তুমিই ছিলে।"
"To say this, I have come to you, oh Kamala!"
"এই কথা বলতে, আমি তোমার কাছে এসেছি, হে কমলা!"
"before, Siddhartha addressed all woman with his eyes to the ground"
"এর আগে, সিদ্ধার্থ মাটিতে চোখ রেখে সমস্ত মহিলাকে সম্বোধন করেছিলেন"
"You are the first woman whom I address otherwise"
"আপনিই প্রথম মহিলা যাকে আমি অন্যথায় সম্বোধন করি"
"Never again do I want to turn my eyes to the ground"
"আমি আর কখনো মাটিতে চোখ ফেরাতে চাই না"
"I won't turn when I'm coming across a beautiful woman"
"আমি যখন একজন সুন্দরী মহিলার মুখোমুখি হব তখন আমি ফিরব না"

Kamala smiled and played with her fan of peacocks' feathers

কমলা হেসে ময়ূরের পালকের পাখা নিয়ে খেলল

"And only to tell me this, Siddhartha has come to me?"

"এবং শুধু এই কথাটা বলার জন্য, সিদ্ধার্থ আমার কাছে এসেছে?"

"To tell you this and to thank you for being so beautiful"

"আপনাকে এটি বলার জন্য এবং এত সুন্দর হওয়ার জন্য আপনাকে ধন্যবাদ জানাতে"

"I would like to ask you to be my friend and teacher"

"আমি আপনাকে আমার বন্ধু এবং শিক্ষক হতে চাই"

"for I know nothing yet of that art which you have mastered"

"কারণ আপনি যে শিল্প আয়ত্ত করেছেন তার সম্পর্কে আমি এখনও কিছুই জানি না"

At this, Kamala laughed aloud

এই বলে কমলা জোরে হেসে উঠল

"Never before this has happened to me, my friend"

"এর আগে কখনও আমার সাথে এমন হয়নি, আমার বন্ধু"

"a Samana from the forest came to me and wanted to learn from me!"

"জঙ্গল থেকে একটি সামানা আমার কাছে এসেছিল এবং আমার কাছ থেকে শিখতে চেয়েছিল!"

"Never before this has happened to me"

"আগে কখনো আমার সাথে এমন হয়নি"

"a Samana came to me with long hair and an old, torn loincloth!"

"একটি সামানা আমার কাছে এসেছিল লম্বা চুল এবং একটি পুরানো, ছেঁড়া কটি নিয়ে!"

"Many young men come to me"

"অনেক যুবক আমার কাছে আসে"

"and there are also sons of Brahmans among them"

"এবং তাদের মধ্যে ব্রাহ্মণের পুত্রও রয়েছে"

"but they come in beautiful clothes"
"তবে তারা সুন্দর পোশাক পরে আসে"
"they come in fine shoes"
"তারা সূক্ষ্ম জুতা পরে আসে"
"they have perfume in their hair
"তাদের চুলে সুগন্ধি আছে
"and they have money in their pouches"
"এবং তাদের থলিতে টাকা আছে"
"This is how the young men are like, who come to me"
"এমনই হয় যুবকরা, যারা আমার কাছে আসে"
Spoke Siddhartha, "Already I am starting to learn from you"
সিদ্ধার্থ বললেন, "ইতিমধ্যে আমি তোমার কাছ থেকে শিখতে শুরু করছি"
"Even yesterday, I was already learning"
"এমনকি গতকাল, আমি ইতিমধ্যে শিখছিলাম"
"I have already taken off my beard"
"আমি ইতিমধ্যে আমার দাড়ি খুলে ফেলেছি"
"I have combed the hair"
"আমি চুল আঁচড়াইয়াছি"
"and I have oil in my hair"
"এবং আমার চুলে তেল আছে"
"There is little which is still missing in me"
"এমন কিছু আছে যা এখনও আমার মধ্যে অনুপস্থিত"
"oh excellent one, fine clothes, fine shoes, money in my pouch"
"ওহ চমৎকার, সুন্দর জামাকাপড়, সুন্দর জুতা, আমার থলিতে টাকা"
"You shall know Siddhartha has set harder goals for himself"
"আপনি জানেন সিদ্ধার্থ নিজের জন্য আরও কঠিন লক্ষ্য নির্ধারণ করেছেন"
"and he has reached these goals"

"এবং তিনি এই লক্ষ্যে পৌঁছেছেন"
"How shouldn't I reach that goal?"
"কিভাবে আমি সেই লক্ষ্যে পৌঁছাতে পারি না?"
"the goal which I have set for myself yesterday"
"গতকাল আমি নিজের জন্য যে লক্ষ্য নির্ধারণ করেছি"
"to be your friend and to learn the joys of love from you"
"আপনার বন্ধু হতে এবং আপনার কাছ থেকে ভালবাসার আনন্দ শিখতে"
"You'll see that I'll learn quickly, Kamala"
"তুমি দেখবে আমি তাড়াতাড়ি শিখব, কমলা।"
"I have already learned harder things than what you're supposed to teach me"
"আপনি আমাকে যা শেখাতে চান তার চেয়ে আমি ইতিমধ্যে কঠিন জিনিস শিখেছি"
"And now let's get to it"
"এবং এখন এটিতে যাওয়া যাক"
"You aren't satisfied with Siddhartha as he is?"
"তুমি সিদ্ধার্থের মতো সন্তুষ্ট নও?"
"with oil in his hair, but without clothes"
"তার চুলে তেল দিয়ে, কিন্তু কাপড় ছাড়া"
"Siddhartha without shoes, without money"
"জুতা ছাড়া সিদ্ধার্থ, টাকা ছাড়া"
Laughing, Kamala exclaimed, "No, my dear"
হাসতে হাসতে কমলা বলল, "না, আমার প্রিয়।"
"he doesn't satisfy me, yet"
"সে এখনও আমাকে সন্তুষ্ট করে না"
"Clothes are what he must have"
"জামাকাপড় তার থাকতে হবে"
"pretty clothes, and shoes is what he needs"
"সুন্দর জামাকাপড়, এবং জুতা যা তার প্রয়োজন"
"pretty shoes, and lots of money in his pouch"
"সুন্দর জুতা, এবং তার থলিতে প্রচুর টাকা"

"and he must have gifts for Kamala"
"এবং তার অবশ্যই কমলার জন্য উপহার আছে"

"Do you know it now, Samana from the forest?"
"এখন কি জানো, বন থেকে সামানা?"

"Did you mark my words?"
"আপনি কি আমার কথা চিহ্নিত করেছেন?"

"Yes, I have marked your words," Siddhartha exclaimed
"হ্যাঁ, আমি আপনার কথা মার্ক করে দিয়েছি," সিদ্ধার্থ চিৎকার করে বলল

"How should I not mark words which are coming from such a mouth!"
"এমন মুখ থেকে আসা শব্দগুলিকে আমি কীভাবে চিহ্নিত করব না!"

"Your mouth is like a freshly cracked fig, Kamala"
"তোমার মুখটা সদ্য ফাটা ডুমুরের মত, কমলা"

"My mouth is red and fresh as well"
"আমার মুখও লাল এবং তাজা"

"it will be a suitable match for yours, you'll see"
"এটি আপনার জন্য একটি উপযুক্ত ম্যাচ হবে, আপনি দেখতে পাবেন"

"But tell me, beautiful Kamala"
"কিন্তু বলো, সুন্দরী কমলা"

"aren't you at all afraid of the Samana from the forest""
"আপনি কি বনের সামানাকে একটুও ভয় পান না"

"the Samana who has come to learn how to make love"
"যে সামানা এসেছে প্রেম করতে শিখতে"

"Whatever for should I be afraid of a Samana?"
"যাই হোক একটা সামনাকে ভয় পাবো?"

"a stupid Samana from the forest"
"বন থেকে একটি বোকা সামানা"

"a Samana who is coming from the jackals"
"একটি সামানা যে শেয়াল থেকে আসছে"

"a Samana who doesn't even know yet what women are?"
"একজন সামানা যে এখনো জানে না নারী কি?"
"Oh, he's strong, the Samana"
"ওহ, সে শক্তিশালী, সামানা"
"and he isn't afraid of anything"
"এবং সে কিছুতেই ভয় পায় না"
"He could force you, beautiful girl"
"সে তোমাকে জোর করতে পারে, সুন্দরী মেয়ে"
"He could kidnap you and hurt you"
"সে আপনাকে অপহরণ করতে পারে এবং আপনাকে আঘাত করতে পারে"
"No, Samana, I am not afraid of this"
"না, সামানা, আমি এতে ভয় পাই না"
"Did any Samana or Brahman ever fear someone might come and grab him?"
"কোন সামনা বা ব্রাহ্মণ কি কখনও ভয় পেয়েছিলেন যে কেউ এসে তাকে ধরে ফেলবে?"
"could he fear someone steals his learning?
"সে কি ভয় করতে পারে যে কেউ তার শিক্ষা চুরি করবে?
"could anyone take his religious devotion"
"কেউ কি তার ধর্মীয় ভক্তি নিতে পারে"
"is it possible to take his depth of thought?
"তাঁর চিন্তার গভীরতা নেওয়া কি সম্ভব?
"No, because these things are his very own"
"না, কারণ এই জিনিসগুলি তার নিজের"
"he would only give away the knowledge he is willing to give"
"তিনি কেবল সেই জ্ঞানই দেবেন যা তিনি দিতে ইচ্ছুক"
"he would only give to those he is willing to give to"
"তিনি কেবল তাদেরই দেবেন যাকে তিনি দিতে ইচ্ছুক"
"precisely like this it is also with Kamala"

"কমলার সাথেও ঠিক এরকম"
"and it is the same way with the pleasures of love"
"এবং এটি প্রেমের আনন্দের সাথে একই ভাবে"
"Beautiful and red is Kamala's mouth," answered Siddhartha
"সুন্দর এবং লাল কমলার মুখ," সিদ্ধার্থ উত্তর দিল
"but don't try to kiss it against Kamala's will"
"কিন্তু কমলার ইচ্ছার বিরুদ্ধে চুম্বনের চেষ্টা করবেন না"
"because you will not obtain a single drop of sweetness from it"
"কারণ আপনি এটি থেকে এক ফোঁটা মিষ্টিও পাবেন না"
"You are learning easily, Siddhartha"
"তুমি সহজে শিখছো, সিদ্ধার্থ"
"you should also learn this"
"আপনারও এটা শেখা উচিত"
"love can be obtained by begging, buying"
"ভালবাসা পাওয়া যায় ভিক্ষা করে, কেনার মাধ্যমে"
"you can receive it as a gift"
"আপনি এটি একটি উপহার হিসাবে গ্রহণ করতে পারেন"
"or you can find it in the street"
"অথবা আপনি এটি রাস্তায় খুঁজে পেতে পারেন"
"but love cannot be stolen"
"কিন্তু প্রেম চুরি করা যায় না"
"In this, you have come up with the wrong path"
"এতে, আপনি ভুল পথ নিয়ে এসেছেন"
"it would be a pity if you would want to tackle love in such a wrong manner"
"আপনি যদি এমন ভুল পদ্ধতিতে প্রেমের মোকাবিলা করতে চান তবে এটি দুঃখজনক হবে"
Siddhartha bowed with a smile
হাসিমুখে প্রণাম করলেন সিদ্ধার্থ
"It would be a pity, Kamala, you are so right"
"এটা দুঃখের হবে, কমলা, তুমি ঠিক বলেছ"

"It would be such a great pity"
"এটি এত বড় দুঃখের হবে"
"No, I shall not lose a single drop of sweetness from your mouth"
"না, আমি তোমার মুখ থেকে এক ফোঁটা মিষ্টি হারাবো না"
"nor shall you lose sweetness from my mouth"
"তুমিও আমার মুখ থেকে মিষ্টি হারাবে না"
"So it is agreed. Siddhartha will return"
"তাই রাজি। সিদ্ধার্থ ফিরবে"
"Siddhartha will return once he has what he still lacks"
"সিদ্ধার্থ ফিরে আসবে যখন তার এখনও যা অভাব আছে"
"he will come back with clothes, shoes, and money"
"সে জামাকাপড়, জুতা এবং টাকা নিয়ে ফিরে আসবে"
"But speak, lovely Kamala, couldn't you still give me one small advice?"
"কিন্তু কথা বলো, সুন্দরী কমলা, তুমি কি এখনো আমাকে একটা ছোট্ট উপদেশ দিতে পারোনি?"
"Give you an advice? Why not?"
"আপনাকে একটা উপদেশ দেবো না কেন?"
"Who wouldn't like to give advice to a poor, ignorant Samana?"
"একজন দরিদ্র, অজ্ঞ সামনাকে উপদেশ দিতে কে না পছন্দ করবে?"
"Dear Kamala, where I should go to find these three things most quickly?"
"প্রিয় কমলা, এই তিনটি জিনিস খুঁজে পেতে আমার কোথায় যাওয়া উচিত?"
"Friend, many would like to know this"
"বন্ধু, অনেকেই এটা জানতে চায়"
"You must do what you've learned and ask for money"

"আপনি যা শিখেছেন তা অবশ্যই করবেন এবং অর্থ চাইতে হবে"

"There is no other way for a poor man to obtain money"
"একজন গরীব মানুষের টাকা পাওয়ার অন্য কোন উপায় নেই"

"What might you be able to do?"
"আপনি কি করতে সক্ষম হতে পারে?"

"I can think. I can wait. I can fast" said Siddhartha
"আমি ভাবতে পারি। আমি অপেক্ষা করতে পারি। আমি রোজা রাখতে পারি" সিদ্ধার্থ বলল

"Nothing else?" asked Kamala
"আর কিছু না?" কমলা জিজ্ঞেস করল

"yes, I can also write poetry"
"হ্যাঁ, আমিও কবিতা লিখতে পারি"

"Would you like to give me a kiss for a poem?"
"আপনি কি আমাকে একটি কবিতার জন্য একটি চুম্বন দিতে চান?"

"I would like to, if I like your poem"
"আমি চাই, যদি আমি আপনার কবিতা পছন্দ করি"

"What would be its title?"
"এর শিরোনাম কি হবে?"

Siddhartha spoke, after he had thought about it for a moment
এক মুহূর্ত ভাবার পর সিদ্ধার্থ কথা বলল

"Into her shady garden stepped the pretty Kamala"
"তার ছায়াময় বাগানে সুন্দর কমলা পা দিল"

"At the garden's entrance stood the brown Samana"
"বাগানের প্রবেশপথে দাঁড়িয়ে ছিল বাদামী সামানা"

"Deeply, seeing the lotus's blossom, Bowed that man"
"গভীরভাবে, পদ্মফুল দেখে, সেই মানুষটিকে প্রণাম করলাম"

"and smiling, Kamala thanked him"

"আর হেসে কমলা তাকে ধন্যবাদ জানাল"

"More lovely, thought the young man, than offerings for gods"

"দেবতাদের জন্য নৈবেদ্যর চেয়ে যুবকটি আরও সুন্দর, ভেবেছিল"

Kamala clapped her hands so loud that the golden bracelets clanged

কমলা এত জোরে হাত তালি দিল যে সোনার কাঁকন ঝনঝন করে উঠল

"Beautiful are your verses, oh brown Samana"

"সুন্দর তোমার কবিতা, ওরে বাদামী সামানা"

"and truly, I'm losing nothing when I'm giving you a kiss for them"

"এবং সত্যিই, আমি যখন তাদের জন্য আপনাকে একটি চুম্বন দিচ্ছি তখন আমি কিছুই হারাচ্ছি না"

She beckoned him with her eyes

সে তার চোখ দিয়ে তাকে ইশারা করল

he tilted his head so that his face touched hers

সে তার মাথা কাত করল যাতে তার মুখ তাকে স্পর্শ করে

and he placed his mouth on her mouth

এবং তিনি তার মুখের উপর তার মুখ রাখা

the mouth which was like a freshly cracked fig

মুখ যা ছিল সদ্য ফাটা ডুমুরের মত

For a long time, Kamala kissed him

অনেকক্ষণ ধরে কমলা তাকে চুমু খেলেন

and with a deep astonishment Siddhartha felt how she taught him

এবং গভীর বিস্ময়ের সাথে সিদ্ধার্থ অনুভব করলো যে সে কিভাবে তাকে শিখিয়েছে

he felt how wise she was

সে অনুভব করল সে কতটা জ্ঞানী

he felt how she controlled him
সে অনুভব করলো কিভাবে সে তাকে নিয়ন্ত্রণ করেছে
he felt how she rejected him
সে অনুভব করলো কিভাবে সে তাকে প্রত্যাখ্যান করেছে
he felt how she lured him
সে অনুভব করলো কিভাবে সে তাকে প্রলুব্ধ করেছে
and he felt how there were to be more kisses
এবং তিনি আরো চুম্বন হতে হবে কিভাবে অনুভূত
every kiss was different from the others
প্রতিটি চুম্বন অন্যদের থেকে আলাদা ছিল
he was still, when he received the kisses
তিনি চুম্বন গ্রহণ করার সময়, তিনি এখনও ছিল
Breathing deeply, he remained standing where he was
গভীর নিঃশ্বাস নিয়ে তিনি যেখানে ছিলেন সেখানেই দাঁড়িয়ে রইলেন

he was astonished like a child about the things worth learning
শেখার যোগ্য জিনিস সম্পর্কে তিনি শিশুর মতো অবাক হয়েছিলেন

the knowledge revealed itself before his eyes
জ্ঞান তার চোখের সামনে নিজেকে প্রকাশ করেছে

"Very beautiful are your verses" exclaimed Kamala
"খুব সুন্দর তোমার পদগুলি" কমলা বলে উঠল

"if I were rich, I would give you pieces of gold for them"
"যদি আমি ধনী হতাম, আমি তাদের জন্য তোমাকে সোনার টুকরো দিতাম"

"But it will be difficult for you to earn enough money with verses"
"কিন্তু আয়াত দিয়ে পর্যাপ্ত অর্থ উপার্জন করা আপনার পক্ষে কঠিন হবে"

"because you need a lot of money, if you want to be Kamala's friend"

"কারণ তোমার অনেক টাকার দরকার, যদি তুমি কমলার বন্ধু হতে চাও"

"The way you're able to kiss, Kamala!" stammered Siddhartha

"যেভাবে তুমি চুম্বন করতে পারো, কমলা!" স্তব্ধ সিদ্ধার্থ

"Yes, this I am able to do"

"হ্যাঁ, এটা আমি করতে পারি"

"therefore I do not lack clothes, shoes, bracelets"

"তাই আমার কাপড়, জুতা, ব্রেসলেটের অভাব নেই"

"I have all the beautiful things"

"আমার কাছে সব সুন্দর জিনিস আছে"

"But what will become of you?"

"কিন্তু তোমার কি হবে?"

"Aren't you able to do anything else?"

"তুমি কি আর কিছু করতে পারো না?"

"can you do more than think, fast, and make poetry?"

"আপনি কি চিন্তা, দ্রুত এবং কবিতা করার চেয়ে বেশি কিছু করতে পারেন?"

"I also know the sacrificial songs" said Siddhartha

সিদ্ধার্থ বলেন, 'আমি বলির গানও জানি

"but I do not want to sing those songs anymore"

"কিন্তু আমি সেই গানগুলো আর গাইতে চাই না"

"I also know how to make magic spells"

"আমি জাদু মন্ত্র কিভাবে করতে জানি"

"but I do not want to speak them anymore"

"কিন্তু আমি তাদের আর কথা বলতে চাই না"

"I have read the scriptures"

"আমি ধর্মগ্রন্থ পড়েছি"

"Stop!" Kamala interrupted him

"থাম!" কমলা তাকে বাধা দেয়

"You're able to read and write?"

"আপনি পড়তে এবং লিখতে সক্ষম?"

"Certainly, I can do this, many people can"
"অবশ্যই, আমি এটা করতে পারি, অনেকেই পারে"
"Most people can't," Kamala replied
"অধিকাংশ মানুষ পারে না," কমলা উত্তর দিল
"I am also one of those who can't do it"
"আমিও তাদের একজন যারা এটা করতে পারে না"
"It is very good that you're able to read and write"
"এটা খুব ভালো যে তুমি পড়তে ও লিখতে পারো"
"you will also find use for the magic spells"
"আপনি জাদু মন্ত্রের জন্যও ব্যবহার পাবেন"
In this moment, a maid came running in
এই মুহূর্তে একজন দাসী ছুটে এলো
she whispered a message into her mistress's ear
সে তার উপপত্নীর কানে একটি বার্তা ফিসফিস করে বলল
"There's a visitor for me" exclaimed Kamala
"আমার জন্য একজন দর্শনার্থী আছে" কমলা চিৎকার করে বলল
"Hurry and get yourself away, Siddhartha"
"তাড়াতাড়ি করে সরে যাও, সিদ্ধার্থ"
"nobody may see you in here, remember this!"
"এখানে কেউ আপনাকে দেখতে পাবে না, এটা মনে রাখবেন!"
"Tomorrow, I'll see you again"
"কাল আবার দেখা হবে"
Kamala ordered her maid to give Siddhartha white garments
কমলা তার দাসীকে নির্দেশ দিলেন সিদ্ধার্থকে সাদা পোশাক দিতে
and then Siddhartha found himself being dragged away by the maid
এবং তারপর সিদ্ধার্থ নিজেকে দাসী দ্বারা টেনে নিয়ে যাওয়া দেখতে পান
he was brought into a garden-house out of sight of any paths

কোনো পথ না দেখে তাকে একটি বাগানবাড়িতে নিয়ে আসা হয়

then he was led into the bushes of the garden
তারপর তাকে বাগানের ঝোপের মধ্যে নিয়ে যাওয়া হল

he was urged to get himself out of the garden as soon as possible
তাকে যত তাড়াতাড়ি সম্ভব বাগান থেকে বেরিয়ে আসতে বলা হয়েছিল

and he was told he must not be seen
এবং তাকে বলা হয়েছিল তাকে দেখা যাবে না

he did as he had been told
তাকে যা বলা হয়েছিল সেভাবেই সে করেছে।

he was accustomed to the forest
সে বনে অভ্যস্ত ছিল

so he managed to get out without making a sound
তাই সে কোনো শব্দ না করেই বেরিয়ে যেতে সক্ষম হয়

he returned to the city carrying the rolled up garments under his arm
তিনি তার হাতের নিচে গুটানো পোশাক নিয়ে শহরে ফিরে আসেন

At the inn, where travellers stay, he positioned himself by the door
সরাইখানায়, যেখানে যাত্রীরা থাকেন, তিনি নিজেকে দরজার কাছে রেখেছিলেন

without words he asked for food
কথা না বলেই সে খাবার চাইল

without a word he accepted a piece of rice-cake
কোনো কথা না বলেই সে এক টুকরো রাইস কেক গ্রহণ করল

he thought about how he had always begged
সে চিন্তা করলো কিভাবে সে সবসময় ভিক্ষা করতো

"Perhaps as soon as tomorrow I will ask no one for food anymore"

"হয়তো কাল যত তাড়াতাড়ি আমি আর কারো কাছে খাবার চাইব না"

Suddenly, pride flared up in him

হঠাৎ তার মধ্যে অহংকার জেগে উঠল

He was no Samana any more

সে আর সামানা ছিল না

it was no longer appropriate for him to beg for food

খাবারের জন্য ভিক্ষা করা তার পক্ষে আর উপযুক্ত ছিল না

he gave the rice-cake to a dog

তিনি একটি কুকুরকে ভাতের পিঠা দিলেন

and that night he remained without food

আর সেই রাতে তিনি না খেয়ে রইলেন

Siddhartha thought to himself about the city

সিদ্ধার্থ মনে মনে ভাবল শহরের কথা

"Simple is the life which people lead in this world"

"সরল জীবন যা মানুষ এই পৃথিবীতে পরিচালনা করে"

"this life presents no difficulties"

"এই জীবন কোন অসুবিধা উপস্থাপন করে না"

"Everything was difficult and toilsome when I was a Samana"

"আমি যখন সামানা ছিলাম তখন সবকিছুই কঠিন এবং পরিশ্রমী ছিল"

"as a Samana everything was hopeless"

"সামানা হিসাবে সবকিছু আশাহীন ছিল"

"but now everything is easy"

"কিন্তু এখন সবকিছু সহজ"

"it is easy like the lesson in kissing from Kamala"

"কমলার কাছ থেকে চুম্বনের শিক্ষার মতো এটি সহজ"

"I need clothes and money, nothing else"

"আমার কাপড় আর টাকা লাগবে, আর কিছু নয়"
"these goals are small and achievable"
"এই লক্ষ্যগুলি ছোট এবং অর্জনযোগ্য"
"such goals won't make a person lose any sleep"
"এই ধরনের লক্ষ্যগুলি একজন ব্যক্তির ঘুম হারাবে না"

the next day he returned to Kamala's house
পরের দিন তিনি কমলার বাড়িতে ফিরে আসেন
"Things are working out well" she called out to him
"জিনিস ভাল কাজ করছে" তিনি তাকে ডাকলেন
"They are expecting you at Kamaswami's"
"তারা কামাস্বামীর কাছে আপনার জন্য অপেক্ষা করছে"
"he is the richest merchant of the city"
"তিনি শহরের সবচেয়ে ধনী ব্যবসায়ী"
"If he likes you, he'll accept you into his service"
"যদি তিনি আপনাকে পছন্দ করেন তবে তিনি আপনাকে তার সেবায় গ্রহণ করবেন"
"but you must be smart, brown Samana"
"কিন্তু তোমাকে অবশ্যই স্মার্ট হতে হবে, বাদামী সামানা"
"I had others tell him about you"
"আমি অন্যরা তাকে আপনার সম্পর্কে বলতে চেয়েছিলাম"
"Be polite towards him, he is very powerful"
"তার প্রতি নম্র আচরণ করুন, তিনি অত্যন্ত শক্তিশালী"
"But I warn you, don't be too modest!"
"কিন্তু আমি আপনাকে সতর্ক করছি, খুব বিনয়ী হবেন না!"
"I do not want you to become his servant"
"আমি চাই না তুমি তার দাস হও"
"you shall become his equal"
"তুমি তার সমান হবে"
"or else I won't be satisfied with you"
"না হলে আমি তোমার প্রতি সন্তুষ্ট হব না"

"Kamaswami is starting to get old and lazy"
"কামস্বামী বৃদ্ধ এবং অলস হতে শুরু করেছেন"
"If he likes you, he'll entrust you with a lot"
"যদি সে আপনাকে পছন্দ করে তবে সে আপনাকে অনেক কিছু দেবে"
Siddhartha thanked her and laughed
সিদ্ধার্থ তাকে ধন্যবাদ দিয়ে হেসে উঠল
she found out that he had not eaten
সে জানতে পেরেছিল যে সে খায়নি
so she sent him bread and fruits
তাই সে তাকে রুটি ও ফল পাঠাল।
"You've been lucky" she said when they parted
"আপনি ভাগ্যবান" তারা বিচ্ছেদের সময় তিনি বলেছিলেন
"I'm opening one door after another for you"
"আমি তোমার জন্য একের পর এক দরজা খুলছি"
"How come? Do you have a spell?"
"কেমন এলো? তোমার কি মন্ত্র আছে?"
"I told you I knew how to think, to wait, and to fast"
"আমি তোমাকে বলেছিলাম আমি কীভাবে চিন্তা করতে, অপেক্ষা করতে এবং উপবাস করতে জানি"
"but you thought this was of no use"
"কিন্তু তুমি ভেবেছিলে এটা কোন কাজে আসেনি"
"But it is useful for many things"
"তবে এটি অনেক কিছুর জন্য দরকারী"
"Kamala, you'll see that the stupid Samanas are good at learning"
"কমলা, তুমি দেখবে বোকা সমনারা শিখতে ভালো"
"you'll see they are able to do many pretty things in the forest"
"আপনি দেখতে পাবেন তারা বনে অনেক সুন্দর জিনিস করতে সক্ষম"
"things which the likes of you aren't capable of"

"যে জিনিসগুলি আপনার পছন্দ করে তা করতে সক্ষম নয়"

"The day before yesterday, I was still a shaggy beggar"

"গতকাল আগের দিন, আমি এখনও একটি এলোমেলো ভিক্ষুক ছিলাম"

"as recently as yesterday I have kissed Kamala"

"গতকাল যেমন আমি কমলাকে চুমু খেয়েছি"

"and soon I'll be a merchant and have money"

"এবং শীঘ্রই আমি একজন বণিক হব এবং টাকা পাব"

"and I'll have all those things you insist upon"

"এবং আমার কাছে সেই সমস্ত জিনিস থাকবে যা আপনি জোর দিয়েছিলেন"

"Well yes," she admitted, "but where would you be without me?"

"আচ্ছা হ্যাঁ," সে স্বীকার করল, "কিন্তু আমাকে ছাড়া তুমি কোথায় থাকবে?"

"What would you be, if Kamala wasn't helping you?"

"কমলা তোমাকে সাহায্য না করলে তুমি কি হবে?"

"Dear Kamala" said Siddhartha

"প্রিয় কমলা" বলল সিদ্ধার্থ

and he straightened up to his full height

এবং সে তার পুরো উচ্চতা পর্যন্ত সোজা হয়ে গেল

"when I came to you into your garden, I did the first step"

"যখন আমি তোমার বাগানে তোমার কাছে এসেছি, আমি প্রথম পদক্ষেপটি করেছি"

"It was my resolution to learn love from this most beautiful woman"

"এই সবচেয়ে সুন্দরী মহিলার কাছ থেকে ভালবাসা শিখতে আমার সিদ্ধান্ত ছিল"

"that moment I had made this resolution"

"সেই মুহূর্তে আমি এই সিদ্ধান্ত নিয়েছিলাম"

"and I knew I would carry it out"

"এবং আমি জানতাম যে আমি এটি বহন করব"
"I knew that you would help me"
"আমি জানতাম তুমি আমাকে সাহায্য করবে"
"at your first glance at the entrance of the garden I already knew it"
"বাগানের প্রবেশদ্বারে আপনার প্রথম নজরে আমি এটি ইতিমধ্যেই জানতাম"
"But what if I hadn't been willing?" asked Kamala
"কিন্তু আমি যদি রাজি না হতাম?" কমলা জিজ্ঞেস করল
"You were willing" replied Siddhartha
"তুমি রাজি ছিলে" উত্তর দিল সিদ্ধার্থ
"When you throw a rock into water, it takes the fastest course to the bottom"
"যখন আপনি একটি পাথর জলে নিক্ষেপ করেন, এটি সবচেয়ে দ্রুত গতিপথটি নীচে নিয়ে যায়"
"This is how it is when Siddhartha has a goal"
"সিদ্ধার্থের লক্ষ্য থাকলে এমনই হয়"
"Siddhartha does nothing; he waits, he thinks, he fasts"
"সিদ্ধার্থ কিছুই করেন না; তিনি অপেক্ষা করেন, তিনি মনে করেন, তিনি উপবাস করেন"
"but he passes through the things of the world like a rock through water"
"কিন্তু তিনি জলের মধ্য দিয়ে পাথরের মত পৃথিবীর জিনিসের মধ্য দিয়ে যান"
"he passed through the water without doing anything"
"তিনি কিছু না করেই জলের মধ্য দিয়ে চলে গেলেন"
"he is drawn to the bottom of the water"
"তিনি জলের তলদেশে টানা হয়"
"he lets himself fall to the bottom of the water"
"সে নিজেকে জলের তলদেশে পড়তে দেয়"
"His goal attracts him towards it"
"তার লক্ষ্য তাকে এর দিকে আকৃষ্ট করে"

"he doesn't let anything enter his soul which might oppose the goal"
"তিনি তার আত্মায় এমন কিছু প্রবেশ করতে দেন না যা লক্ষ্যের বিরোধিতা করতে পারে"
"This is what Siddhartha has learned among the Samanas"
"সামানদের মধ্যে সিদ্ধার্থ এটাই শিখেছে"
"This is what fools call magic"
"এটাকে বোকারা জাদু বলে"
"they think it is done by daemons"
"তারা মনে করে এটি ডেমন দ্বারা করা হয়েছে"
"but nothing is done by daemons"
"কিন্তু ডেমন দ্বারা কিছুই করা হয় না"
"there are no daemons in this world"
"এই পৃথিবীতে কোন ডেমন নেই"
"Everyone can perform magic, should they choose to"
"প্রত্যেকে জাদু করতে পারে, তারা যদি বেছে নেয়"
"everyone can reach his goals if he is able to think"
"প্রত্যেকে তার লক্ষ্যে পৌঁছাতে পারে যদি সে চিন্তা করতে সক্ষম হয়"
"everyone can reach his goals if he is able to wait"
"প্রত্যেকে তার লক্ষ্যে পৌঁছাতে পারে যদি সে অপেক্ষা করতে পারে"
"everyone can reach his goals if he is able to fast"
"প্রত্যেকে তার লক্ষ্যে পৌঁছাতে পারে যদি সে রোজা রাখতে সক্ষম হয়"
Kamala listened to him; she loved his voice
কমলা তাহার কথা শুনিল; সে তার ভয়েস ভালবাসত
she loved the look from his eyes
সে তার চোখ থেকে চেহারা ভালবাসত
"Perhaps it is as you say, friend"
"সম্ভবত আপনি যেমন বলছেন, বন্ধু"
"But perhaps there is another explanation"

"কিন্তু সম্ভবত অন্য ব্যাখ্যা আছে"
"Siddhartha is a handsome man"
"সিদ্ধার্থ একজন সুদর্শন মানুষ"
"his glance pleases the women"
"তার দৃষ্টি মহিলাদের খুশি করে"
"good fortune comes towards him because of this"
"এর কারণে সৌভাগ্য তার দিকে আসে"
With one kiss, Siddhartha bid his farewell
এক চুম্বনে সিদ্ধার্থ বিদায় নিলেন
"I wish that it should be this way, my teacher"
"আমি চাই যে এটি এভাবেই হোক, আমার শিক্ষক"
"I wish that my glance shall please you"
"আমি চাই যে আমার দৃষ্টি আপনাকে খুশি করবে"
"I wish that that you always bring me good fortune"
"আমি কামনা করি যে আপনি সর্বদা আমার সৌভাগ্য নিয়ে আসবেন"

With the Childlike People
শিশুসুলভ মানুষের সাথে

Siddhartha went to Kamaswami the merchant
সিদ্ধার্থ বণিক কামস্বামীর কাছে গেলেন
he was directed into a rich house
তাকে একটি ধনী বাড়িতে পরিচালিত করা হয়েছিল
servants led him between precious carpets into a chamber
চাকররা তাকে মূল্যবান কার্পেটের মাঝখানে একটি চেম্বারে নিয়ে গেল
in the chamber was where he awaited the master of the house
চেম্বারে যেখানে তিনি বাড়ির মালিকের জন্য অপেক্ষা করেছিলেন
Kamaswami entered swiftly into the room
কামস্বামী দ্রুত ঘরে প্রবেশ করলেন
he was a smoothly moving man
তিনি একটি মসৃণ চলন্ত মানুষ ছিল
he had very gray hair and very intelligent, cautious eyes
তার খুব ধূসর চুল এবং খুব বুদ্ধিমান, সতর্ক চোখ ছিল
and he had a greedy mouth
এবং তিনি একটি লোভী মুখ ছিল
Politely, the host and the guest greeted one another
ভদ্রভাবে, হোস্ট এবং অতিথি একে অপরকে শুভেচ্ছা জানালেন
"I have been told that you were a Brahman" the merchant began
"আমাকে বলা হয়েছে আপনি ব্রাহ্মণ" বণিক শুরু করলেন
"I have been told that you are a learned man"
"আমাকে বলা হয়েছে আপনি একজন পণ্ডিত মানুষ"
"and I have also been told something else"
"এবং আমাকে আরও কিছু বলা হয়েছে"

"you seek to be in the service of a merchant"
"আপনি একজন বণিকের সেবায় থাকতে চান"
"Might you have become destitute, Brahman, so that you seek to serve?"
"তুমি কি নিঃস্ব হয়ে গেছ, ব্রাহ্মণ, যাতে তুমি সেবা করতে চাও?"
"No," said Siddhartha, "I have not become destitute"
"না," সিদ্ধার্থ বলল, "আমি নিঃস্ব হইনি"
"nor have I ever been destitute" added Siddhartha
"আমি কখনও নিঃস্ব ছিলাম না" যোগ করেছেন সিদ্ধার্থ
"You should know that I'm coming from the Samanas"
"তোমার জানা উচিত আমি সামনা থেকে আসছি"
"I have lived with them for a long time"
"আমি দীর্ঘদিন ধরে তাদের সাথে বসবাস করেছি"
"you are coming from the Samanas"
"আপনি সমানাস থেকে আসছেন"
"how could you be anything but destitute?"
"কিভাবে তুমি নিঃস্ব ছাড়া কিছু হতে পারো?"
"Aren't the Samanas entirely without possessions?"
"সামানগুলো কি সম্পুর্ন মাল ছাড়া নয়?"
"I am without possessions, if that is what you mean" said Siddhartha
সিদ্ধার্থ বলল, "আমি মাল ছাড়াই আছি, যদি তুমি এটাই বলতে চাও।"
"But I am without possessions voluntarily"
"কিন্তু আমি স্বেচ্ছায় সম্পদহীন"
"and therefore I am not destitute"
"এবং তাই আমি নিঃস্ব নই"
"But what are you planning to live from, being without possessions?"
"কিন্তু আপনি কি থেকে বাঁচার পরিকল্পনা করছেন, সম্পত্তি ছাড়া?"

"I haven't thought of this yet, sir"
"এটা নিয়ে এখনো ভাবিনি, স্যার"

"For more than three years, I have been without possessions"
"তিন বছরেরও বেশি সময় ধরে, আমি সম্পত্তি ছাড়াই ছিলাম"

"and I have never thought about of what I should live"
"এবং আমি কখনই ভাবিনি যে আমার কী বেঁচে থাকা উচিত"

"So you've lived of the possessions of others"
"সুতরাং আপনি অন্যের সম্পত্তিতে বেঁচে আছেন"

"Presumable, this is how it is?"
"অনুমানযোগ্য, এভাবেই হয়?"

"Well, merchants also live of what other people own"
"আচ্ছা, বণিকরাও অন্য লোকেদের মালিকানায় বেঁচে থাকে"

"Well said," granted the merchant
"ভাল বলেছেন," বণিক মঞ্জুর

"But he wouldn't take anything from another person for nothing"
"কিন্তু তিনি অন্য ব্যক্তির কাছ থেকে বিনা বিনিময়ে কিছু নেবেন না"

"he would give his merchandise in return" said Kamaswami
"তিনি বিনিময়ে তার পণ্যদ্রব্য দেবেন" কামাস্বামী বললেন

"So it seems to be indeed"
"তাই এটা সত্যিই মনে হচ্ছে"

"Everyone takes, everyone gives, such is life"
"সবাই নেয়, সবাই দেয়, এটাই জীবন"

"But if you don't mind me asking, I have a question"
"কিন্তু আপনি যদি আমাকে জিজ্ঞাসা করতে আপত্তি না করেন তবে আমার একটি প্রশ্ন আছে"

"being without possessions, what would you like to give?"
"সম্পত্তি ছাড়া, আপনি কি দিতে চান?"

"Everyone gives what he has"

"সবাই তার যা আছে তাই দেয়"
"The warrior gives strength"
"যোদ্ধা শক্তি দেয়"
"the merchant gives merchandise"
"বণিক পণ্য দেয়"
"the teacher gives teachings"
"শিক্ষক শিক্ষা দেন"
"the farmer gives rice"
"কৃষক ধান দেয়"
"the fisher gives fish"
"জেলে মাছ দেয়"
"Yes indeed. And what is it that you've got to give?"
"হ্যাঁ সত্যিই। আর কি দিতে হবে?"
"What is it that you've learned?"
"আপনি কি শিখেছেন?"
"what you're able to do?"
"তুমি কি করতে পারো?"
"I can think. I can wait. I can fast"
"আমি ভাবতে পারি। আমি অপেক্ষা করতে পারি। আমি রোজা রাখতে পারি"
"That's everything?" asked Kamaswami
"এটাই সব?" কামাস্বামীকে জিজ্ঞেস করলেন
"I believe that is everything there is!"
"আমি বিশ্বাস করি যে সেখানে সবকিছু আছে!"
"And what's the use of that?"
"এবং এর কি লাভ?"
"For example; fasting. What is it good for?"
"যেমন; উপবাস। এটা কিসের জন্য ভালো?"
"It is very good, sir"
"খুব ভালো, স্যার"
"there are times a person has nothing to eat"

"এমন সময় আছে যে একজন ব্যক্তির খাওয়ার কিছুই থাকে না"
"then fasting is the smartest thing he can do"
"তাহলে রোজা হল সবচেয়ে বুদ্ধিমান কাজ যা সে করতে পারে"
"there was a time where Siddhartha hadn't learned to fast"
"একটা সময় ছিল যখন সিদ্ধার্থ উপবাস করতে শিখেনি"
"in this time he had to accept any kind of service"
"এই সময়ে তাকে যেকোনো ধরনের সেবা গ্রহণ করতে হবে"
"because hunger would force him to accept the service"
"কারণ ক্ষুধা তাকে সেবা গ্রহণ করতে বাধ্য করবে"
"But like this, Siddhartha can wait calmly"
"তবে এইভাবে, সিদ্ধার্থ শান্তভাবে অপেক্ষা করতে পারে"
"he knows no impatience, he knows no emergency"
"তিনি কোন অধৈর্যতা জানেন না, তিনি কোন জরুরি অবস্থা জানেন না"
"for a long time he can allow hunger to besiege him"
"দীর্ঘ সময়ের জন্য সে ক্ষুধা তাকে ঘেরাও করতে পারে"
"and he can laugh about the hunger"
"এবং সে ক্ষুধা নিয়ে হাসতে পারে"
"This, sir, is what fasting is good for"
"স্যার, রোজা রাখা ভালো"
"You're right, Samana" acknowledged Kamaswami
"তুমি ঠিক বলেছ, সামানা" কামাস্বামী স্বীকার করলেন
"Wait for a moment" he asked of his guest
"এক মুহূর্ত অপেক্ষা করুন" তিনি তার অতিথিকে জিজ্ঞাসা করলেন
Kamaswami left the room and returned with a scroll
কামস্বামী ঘর থেকে বের হয়ে স্ক্রোল নিয়ে ফিরে এলেন
he handed Siddhartha the scroll and asked him to read it
তিনি সিদ্ধার্থকে স্ক্রোলটি ধরিয়ে দিয়ে তাকে পড়তে বললেন

Siddhartha looked at the scroll handed to him
সিদ্ধার্থ তার হাতে দেওয়া স্ক্রোলটির দিকে তাকাল
on the scroll a sales-contract had been written
স্ক্রলে একটি বিক্রয় চুক্তি লেখা ছিল
he began to read out the scroll's contents
তিনি স্ক্রোলটির বিষয়বস্তু পড়তে শুরু করলেন
Kamaswami was very pleased with Siddhartha
কামস্বামী সিদ্ধার্থের উপর খুব খুশি হলেন
"would you write something for me on this piece of paper?"
"তুমি কি এই কাগজে আমার জন্য কিছু লিখবে?"
He handed him a piece of paper and a pen
তাকে এক টুকরো কাগজ আর কলম ধরিয়ে দিল
Siddhartha wrote, and returned the paper
সিদ্ধার্থ লিখে, কাগজটা ফেরত দিল
Kamaswami read, "Writing is good, thinking is better"
কমস্বামী পড়েছিলেন, "লেখা ভাল, চিন্তা করা ভাল"
"Being smart is good, being patient is better"
"স্মার্ট হওয়া ভাল, ধৈর্যশীল হওয়া ভাল"
"It is excellent how you're able to write" the merchant praised him
"আপনি যেভাবে লিখতে পারেন তা চমৎকার" বণিক তার প্রশংসা করলেন
"Many a thing we will still have to discuss with one another"
"অনেক কিছু আমাদের একে অপরের সাথে আলোচনা করতে হবে"
"For today, I'm asking you to be my guest"
"আজকের জন্য, আমি আপনাকে আমার অতিথি হতে বলছি"
"please come to live in this house"
"দয়া করে এই বাড়িতে থাকতে আসুন"
Siddhartha thanked Kamaswami and accepted his offer

সিদ্ধার্থ কামাস্বামীকে ধন্যবাদ জানান এবং তার প্রস্তাব গ্রহণ করেন

he lived in the dealer's house from now on
সে এখন থেকে ডিলারের বাড়িতে থাকত
Clothes were brought to him, and shoes
তার জন্য জামাকাপড় এবং জুতা আনা হয়েছিল
and every day, a servant prepared a bath for him
এবং প্রতিদিন একজন চাকর তার জন্য গোসলের ব্যবস্থা করত

Twice a day, a plentiful meal was served
দিনে দুবার, প্রচুর পরিমাণে খাবার পরিবেশন করা হয়েছিল
but Siddhartha only ate once a day
কিন্তু সিদ্ধার্থ দিনে মাত্র একবার খেতেন
and he ate neither meat, nor did he drink wine
তিনি মাংস খাননি, দ্রাক্ষারস পান করেননি।
Kamaswami told him about his trade
কামস্বামী তাকে তার ব্যবসার কথা বললেন
he showed him the merchandise and storage-rooms
তিনি তাকে পণ্যদ্রব্য এবং স্টোরেজ-রুম দেখালেন
he showed him how the calculations were done
তিনি তাকে দেখালেন কিভাবে গণনা করা হয়
Siddhartha got to know many new things
সিদ্ধার্থ অনেক নতুন জিনিস জানতে পেরেছে
he heard a lot and spoke little
তিনি অনেক শুনেছেন এবং কম কথা বলেছেন
but he did not forget Kamala's words
কিন্তু কমলার কথা সে ভোলেনি
so he was never subservient to the merchant
তাই তিনি কখনই বণিকের অধীন ছিলেন না
he forced him to treat him as an equal
তিনি তাকে সমান হিসাবে আচরণ করতে বাধ্য করেন

perhaps he forced him to treat him as even more than an equal

সম্ভবত তিনি তাকে সমানের চেয়েও বেশি আচরণ করতে বাধ্য করেছিলেন

Kamaswami conducted his business with care

কামাস্বামী যত্ন সহকারে তার ব্যবসা পরিচালনা করতেন

and he was very passionate about his business

এবং তিনি তার ব্যবসা সম্পর্কে খুব উত্সাহী ছিল

but Siddhartha looked upon all of this as if it was a game

কিন্তু সিদ্ধার্থ এসবের দিকে এমনভাবে তাকিয়ে ছিল যেন এটা একটা খেলা

he tried hard to learn the rules of the game precisely

তিনি খেলার নিয়মগুলি সঠিকভাবে শেখার জন্য কঠোর চেষ্টা করেছিলেন

but the contents of the game did not touch his heart

কিন্তু খেলার বিষয়বস্তু তার হৃদয় স্পর্শ করেনি

He had not been in Kamaswami's house for long

সে অনেকদিন কমস্বামীর বাড়িতে ছিল না

but soon he took part in his landlord's business

কিন্তু শীঘ্রই তিনি তার জমিদারের ব্যবসায় অংশ নেন

every day he visited beautiful Kamala

প্রতিদিন তিনি সুন্দরী কমলাকে দেখতে যেতেন

Kamala had an hour appointed for their meetings

তাদের বৈঠকের জন্য কমলার এক ঘন্টা সময় ছিল

she was wearing pretty clothes and fine shoes

তিনি সুন্দর জামাকাপড় এবং সূক্ষ্ম জুতা পরা ছিল

and soon he brought her gifts as well

এবং শীঘ্রই তিনি তার উপহারও নিয়ে আসেন

Much he learned from her red, smart mouth

সে তার লাল, স্মার্ট মুখ থেকে অনেক কিছু শিখেছে

Much he learned from her tender, supple hand

তিনি তার কোমল, নমনীয় হাত থেকে অনেক কিছু শিখেছেন

regarding love, Siddhartha was still a boy
প্রেম সম্পর্কে, সিদ্ধার্থ তখনও বালক ছিলেন
and he had a tendency to plunge into love blindly
এবং তার অন্ধভাবে প্রেমে ডুবে যাওয়ার প্রবণতা ছিল
he fell into lust like into a bottomless pit
সে অতল গর্তে পড়ে গেল
she taught him thoroughly, starting with the basics
তিনি তাকে পুঙ্খানুপুঙ্খভাবে শিখিয়েছেন, প্রাথমিক বিষয়গুলি থেকে শুরু করে
pleasure cannot be taken without giving pleasure
আনন্দ না দিয়ে আনন্দ নেওয়া যায় না
every gesture, every caress, every touch, every look
প্রতিটি অঙ্গভঙ্গি, প্রতিটি স্নেহ, প্রতিটি স্পর্শ, প্রতিটি চেহারা
every spot of the body, however small it was, had its secret
শরীরের প্রতিটি দাগ, তা যতই ছোট হোক না কেন, তার গোপনীয়তা ছিল
the secrets would bring happiness to those who know them
গোপনীয়তা তাদের যারা জানে তাদের জন্য আনন্দ আনবে
lovers must not part from one another after celebrating love
প্রেমিকদের ভালবাসা উদযাপন করার পরে একে অপরের থেকে বিচ্ছেদ করা উচিত নয়
they must not part without one admiring the other
একজন অন্যের প্রশংসা না করে তাদের আলাদা হওয়া উচিত নয়
they must be as defeated as they have been victorious
তারা অবশ্যই পরাজিত হবে যেমন তারা বিজয়ী হয়েছে
neither lover should start feeling fed up or bored
কোন প্রেমিক বিরক্ত বা বিরক্ত বোধ করা উচিত নয়
they should not get the evil feeling of having been abusive
তাদের অপব্যবহার করার মন্দ অনুভূতি পাওয়া উচিত নয়

and they should not feel like they have been abused
এবং তাদের মনে করা উচিত নয় যে তারা নির্যাতিত হয়েছে

Wonderful hours he spent with the beautiful and smart artist
সুন্দর এবং স্মার্ট শিল্পীর সাথে তিনি বিস্ময়কর ঘন্টা কাটিয়েছেন

he became her student, her lover, her friend
সে তার ছাত্র, তার প্রেমিক, তার বন্ধু হয়ে ওঠে

Here with Kamala was the worth and purpose of his present life
এখানে কমলার সাথেই ছিল তার বর্তমান জীবনের সার্থকতা ও উদ্দেশ্য

his purpose was not with the business of Kamaswami
তার উদ্দেশ্য কামস্বামীর ব্যবসা ছিল না

Siddhartha received important letters and contracts
সিদ্ধার্থ গুরুত্বপূর্ণ চিঠি ও চুক্তিপত্র পেয়েছিলেন

Kamaswami began discussing all important affairs with him
কামাস্বামী তাঁর সাথে সমস্ত গুরুত্বপূর্ণ বিষয়ে আলোচনা করতে লাগলেন

He soon saw that Siddhartha knew little about rice and wool
তিনি শীঘ্রই দেখতে পান যে সিদ্ধার্থ ভাত এবং পশম সম্পর্কে খুব কমই জানেন

but he saw that he acted in a fortunate manner
কিন্তু তিনি দেখেছেন যে তিনি একটি সৌভাগ্যজনক পদ্ধতিতে অভিনয় করেছেন

and Siddhartha surpassed him in calmness and equanimity
এবং সিদ্ধার্থ তাকে শান্ত এবং নিরপেক্ষতায় ছাড়িয়ে গেছে

he surpassed him in the art of understanding previously unknown people

আগে অচেনা মানুষ বোঝার শিল্পে তিনি তাকে ছাড়িয়ে গেছেন

Kamaswami spoke about Siddhartha to a friend
কামাস্বামী এক বন্ধুর কাছে সিদ্ধার্থের কথা বলেছিলেন
"This Brahman is no proper merchant"
"এই ব্রাহ্মণ কোন উপযুক্ত বণিক নয়"
"he will never be a merchant"
"সে কখনই ব্যবসায়ী হবে না"
"for business there is never any passion in his soul"
"ব্যবসার জন্য তার আত্মায় কোন আবেগ নেই"
"But he has a mysterious quality about him"
"কিন্তু তার সম্পর্কে একটি রহস্যময় গুণ আছে"
"this quality brings success about all by itself"
"এই গুণটি নিজেই সাফল্য নিয়ে আসে"
"it could be from a good Star of his birth"
"এটি তার জন্মের একটি ভাল তারকা থেকে হতে পারে"
"or it could be something he has learned among Samanas"
"অথবা এটি এমন কিছু হতে পারে যা তিনি সমানাসের মধ্যে শিখেছেন"
"He always seems to be merely playing with our business-affairs"
"তিনি সবসময় আমাদের ব্যবসা-বাণিজ্য নিয়ে খেলছেন বলে মনে হয়"
"his business never fully becomes a part of him"
"তার ব্যবসা কখনই তার অংশ হয়ে ওঠে না"
"his business never rules over him"
"তার ব্যবসা কখনই তার উপর শাসন করে না"
"he is never afraid of failure"
"সে কখনই ব্যর্থতাকে ভয় পায় না"
"he is never upset by a loss"
"তিনি কখনও ক্ষতির জন্য বিচলিত হন না"
The friend advised the merchant

বন্ধুটি বণিককে পরামর্শ দিল

"Give him a third of the profits he makes for you"
"তিনি আপনার জন্য যে লাভ করেন তার এক তৃতীয়াংশ তাকে দিন"

"but let him also be liable when there are losses"
"তবে লোকসান হলে তাকেও দায়বদ্ধ হতে দিন"

"Then, he'll become more zealous"
"তাহলে, সে আরও উদ্যোগী হয়ে উঠবে"

Kamaswami was curious, and followed the advice
কামাস্বামী কৌতূহলী ছিলেন, এবং পরামর্শ অনুসরণ করেছিলেন

But Siddhartha cared little about loses or profits
কিন্তু সিদ্ধার্থ লোকসান বা লাভের ব্যাপারে খুব একটা চিন্তা করতেন না

When he made a profit, he accepted it with equanimity
যখন তিনি লাভ করেছিলেন, তিনি তা নিরপেক্ষভাবে গ্রহণ করেছিলেন

when he made losses, he laughed it off
যখন সে লোকসান করেছিল, তখন সে তা হেসেছিল

It seemed indeed, as if he did not care about the business
সত্যিই মনে হচ্ছিল, যেন সে ব্যবসার দিকে খেয়াল রাখে না

At one time, he travelled to a village
এক সময় তিনি গ্রামে বেড়াতে যান

he went there to buy a large harvest of rice
তিনি সেখানে গিয়েছিলেন প্রচুর ধান কিনতে

But when he got there, the rice had already been sold
কিন্তু সেখানে গিয়ে দেখা যায়, চাল বিক্রি হয়ে গেছে

another merchant had gotten to the village before him
তার আগে আরেকজন বণিক গ্রামে পৌঁছেছিল

Nevertheless, Siddhartha stayed for several days in that village

তা সত্বেও সিদ্ধার্থ ওই গ্রামেই বেশ কয়েকদিন অবস্থান করেন

he treated the farmers for a drink

তিনি পানের জন্য কৃষকদের চিকিত্সা করেছিলেন

he gave copper-coins to their children

তিনি তাদের সন্তানদের তামার মুদ্রা দিলেন

he joined in the celebration of a wedding

তিনি একটি বিবাহ উদযাপন যোগদান

and he returned extremely satisfied from his trip

এবং তিনি তার ভ্রমণ থেকে অত্যন্ত সন্তুষ্ট ফিরে আসেন

Kamaswami was angry that Siddhartha had wasted time and money

সিদ্ধার্থ সময় ও অর্থ নষ্ট করেছেন বলে কামস্বামী ক্ষুব্ধ হন

Siddhartha answered "Stop scolding, dear friend!"

সিদ্ধার্থ উত্তর দিল "বলা বন্ধ করো, প্রিয় বন্ধু!"

"Nothing was ever achieved by scolding"

"গালাগালি দিয়ে কখনো কিছু পাওয়া যায় নি"

"If a loss has occurred, let me bear that loss"

"যদি কোন ক্ষতি হয়ে থাকে, আমাকে সেই ক্ষতি সহ্য করতে দিন"

"I am very satisfied with this trip"

"আমি এই ভ্রমণে খুব সন্তুষ্ট"

"I have gotten to know many kinds of people"

"আমি অনেক ধরণের লোকের সাথে পরিচিত হয়েছি"

"a Brahman has become my friend"

"একজন ব্রাহ্মণ আমার বন্ধু হয়েছে"

"children have sat on my knees"

"বাচ্চারা আমার হাঁটুতে বসেছে"

"farmers have shown me their fields"

"কৃষকরা আমাকে তাদের ক্ষেত দেখিয়েছে"

"nobody knew that I was a merchant"

"কেউ জানতো না যে আমি একজন বণিক"

"That's all very nice," exclaimed Kamaswami indignantly
"এটা সব খুব সুন্দর," কামাস্বামী ক্ষোভের সাথে বললেন
"but in fact, you are a merchant after all"
"কিন্তু প্রকৃতপক্ষে, আপনি একজন ব্যবসায়ী"
"Or did you have only travel for your amusement?"
"অথবা আপনি কি শুধুমাত্র আপনার বিনোদনের জন্য ভ্রমণ করেছিলেন?"
"of course I have travelled for my amusement" Siddhartha laughed
"অবশ্যই আমি আমার বিনোদনের জন্য ভ্রমণ করেছি" সিদ্ধার্থ হাসলেন
"For what else would I have travelled?"
"আমি আর কিসের জন্য ভ্রমণ করতাম?"
"I have gotten to know people and places"
"আমি মানুষ এবং স্থান জানতে পেরেছি"
"I have received kindness and trust"
"আমি দয়া এবং বিশ্বাস পেয়েছি"
"I have found friendships in this village"
"আমি এই গ্রামে বন্ধুত্ব খুঁজে পেয়েছি"
"if I had been Kamaswami, I would have travelled back annoyed"
"যদি আমি কমস্বামী হতাম, আমি বিরক্ত হয়ে ফিরে আসতাম"
"I would have been in hurry as soon as my purchase failed"
"আমার ক্রয় ব্যর্থ হওয়ার সাথে সাথেই আমি তাড়াহুড়া করতাম"
"and time and money would indeed have been lost"
"এবং সময় এবং অর্থ সত্যিই হারিয়ে যেত"
"But like this, I've had a few good days"
"কিন্তু এভাবে, আমার কয়েকটা দিন ভালো কেটেছে"
"I've learned from my time there"
"আমি আমার সময় থেকে শিখেছি"

"and I have had joy from the experience"
"এবং আমি অভিজ্ঞতা থেকে আনন্দ পেয়েছি"

"I've neither harmed myself nor others by annoyance and hastiness"
"আমি বিরক্তি ও তাড়াহুড়ো করে নিজের বা অন্যের ক্ষতি করিনি"

"if I ever return friendly people will welcome me"
"যদি আমি কখনও ফিরে আসি বন্ধুত্বপূর্ণ লোকেরা আমাকে স্বাগত জানাবে"

"if I return to do business friendly people will welcome me too"
"যদি আমি ব্যবসা-বান্ধব কাজে ফিরে যাই তাহলে মানুষ আমাকেও স্বাগত জানাবে"

"I praise myself for not showing any hurry or displeasure"
"কোনও তাড়া বা অসন্তুষ্টি না দেখানোর জন্য আমি নিজের প্রশংসা করি"

"So, leave it as it is, my friend"
"তাই, এটা যেমন আছে, আমার বন্ধু"

"and don't harm yourself by scolding"
"এবং গালি দিয়ে নিজের ক্ষতি করবেন না"

"If you see Siddhartha harming himself, then speak with me"
"যদি দেখেন সিদ্ধার্থ নিজের ক্ষতি করছে, তাহলে আমার সাথে কথা বল"

"and Siddhartha will go on his own path"
"এবং সিদ্ধার্থ তার নিজের পথে চলবে"

"But until then, let's be satisfied with one another"
"তবে ততক্ষণ পর্যন্ত, আসুন একে অপরের সাথে সন্তুষ্ট থাকি"

the merchant's attempts to convince Siddhartha were futile
সিদ্ধার্থকে বোঝানোর জন্য বণিকের প্রচেষ্টা ব্যর্থ হয়েছিল
he could not make Siddhartha eat his bread

সে সিদ্ধার্থকে তার রুটি খেতে দিতে পারেনি
Siddhartha ate his own bread
সিদ্ধার্থ নিজের রুটি খেয়ে নিল
or rather, they both ate other people's bread
অথবা বরং, তারা উভয়ই অন্য লোকের রুটি খেত
Siddhartha never listened to Kamaswami's worries
সিদ্ধার্থ কখনো কামস্বামীর দুশ্চিন্তার কথা শোনেনি
and Kamaswami had many worries he wanted to share
এবং কামাস্বামীর অনেক উদ্বেগ ছিল যা তিনি শেয়ার করতে চেয়েছিলেন
there were business-deals going on in danger of failing
সেখানে ব্যবসা-বাণিজ্য চলছিল ব্যর্থ হওয়ার আশঙ্কায়
shipments of merchandise seemed to have been lost
পণ্যের চালান হারিয়ে গেছে বলে মনে হচ্ছে
debtors seemed to be unable to pay
ঋণখেলাপিরা পরিশোধ করতে অক্ষম বলে মনে হচ্ছে
Kamaswami could never convince Siddhartha to utter words of worry
কামাস্বামী কখনই সিদ্ধার্থকে উদ্বেগের কথা বলতে রাজি করাতে পারেননি
Kamaswami could not make Siddhartha feel anger towards business
কামস্বামী সিদ্ধার্থকে ব্যবসার প্রতি রাগ অনুভব করতে পারেননি
he could not get him to to have wrinkles on the forehead
কপালে বলিরেখার জন্য তিনি তাকে পেতে পারেননি
he could not make Siddhartha sleep badly
তিনি সিদ্ধার্থকে খারাপভাবে ঘুমাতে পারেননি

one day, Kamaswami tried to speak with Siddhartha
একদিন কমস্বামী সিদ্ধার্থের সাথে কথা বলার চেষ্টা করলেন
"Siddhartha, you have failed to learn anything new"

"সিদ্ধার্থ, তুমি নতুন কিছু শিখতে ব্যর্থ হয়েছ"
but again, Siddhartha laughed at this
কিন্তু সিদ্ধার্থ আবার এই কথা শুনে হেসে উঠল
"Would you please not kid me with such jokes"
"আপনি কি দয়া করে আমাকে এমন রসিকতা করবেন না"
"What I've learned from you is how much a basket of fish costs"
"আমি আপনার কাছ থেকে যা শিখেছি তা হল এক ঝুড়ি মাছের দাম কত"
"and I learned how much interest may be charged on loaned money"
"এবং আমি শিখেছি ঋণকৃত অর্থের উপর কত সুদ নেওয়া যেতে পারে"
"These are your areas of expertise"
"এগুলি আপনার দক্ষতার ক্ষেত্র"
"I haven't learned to think from you, my dear Kamaswami"
"আমি তোমার কাছ থেকে ভাবতে শিখিনি, আমার প্রিয় কামাস্বামী"
"you ought to be the one seeking to learn from me"
"আপনি আমার কাছ থেকে শিখতে চান এমন একজন হওয়া উচিত"
Indeed his soul was not with the trade
প্রকৃতপক্ষে তার আত্মা ব্যবসার সাথে ছিল না
The business was good enough to provide him with money for Kamala
কমলার জন্য তাকে অর্থ জোগাতে ব্যবসা যথেষ্ট ভাল ছিল
and it earned him much more than he needed
এবং এটি তাকে তার প্রয়োজনের চেয়ে অনেক বেশি উপার্জন করেছে
Besides Kamala, Siddhartha's curiosity was with the people
কমলা ছাড়াও সিদ্ধার্থের কৌতূহল ছিল মানুষের সঙ্গে
their businesses, crafts, worries, and pleasures

তাদের ব্যবসা, কারুশিল্প, উদ্বেগ, এবং আনন্দ
all these things used to be alien to him
এই সমস্ত জিনিস তার কাছে বিজাতীয় ছিল
their acts of foolishness used to be as distant as the moon
তাদের মূর্খতার কাজগুলো চাঁদের মতই দূরের ছিল
he easily succeeded in talking to all of them
তিনি সহজেই তাদের সবার সাথে কথা বলতে সফল হন
he could live with all of them
সে তাদের সবার সাথে থাকতে পারে
and he could continue to learn from all of them
এবং সে তাদের সকলের কাছ থেকে শিখতে পারে
but there was something which separated him from them
কিন্তু কিছু একটা ছিল যা তাকে তাদের থেকে আলাদা করেছিল
he could feel a divide between him and the people
তিনি তার এবং মানুষের মধ্যে একটি বিভাজন অনুভব করতে পারেন
this separating factor was him being a Samana
এই বিভাজন ফ্যাক্টর ছিল তিনি একজন সামানা
He saw mankind going through life in a childlike manner
তিনি মানবজাতিকে শিশুর মতো জীবন দিয়ে যেতে দেখেছেন
in many ways they were living the way animals live
অনেক উপায়ে তারা প্রাণীদের মতো জীবনযাপন করছিল
he loved and also despised their way of life
তিনি তাদের জীবনযাত্রাকে ভালোবাসতেন এবং তুচ্ছও করতেন
He saw them toiling and suffering
তিনি তাদের পরিশ্রম ও কষ্ট দেখেছেন
they were becoming gray for things unworthy of this price
তারা এই মূল্যের অযোগ্য জিনিসের জন্য ধূসর হয়ে উঠছিল
they did things for money and little pleasures

তারা অর্থ এবং সামান্য আনন্দের জন্য কিছু করেছে
they did things for being slightly honoured
তারা সামান্য সম্মানিত হওয়ার জন্য কিছু করেছে
he saw them scolding and insulting each other
তিনি তাদের একে অপরকে তিরস্কার ও অপমান করতে দেখেছেন
he saw them complaining about pain
তিনি তাদের ব্যথা সম্পর্কে অভিযোগ করতে দেখেছেন
pains at which a Samana would only smile
যে যন্ত্রণায় একজন সামানা শুধু হাসবে
and he saw them suffering from deprivations
এবং তিনি তাদের বঞ্চনার শিকার হতে দেখেছেন
deprivations which a Samana would not feel
বঞ্চনা যা একজন সামানা অনুভব করবে না
He was open to everything these people brought his way
এই লোকেরা তার পথে আনা সমস্ত কিছুর জন্য তিনি উন্মুক্ত ছিলেন
welcome was the merchant who offered him linen for sale
স্বাগত ছিল বণিক যিনি তাকে লিনেন বিক্রির প্রস্তাব দিয়েছিলেন
welcome was the debtor who sought another loan
স্বাগত ছিল ঋণী যিনি অন্য ঋণ চেয়েছিলেন
welcome was the beggar who told him the story of his poverty
স্বাগত জানালেন সেই ভিক্ষুক যিনি তাঁকে তাঁর দারিদ্র্যের গল্প বললেন
the beggar who was not half as poor as any Samana
যে ভিক্ষুক কোন সামনার মত অর্ধেক গরীব ছিল না
He did not treat the rich merchant and his servant different
তিনি ধনী বণিক এবং তার চাকরের সাথে আলাদা আচরণ করতেন না
he let street-vendor cheat him when buying bananas

কলা কেনার সময় সে রাস্তার বিক্রেতাকে প্রতারণা করতে দেয়

Kamaswami would often complain to him about his worries
কামাস্বামী প্রায়ই তাঁর উদ্বেগের জন্য তাঁর কাছে অভিযোগ করতেন

or he would reproach him about his business
অথবা সে তার ব্যবসা সম্পর্কে তাকে তিরস্কার করবে

he listened curiously and happily
তিনি কৌতূহলী এবং আনন্দের সাথে শুনলেন

but he was puzzled by his friend
কিন্তু সে তার বন্ধুর দ্বারা বিভ্রান্ত হয়েছিল

he tried to understand him
তিনি তাকে বোঝার চেষ্টা করলেন

and he admitted he was right, up to a certain point
এবং তিনি স্বীকার করেছেন যে তিনি সঠিক, একটি নির্দিষ্ট বিন্দু পর্যন্ত

there were many who asked for Siddhartha
সিদ্ধার্থের জন্য জিজ্ঞাসা করা অনেক ছিল

many wanted to do business with him
অনেকেই তার সাথে ব্যবসা করতে চেয়েছিলেন

there were many who wanted to cheat him
অনেকেই তাকে ঠকাতে চেয়েছিল

many wanted to draw some secret out of him
অনেকে তার কাছ থেকে কিছু গোপন আঁকতে চেয়েছিলেন

many wanted to appeal to his sympathy
অনেকেই তার সহানুভূতির আবেদন জানাতে চেয়েছিলেন

many wanted to get his advice
অনেকেই তার পরামর্শ পেতে চেয়েছিলেন

He gave advice to those who wanted it
যাঁরা চেয়েছিলেন, তাঁদের পরামর্শ দিয়েছেন

he pitied those who needed pity

যাদের করুণার প্রয়োজন ছিল তাদের তিনি করুণা করেছিলেন

he made gifts to those who liked presents

তিনি যারা উপহার পছন্দ করেন তাদের উপহার দেন

he let some cheat him a bit

সে কিছু তাকে একটু ঠকাতে দিল

this game which all people played occupied his thoughts

এই খেলা যা সমস্ত মানুষ খেলেছে তার চিন্তাভাবনা দখল করেছে

he thought about this game just as much as he had about the Gods

তিনি এই খেলা সম্পর্কে ঠিক ততটাই ভেবেছিলেন যতটা তিনি দেবতাদের সম্পর্কে ছিলেন

deep in his chest he felt a dying voice

তার বুকের গভীরে সে একটা মরার আওয়াজ অনুভব করল

this voice admonished him quietly

এই কন্ঠ তাকে শান্তভাবে উপদেশ দেয়

and he hardly perceived the voice inside of himself

এবং তিনি খুব কমই নিজের ভিতরের কন্ঠস্বর বুঝতে পারলেন

And then, for an hour, he became aware of something

এবং তারপর, এক ঘন্টার জন্য, তিনি কিছু সম্পর্কে সচেতন হন

he became aware of the strange life he was leading

তিনি যে অদ্ভুত জীবনযাপন করছেন সে সম্পর্কে তিনি সচেতন হয়ে ওঠেন

he realized this life was only a game

তিনি বুঝতে পেরেছিলেন যে এই জীবন একটি খেলা মাত্র

at times he would feel happiness and joy

মাঝে মাঝে সে সুখ এবং আনন্দ অনুভব করবে

but real life was still passing him by

কিন্তু বাস্তব জীবন এখনও তাকে পাশ কাটিয়ে যাচ্ছিল
and it was passing by without touching him
এবং তা তাকে স্পর্শ না করেই পাশ দিয়ে যাচ্ছিল।
Siddhartha played with his business-deals
সিদ্ধার্থ তার ব্যবসা-বাণিজ্য নিয়ে খেলতেন
Siddhartha found amusement in the people around him
সিদ্ধার্থ তার আশেপাশের লোকেদের মধ্যে মজা পেয়েছিলেন
but regarding his heart, he was not with them
কিন্তু তার হৃদয় সম্পর্কে, তিনি তাদের সঙ্গে ছিল না
The source ran somewhere, far away from him
উৎস তার থেকে দূরে কোথাও ছুটে গেল
it ran and ran invisibly
এটি দৌড়ে এবং অদৃশ্যভাবে দৌড়ে যায়
it had nothing to do with his life any more
এটা তার জীবনের সাথে আর কিছুই করার ছিল না
at several times he became scared on account of such thoughts
এ ধরনের চিন্তায় তিনি বেশ কয়েকবার ভীত হয়ে পড়েন
he wished he could participate in all of these childlike games
তিনি এই সব শিশুর মত খেলায় অংশ নিতে চান
he wanted to really live
তিনি সত্যিই বাঁচতে চেয়েছিলেন
he wanted to really act in their theatre
তিনি সত্যিই তাদের থিয়েটারে অভিনয় করতে চেয়েছিলেন
he wanted to really enjoy their pleasures
তিনি সত্যিই তাদের আনন্দ উপভোগ করতে চেয়েছিলেন
and he wanted to live, instead of just standing by as a spectator
এবং তিনি কেবল দর্শক হয়ে দাঁড়িয়ে থাকার পরিবর্তে বাঁচতে চেয়েছিলেন

But again and again, he came back to beautiful Kamala
কিন্তু বারবার সুন্দরী কমলার কাছে ফিরে আসেন
he learned the art of love
সে প্রেমের শিল্প শিখেছে
and he practised the cult of lust
এবং তিনি লালসার অর্চনা অনুশীলন করেন
lust, in which giving and taking becomes one
লালসা, যেখানে দেওয়া এবং নেওয়া এক হয়ে যায়
he chatted with her and learned from her
তিনি তার সাথে চ্যাট করেছেন এবং তার কাছ থেকে শিখেছেন
he gave her advice, and he received her advice
তিনি তাকে পরামর্শ দিয়েছিলেন এবং তিনি তার পরামর্শ গ্রহণ করেছিলেন
She understood him better than Govinda used to understand him
গোবিন্দ তাকে যতটা বুঝত তার চেয়ে সে তাকে ভালো বোঝে
she was more similar to him than Govinda had been
তিনি গোবিন্দের চেয়ে তাঁর সাথে আরও বেশি মিল ছিলেন
"You are like me," he said to her
"আপনি আমার মত," তিনি তাকে বলেন
"you are different from most people"
"আপনি বেশিরভাগ মানুষের থেকে আলাদা"
"You are Kamala, nothing else"
"তুমি কমলা, আর কিছু না"
"and inside of you, there is a peace and refuge"
"এবং আপনার ভিতরে, একটি শান্তি এবং আশ্রয় আছে"
"a refuge to which you can go at every hour of the day"
"একটি আশ্রয়স্থল যেখানে আপনি দিনের প্রতিটি সময় যেতে পারেন"
"you can be at home with yourself"

"আপনি নিজের সাথে বাড়িতে থাকতে পারেন"
"I can do this too"
"আমিও এটা করতে পারি"
"Few people have this place"
"কয়েক জনের এই জায়গা আছে"
"and yet all of them could have it"
"এবং তবুও তাদের সকলেরই এটি থাকতে পারে"
"Not all people are smart" said Kamala
"সকল মানুষ স্মার্ট নয়" কমলা বলল
"No," said Siddhartha, "that's not the reason why"
"না," সিদ্ধার্থ বলল, "সেটা কারণ নয়"
"Kamaswami is just as smart as I am"
"কমস্বামী আমার মতোই স্মার্ট"
"but he has no refuge in himself"
"কিন্তু তার নিজের কোন আশ্রয় নেই"
"Others have it, although they have the minds of children"
"অন্যদের আছে, যদিও তাদের শিশুদের মন আছে"
"Most people, Kamala, are like a falling leaf"
"অধিকাংশ মানুষ, কমলা, ঝরে পড়া পাতার মত"
"a leaf which is blown and is turning around through the air"
"একটি পাতা যা উড়ে গেছে এবং বাতাসের মধ্য দিয়ে ঘুরছে"
"a leaf which wavers, and tumbles to the ground"
"একটি পাতা যা নড়তে থাকে এবং মাটিতে পড়ে যায়"
"But others, a few, are like stars"
"কিন্তু অন্যরা, কয়েকজন, তারার মতো"
"they go on a fixed course"
"তারা একটি নির্দিষ্ট কোর্সে যায়"
"no wind reaches them"
"কোন বাতাস তাদের কাছে পৌঁছায় না"
"in themselves they have their law and their course"

"তাদের নিজেদের মধ্যে তাদের আইন এবং তাদের পথ আছে"

"Among all the learned men I have met, there was one of this kind"

"আমি যে সমস্ত জ্ঞানী ব্যক্তিদের সাথে দেখা করেছি, তাদের মধ্যে এই ধরণের একজন ছিল"

"he was a truly perfected one"

"তিনি সত্যিই একজন নিখুঁত ব্যক্তি ছিলেন"

"I'll never be able to forget him"

"আমি তাকে ভুলতে পারব না"

"It is that Gotama, the exalted one"

"এটি সেই গোতমা, উচ্চতর একজন"

"Thousands of followers are listening to his teachings every day"

"হাজার হাজার অনুসারী প্রতিদিন তাঁর শিক্ষা শুনছেন"

"they follow his instructions every hour"

"তারা প্রতি ঘন্টায় তার নির্দেশ অনুসরণ করে"

"but they are all falling leaves"

"কিন্তু তারা সব ঝরে পড়া পাতা"

"not in themselves they have teachings and a law"

"তাদের নিজেদের মধ্যে শিক্ষা এবং একটি আইন নেই"

Kamala looked at him with a smile

কমলা তার দিকে হাসিমুখে তাকাল

"Again, you're talking about him," she said

"আবার, আপনি তার সম্পর্কে কথা বলছেন," সে বলল

"again, you're having a Samana's thoughts"

"আবার, আপনি একটি সামনার চিন্তা করছেন"

Siddhartha said nothing, and they played the game of love

সিদ্ধার্থ কিছু বলল না, ওরা প্রেমের খেলা খেলল

one of the thirty or forty different games Kamala knew

ত্রিশ বা চল্লিশটি বিভিন্ন খেলা কমলা জানতেন

Her body was flexible like that of a jaguar

তার শরীর জাগুয়ারের মতো নমনীয় ছিল
flexible like the bow of a hunter
শিকারীর ধনুকের মত নমনীয়
he who had learned from her how to make love
যে তার কাছ থেকে প্রেম করতে শিখেছে
he was knowledgeable of many forms of lust
তিনি লালসার অনেক ধরনের জ্ঞান ছিল
he that learned from her knew many secrets
যে তার কাছ থেকে শিখেছে সে অনেক গোপন কথা জানত
For a long time, she played with Siddhartha
দীর্ঘদিন ধরে তিনি সিদ্ধার্থের সঙ্গে অভিনয় করেছেন
she enticed him and rejected him
সে তাকে প্রলুব্ধ করেছিল এবং তাকে প্রত্যাখ্যান করেছিল
she forced him and embraced him
সে তাকে জোর করে জড়িয়ে ধরে
she enjoyed his masterful skills
সে তার নিপুণ দক্ষতা উপভোগ করেছে
until he was defeated and rested exhausted by her side
যতক্ষণ না তিনি পরাজিত হন এবং তার পাশে ক্লান্ত হয়ে বিশ্রাম নেন
The courtesan bent over him
গণিকা তার উপর ঝুঁকে পড়ে
she took a long look at his face
তিনি তার মুখের দিকে একটি দীর্ঘ তাকান
she looked at his eyes, which had grown tired
সে তার চোখের দিকে তাকাল, যা ক্লান্ত হয়ে পড়েছিল
"You are the best lover I have ever seen" she said thoughtfully
"আপনি আমার দেখা সেরা প্রেমিকা" সে চিন্তা করে বলল
"You're stronger than others, more supple, more willing"
"আপনি অন্যদের চেয়ে শক্তিশালী, আরও নমনীয়, আরও ইচ্ছুক"

"You've learned my art well, Siddhartha"
"তুমি আমার শিল্প ভালো করে শিখেছ, সিদ্ধার্থ"
"At some time, when I'll be older, I'd want to bear your child"
"একটা সময়, যখন আমি বড় হব, আমি আপনার সন্তানকে জন্ম দিতে চাই"
"And yet, my dear, you've remained a Samana"
"এবং তবুও, আমার প্রিয়, তুমি সামানা রয়েছ"
"and despite this, you do not love me"
"এবং এই সত্ত্বেও, আপনি আমাকে ভালবাসেন না"
"there is nobody that you love"
"এমন কেউ নেই যাকে তুমি ভালোবাসো"
"Isn't it so?" asked Kamala
"তাই তাই না?" কমলা জিজ্ঞেস করল
"It might very well be so," Siddhartha said tiredly
সিদ্ধার্থ ক্লান্ত গলায় বলল, "এটা খুব ভালো হতে পারে।"
"I am like you, because you also do not love"
"আমি তোমার মতো, কারণ তুমিও ভালোবাসো না"
"how else could you practise love as a craft?"
"আর কিভাবে আপনি একটি নৈপুণ্য হিসাবে প্রেম অনুশীলন করতে পারেন?"
"Perhaps, people of our kind can't love"
"সম্ভবত, আমাদের ধরনের মানুষ ভালোবাসতে পারে না"
"The childlike people can love, that's their secret"
"শিশুর মতো মানুষ ভালোবাসতে পারে, এটাই তাদের রহস্য"

Sansara
সংসার

For a long time, Siddhartha had lived in the world and lust
বহুকাল ধরে সিদ্ধার্থ সংসারে বাস করত এবং কাম
he lived this way though, without being a part of it
যদিও তিনি এইভাবে জীবনযাপন করেছিলেন, এর একটি অংশ না হয়েও
he had killed this off when he had been a Samana
তিনি যখন সামানা ছিলেন তখন তিনি এটিকে হত্যা করেছিলেন
but now they had awoken again
কিন্তু এখন তারা আবার জেগে উঠেছে
he had tasted riches, lust, and power
তিনি ধন, লালসা এবং ক্ষমতার স্বাদ গ্রহণ করেছিলেন
for a long time he had remained a Samana in his heart
অনেকদিন তিনি মনের মধ্যে সামানা হয়ে ছিলেন
Kamala, being smart, had realized this quite right
কমলা, বুদ্ধিমান, এটা ঠিকই উপলব্ধি করেছিল
thinking, waiting, and fasting still guided his life
চিন্তা, অপেক্ষা, এবং উপবাস এখনও তার জীবন পরিচালনা করে
the childlike people remained alien to him
শিশুসদৃশ মানুষ তার কাছে পরক থেকে গেল
and he remained alien to the childlike people
এবং তিনি শিশুসদৃশ লোকেদের কাছে পরকীয়া রয়ে গেলেন
Years passed by; surrounded by the good life
বছর কেটে গেল; ভাল জীবন দ্বারা বেষ্টিত
Siddhartha hardly felt the years fading away
সিদ্ধার্থ খুব কমই অনুভব করেছিল যে বছরগুলি হারিয়ে যাচ্ছে
He had become rich and possessed a house of his own

তিনি ধনী হয়েছিলেন এবং নিজের একটি ঘরের অধিকারী হয়েছিলেন

he even had his own servants

এমনকি তার নিজের দাসও ছিল

he had a garden before the city, by the river

শহরের আগে নদীর ধারে তার একটি বাগান ছিল

The people liked him and came to him for money or advice

লোকেরা তাকে পছন্দ করত এবং অর্থ বা পরামর্শের জন্য তার কাছে আসত

but there was nobody close to him, except Kamala

কিন্তু কমলা ছাড়া তার কাছের কেউ ছিল না

the bright state of being awake

জাগ্রত হওয়ার উজ্জ্বল অবস্থা

the feeling which he had experienced at the height of his youth

যে অনুভূতি তিনি তার যৌবনের উচ্চতায় অনুভব করেছিলেন

in those days after Gotama's sermon

গোটামার উপদেশের পরের দিনগুলিতে

after the separation from Govinda

গোবিন্দ থেকে বিচ্ছেদের পর

the tense expectation of life

জীবনের টানটান প্রত্যাশা

the proud state of standing alone

একা দাঁড়িয়ে থাকার গর্বিত অবস্থা

being without teachings or teachers

শিক্ষা বা শিক্ষক ছাড়া থাকা

the supple willingness to listen to the divine voice in his own heart

তার নিজের হৃদয়ে ঐশ্বরিক কন্ঠ শোনার জন্য কোমল ইচ্ছা

all these things had slowly become a memory

এই সব জিনিস ধীরে ধীরে স্মৃতিতে পরিণত হয়েছিল
the memory had been fleeting, distant, and quiet
স্মৃতি ক্ষণস্থায়ী, দূরবর্তী এবং শান্ত ছিল
the holy source, which used to be near, now only murmured
পবিত্র উৎস, যা কাছাকাছি ছিল, এখন শুধুমাত্র বচসা
the holy source, which used to murmur within himself
পবিত্র উৎস, যা নিজের মধ্যে গুঞ্জন করত
Nevertheless, many things he had learned from the Samanas
তবুও অনেক কিছু শিখেছেন সমন থেকে
he had learned from Gotama
তিনি গোটামার কাছ থেকে শিখেছিলেন
he had learned from his father the Brahman
তিনি তার পিতা ব্রাহ্মণের কাছ থেকে শিখেছিলেন
his father had remained within his being for a long time
তার বাবা তার সত্তার মধ্যে দীর্ঘকাল ধরে ছিলেন
moderate living, the joy of thinking, hours of meditation
পরিমিত জীবনযাপন, চিন্তার আনন্দ, ধ্যানের ঘন্টা
the secret knowledge of the self; his eternal entity
নিজের গোপন জ্ঞান; তার চিরন্তন সত্তা
the self which is neither body nor consciousness
আত্ম যা শরীর বা চেতনা নয়
Many a part of this he still had
এর অনেক অংশ তার এখনো ছিল
but one part after another had been submerged
কিন্তু একের পর এক অংশ ডুবে গেছে
and eventually each part gathered dust
এবং অবশেষে প্রতিটি অংশ ধুলো জড়ো করা
a potter's wheel, once in motion, will turn for a long time
একটি কুমারের চাকা, একবার গতিশীল, দীর্ঘ সময়ের জন্য ঘুরবে
it loses its vigour only slowly
এটি কেবল ধীরে ধীরে তার শক্তি হারায়

and it comes to a stop only after time
এবং এটি শুধুমাত্র সময়ের পরে বন্ধ হয়ে যায়
Siddhartha's soul had kept on turning the wheel of asceticism
সিদ্ধার্থের আত্মা তপস্যার চাকা ঘুরিয়ে রেখেছিল
the wheel of thinking had kept turning for a long time
চিন্তার চাকা ঘুরতে থাকে অনেকক্ষণ
the wheel of differentiation had still turned for a long time
পার্থক্যের চাকা তখনো অনেকক্ষণ ঘুরছিল
but it turned slowly and hesitantly
কিন্তু এটা ধীরে ধীরে এবং ইতস্তত করা
and it was close to coming to a standstill
এবং এটি একটি স্থবির আসছে কাছাকাছি ছিল
Slowly, like humidity entering the dying stem of a tree
ধীরে ধীরে, আর্দ্রতা গাছের মৃত কান্ডে প্রবেশ করে
filling the stem slowly and making it rot
কান্ডটি ধীরে ধীরে ভরাট করে পচে যায়
the world and sloth had entered Siddhartha's soul
জগৎ এবং অলসতা সিদ্ধার্থের আত্মায় প্রবেশ করেছিল
slowly it filled his soul and made it heavy
ধীরে ধীরে এটি তার আত্মাকে পূর্ণ করে এবং এটিকে ভারী করে তোলে
it made his soul tired and put it to sleep
এটি তার আত্মাকে ক্লান্ত করে তুলেছিল এবং ঘুমিয়ে পড়েছিল।
On the other hand, his senses had become alive
অন্যদিকে তার ইন্দ্রিয়গুলো সজীব হয়ে উঠেছে
there was much his senses had learned
তার ইন্দ্রিয় অনেক কিছু শিখেছিল
there was much his senses had experienced
তার ইন্দ্রিয় অভিজ্ঞতা ছিল অনেক ছিল
Siddhartha had learned to trade

সিদ্ধার্থ ব্যবসা শিখেছিলেন
he had learned how to use his power over people
তিনি শিখেছিলেন কিভাবে মানুষের উপর তার ক্ষমতা ব্যবহার করতে হয়
he had learned how to enjoy himself with a woman
তিনি একজন মহিলার সাথে নিজেকে উপভোগ করতে শিখেছিলেন
he had learned how to wear beautiful clothes
সে সুন্দর পোশাক পরতে শিখেছিল
he had learned how to give orders to servants
তিনি চাকরদের আদেশ দিতে শিখেছিলেন
he had learned how to bathe in perfumed waters
তিনি সুগন্ধি জলে স্নান করতে শিখেছিলেন
He had learned how to eat tenderly and carefully prepared food
তিনি কোমলভাবে এবং যত্ন সহকারে প্রস্তুত খাবার খেতে শিখেছিলেন
he even ate fish, meat, and poultry
এমনকি তিনি মাছ, মাংস এবং হাঁস-মুরগি খেতেন
spices and sweets and wine, which causes sloth and forgetfulness
মশলা এবং মিষ্টি এবং ওয়াইন, যা অলসতা এবং বিস্মৃতির কারণ
He had learned to play with dice and on a chess-board
তিনি পাশা এবং দাবা-বোর্ডে খেলতে শিখেছিলেন
he had learned to watch dancing girls
তিনি মেয়েদের নাচ দেখতে শিখেছিলেন
he learned to have himself carried about in a sedan-chair
তিনি একটি সেডান-চেয়ারে নিজেকে বহন করতে শিখেছিলেন
he learned to sleep on a soft bed
সে নরম বিছানায় ঘুমাতে শিখেছে

But still he felt different from others
কিন্তু তারপরও তাকে অন্যদের থেকে আলাদা মনে হয়েছিল
he still felt superior to the others
তিনি এখনও অন্যদের থেকে শ্রেষ্ঠ বোধ
he always watched them with some mockery
তিনি সর্বদা কিছু উপহাস সঙ্গে তাদের দেখতে
there was always some mocking disdain to how he felt about them
তিনি তাদের সম্পর্কে কেমন অনুভব করেছিলেন তা নিয়ে সর্বদা কিছু উপহাসমূলক অবজ্ঞা ছিল
the same disdain a Samana feels for the people of the world
একই ঘৃণা একজন সামনা বিশ্বের মানুষের জন্য অনুভব করে

Kamaswami was ailing and felt annoyed
কামাস্বামী অসুস্থ ছিলেন এবং বিরক্ত বোধ করেছিলেন
he felt insulted by Siddhartha
তিনি সিদ্ধার্থের দ্বারা অপমানিত বোধ করেন
and he was vexed by his worries as a merchant
এবং তিনি একজন বণিক হিসাবে তার উদ্বেগ দ্বারা বিরক্ত ছিল
Siddhartha had always watched these things with mockery
সিদ্ধার্থ সব সময় এইসব বিদ্রুপের চোখে দেখত
but his mockery had become more tired
কিন্তু তার উপহাস আরো ক্লান্ত হয়ে পড়েছিল
his superiority had become more quiet
তার শ্রেষ্ঠত্ব আরো শান্ত হয়ে ওঠে
as slowly imperceptible as the rainy season passing by
বর্ষাকাল যত ধীরে ধীরে অদৃশ্য হয়ে যাচ্ছে
slowly, Siddhartha had assumed something of the childlike people's ways

ধীরে ধীরে, সিদ্ধার্থ শিশুসদৃশ লোকদের উপায় সম্পর্কে কিছু অনুমান করেছিল
he had gained some of their childishness
সে তাদের কিছু শিশুসুলভতা অর্জন করেছিল
and he had gained some of their fearfulness
এবং তিনি তাদের কিছু ভয় পেয়েছিলেন
And yet, the more be become like them the more he envied them
এবং তবুও, যত বেশি তাদের মতো হতে হবে তত বেশি সে তাদের হিংসা করেছিল
He envied them for the one thing that was missing from him
তার থেকে অনুপস্থিত একটি জিনিসের জন্য তিনি তাদের হিংসা করতেন
the importance they were able to attach to their lives
গুরুত্ব তারা তাদের জীবনে সংযুক্ত করতে সক্ষম ছিল
the amount of passion in their joys and fears
তাদের আনন্দ এবং ভয়ে আবেগের পরিমাণ
the fearful but sweet happiness of being constantly in love
ক্রমাগত প্রেমে থাকার ভয়ঙ্কর কিন্তু মিষ্টি সুখ
These people were in love with themselves all of the time
এই মানুষগুলো সব সময় নিজেদের প্রেমে মগ্ন ছিল
women loved their children, with honours or money
মহিলারা তাদের সন্তানদের সম্মান বা অর্থ দিয়ে ভালবাসত
the men loved themselves with plans or hopes
পুরুষরা পরিকল্পনা বা আশা নিয়ে নিজেদের ভালোবাসত
But he did not learn this from them
কিন্তু তিনি তাদের কাছ থেকে এ শিক্ষা নেননি
he did not learn the joy of children
তিনি শিশুদের আনন্দ শেখেননি
and he did not learn their foolishness
এবং তিনি তাদের মূর্খতা শিখলেন না
what he mostly learned were their unpleasant things

তিনি যা শিখেছেন তা হল তাদের অপ্রীতিকর জিনিস
and he despised these things
এবং তিনি এই জিনিসগুলি ঘৃণা করেছিলেন।
in the morning, after having had company
সকালে, সঙ্গে থাকার পর
more and more he stayed in bed for a long time
আরো এবং আরো তিনি একটি দীর্ঘ সময়ের জন্য বিছানায় থাকা
he felt unable to think, and was tired
তিনি চিন্তা করতে অক্ষম বোধ করেন এবং ক্লান্ত হয়ে পড়েন
he became angry and impatient when Kamaswami bored him with his worries
কামস্বামী যখন তার উদ্বেগ নিয়ে তাকে বিরক্ত করে তখন তিনি ক্রুদ্ধ ও অধৈর্য হয়ে পড়েন
he laughed just too loud when he lost a game of dice
পাশা খেলায় হেরে গেলে তিনি খুব জোরে হেসেছিলেন
His face was still smarter and more spiritual than others
তার চেহারা তখনও অন্যদের চেয়ে বেশি স্মার্ট এবং আধ্যাত্মিক ছিল
but his face rarely laughed anymore
কিন্তু তার মুখ খুব কমই আর হাসে
slowly, his face assumed other features
ধীরে ধীরে, তার মুখ অন্যান্য বৈশিষ্ট্য অনুমান
the features often found in the faces of rich people
বৈশিষ্ট্যগুলি প্রায়ই ধনী ব্যক্তিদের মুখে পাওয়া যায়
features of discontent, of sickliness, of ill-humour
অসন্তোষ, অসুস্থতা, অসন্তুষ্টির বৈশিষ্ট্য
features of sloth, and of a lack of love
আলস্যের বৈশিষ্ট্য, এবং ভালবাসার অভাব
the disease of the soul which rich people have
আত্মার রোগ যা ধনী ব্যক্তিদের আছে

Slowly, this disease grabbed hold of him
ধীরে ধীরে এই রোগ তাকে গ্রাস করে
like a thin mist, tiredness came over Siddhartha
পাতলা কুয়াশার মতো ক্লান্তি এসে পড়ল সিদ্ধার্থের ওপর
slowly, this mist got a bit denser every day
ধীরে ধীরে, এই কুয়াশা প্রতিদিন একটু ঘন হয়েছে
it got a bit murkier every month
এটা প্রতি মাসে একটু অস্পষ্ট হয়েছে
and every year it got a bit heavier
এবং প্রতি বছর এটি একটু ভারী হয়েছে
dresses become old with time
পোশাক সময়ের সাথে পুরানো হয়ে যায়
clothes lose their beautiful colour over time
কাপড় সময়ের সাথে সাথে তাদের সুন্দর রঙ হারায়
they get stains, wrinkles, worn off at the seams
তারা দাগ পেতে, বলি, seams এ বন্ধ জীর্ণ
they start to show threadbare spots here and there
তারা এখানে এবং সেখানে থ্রেডবেয়ার দাগ দেখাতে শুরু করে
this is how Siddhartha's new life was
এভাবেই ছিল সিদ্ধার্থের নতুন জীবন
the life which he had started after his separation from Govinda
যে জীবন তিনি গোবিন্দের থেকে বিচ্ছেদের পর শুরু করেছিলেন
his life had grown old and lost colour
তার জীবন বৃদ্ধ হয়ে রঙ হারিয়েছে
there was less splendour to it as the years passed by
বছর কেটে যাওয়ার সাথে সাথে এটিতে কম জাঁকজমক ছিল
his life was gathering wrinkles and stains
তার জীবন বলি এবং দাগ সংগ্রহ করছিল

and hidden at bottom, disappointment and disgust were waiting
এবং নীচে লুকানো, হতাশা এবং ঘৃণা অপেক্ষা করছিল
they were showing their ugliness
তারা তাদের কদর্যতা দেখাচ্ছিল
Siddhartha did not notice these things
সিদ্ধার্থ এসব খেয়াল করেনি
he remembered the bright and reliable voice inside of him
তিনি তার ভিতরের উজ্জ্বল এবং নির্ভরযোগ্য কন্ঠস্বর মনে রেখেছিলেন
he noticed the voice had become silent
তিনি লক্ষ্য করলেন ভয়েসটি নিঃশব্দ হয়ে গেছে
the voice which had awoken in him at that time
সেই সময় তার মধ্যে যে কন্ঠ জেগেছিল
the voice that had guided him in his best times
যে কন্ঠ তাকে তার সেরা সময়ে পরিচালিত করেছিল
he had been captured by the world
তিনি বিশ্বের দ্বারা বন্দী করা হয়েছে
he had been captured by lust, covetousness, sloth
তিনি লালসা, লোভ, অলসতা দ্বারা বন্দী হয়েছিলেন
and finally he had been captured by his most despised vice
এবং অবশেষে তিনি তার সবচেয়ে ঘৃণ্য পাপের দ্বারা বন্দী হয়েছিলেন
the vice which he mocked the most
তিনি সবচেয়ে বেশি উপহাস করেছেন
the most foolish one of all vices
সব vices সবচেয়ে বোকা এক
he had let greed into his heart
সে তার হৃদয়ে লোভ ঢুকিয়ে দিয়েছিল
Property, possessions, and riches also had finally captured him

সম্পত্তি, সম্পত্তি এবং ধনসম্পদও শেষ পর্যন্ত তাকে বন্দী করেছিল

having things was no longer a game to him

জিনিস থাকা তার কাছে আর খেলা ছিল না

his possessions had become a shackle and a burden

তার সম্পত্তি একটি শিকল এবং একটি বোঝা হয়ে ছিল

It had happened in a strange and devious way

এটি একটি অদ্ভুত এবং বিভ্রান্তিকর উপায়ে ঘটেছে

Siddhartha had gotten this vice from the game of dice

পাশা খেলা থেকে সিদ্ধার্থ এই পাপ পেয়েছিলেন

he had stopped being a Samana in his heart

সে মনে মনে সামানা হওয়া বন্ধ করে দিয়েছিল

and then he began to play the game for money

এবং তারপর সে টাকার জন্য খেলা খেলতে শুরু করে

first he joined the game with a smile

প্রথমে তিনি হাসিমুখে খেলায় যোগ দেন

at this time he only played casually

এই সময়ে তিনি কেবল নৈমিত্তিকভাবে খেলেন

he wanted to join the customs of the childlike people

তিনি শিশুসুলভ মানুষের রীতিনীতিতে যোগ দিতে চেয়েছিলেন

but now he played with an increasing rage and passion

কিন্তু এখন সে ক্রমবর্ধমান রাগ এবং আবেগ নিয়ে খেলেছে

He was a feared gambler among the other merchants

অন্যান্য বণিকদের মধ্যে সে ছিল ভয়ংকর জুয়াড়ি

his stakes were so audacious that few dared to take him on

তার বাজি এতটাই সাহসী ছিল যে খুব কম লোকেই তাকে নিতে সাহস করেছিল

He played the game due to a pain of his heart

হার্টের ব্যথার কারণে তিনি খেলাটি খেলেন

losing and wasting his wretched money brought him an angry joy

তার নষ্ট টাকা হারানো এবং নষ্ট করা তাকে একটি রাগান্বিত আনন্দ এনেছিল

he could demonstrate his disdain for wealth in no other way

তিনি অন্য কোন উপায়ে সম্পদের প্রতি তার ঘৃণা প্রদর্শন করতে পারেন না

he could not mock the merchants' false god in a better way

তিনি বণিকদের মিথ্যা দেবতাকে এর চেয়ে ভালোভাবে উপহাস করতে পারেননি

so he gambled with high stakes

তাই তিনি উষ্চ বাজি নিয়ে জুয়া খেলেন

he mercilessly hated himself and mocked himself

সে নির্দয়ভাবে নিজেকে ঘৃণা করেছিল এবং নিজেকে উপহাস করেছিল

he won thousands, threw away thousands

তিনি হাজার হাজার জিতেছেন, হাজার হাজার দূরে নিক্ষেপ

he lost money, jewellery, a house in the country

সে দেশে টাকা, গয়না, বাড়ি হারিয়েছে

he won it again, and then he lost again

সে আবার জিতেছে, এবং তারপর আবার হেরেছে

he loved the fear he felt while he was rolling the dice

তিনি পাশা ঘূর্ণায়মান করার সময় তিনি যে ভয় অনুভব করেছিলেন তা তিনি পছন্দ করেছিলেন

he loved feeling worried about losing what he gambled

তিনি যা জুয়া খেলেন তা হারানোর জন্য চিন্তিত বোধ করতেন

he always wanted to get this fear to a slightly higher level

তিনি সবসময় এই ভয় একটি সামান্য উষ্চ স্তরে পেতে চেয়েছিলেন

he only felt something like happiness when he felt this fear

তিনি যখন এই ভয় অনুভব করেছিলেন তখনই তিনি সুখের মতো কিছু অনুভব করেছিলেন

it was something like an intoxication
এটা একটা নেশার মত কিছু ছিল
something like an elevated form of life
জীবনের একটি উন্নত ফর্ম মত কিছু
something brighter in the midst of his dull life
তার নিস্তেজ জীবনের মাঝে উজ্জ্বল কিছু
And after each big loss, his mind was set on new riches
এবং প্রতিটি বড় ক্ষতির পরে, তার মন নতুন ধন-সম্পদের উপর সেট করা হয়েছিল
he pursued the trade more zealously
তিনি আরও উদ্যোগীভাবে বাণিজ্য চালিয়েছিলেন
he forced his debtors more strictly to pay
তিনি তার ঋণদাতাদের আরো কঠোরভাবে পরিশোধ করতে বাধ্য করেন
because he wanted to continue gambling
কারণ তিনি জুয়া চালিয়ে যেতে চেয়েছিলেন
he wanted to continue squandering
তিনি অপব্যয় চালিয়ে যেতে চেয়েছিলেন
he wanted to continue demonstrating his disdain of wealth
তিনি সম্পদের প্রতি তার ঘৃণা প্রদর্শন চালিয়ে যেতে চেয়েছিলেন
Siddhartha lost his calmness when losses occurred
লোকসান ঘটলে সিদ্ধার্থ তার প্রশান্তি হারিয়ে ফেলেন
he lost his patience when he was not paid on time
সময়মতো বেতন না পাওয়ায় তিনি ধৈর্য হারিয়ে ফেলেন
he lost his kindness towards beggars
তিনি ভিক্ষুকদের প্রতি তার দয়া হারিয়েছেন
He gambled away tens of thousands at one roll of the dice
তিনি পাশার এক রোলে হাজার হাজার টাকা জুয়া খেলেন
he became more strict and more petty in his business
তিনি তার ব্যবসায় আরও কঠোর এবং আরও ছোট হয়ে ওঠেন

occasionally, he was dreaming at night about money!

মাঝে মাঝে রাতে স্বপ্ন দেখতো টাকার কথা!

whenever he woke up from this ugly spell, he continued fleeing

যখনই সে এই কুৎসিত মন্ত্র থেকে জেগে উঠল, সে পালিয়ে যেতে থাকল

whenever he found his face in the mirror to have aged, he found a new game

যখনই সে আয়নায় বুড়ো হয়ে গেছে বলে তার মুখ দেখতে পেল, সে একটা নতুন খেলা খুঁজে পেল

whenever embarrassment and disgust came over him, he numbed his mind

যখনই তার উপর বিব্রত ও বিতৃষ্ণা আসে, তখনই সে তার মনকে অসাড় করে দেয়

he numbed his mind with sex and wine

সে সেক্স এবং ওয়াইন দিয়ে তার মনকে অসাড় করে দিল

and from there he fled back into the urge to pile up and obtain possessions

এবং সেখান থেকে তিনি স্তূপ করে সম্পত্তি অর্জনের তাগিদে ফিরে যান

In this pointless cycle he ran

এই অর্থহীন চক্রে সে ছুটে গেল

from his life he grow tired, old, and ill

তার জীবন থেকে সে ক্লান্ত, বৃদ্ধ এবং অসুস্থ হয়ে পড়ে

Then the time came when a dream warned him

তারপর সময় এল যখন একটি স্বপ্ন তাকে সতর্ক করেছিল

He had spent the hours of the evening with Kamala

কমলার সাথে সন্ধ্যার ঘন্টা কাটিয়েছেন

he had been in her beautiful pleasure-garden

সে তার সুন্দর পরিতোষ-বাগানে ছিল

They had been sitting under the trees, talking

তারা গাছের নিচে বসে গল্প করছিল
and Kamala had said thoughtful words
এবং কমলা ভেবেচিন্তে কথা বলেছিল
words behind which a sadness and tiredness lay hidden
শব্দ যার পিছনে একটি দুঃখ এবং ক্লান্তি লুকিয়ে আছে
She had asked him to tell her about Gotama
তিনি তাকে গোতমা সম্পর্কে বলতে বলেছিলেন
she could not hear enough of him
তিনি তার যথেষ্ট শুনতে পারেননি
she loved how clear his eyes were
সে তার চোখ কতটা পরিষ্কার পছন্দ করত
she loved how still and beautiful his mouth was
তিনি তার মুখ কত শান্ত এবং সুন্দর পছন্দ
she loved the kindness of his smile
সে তার হাসির উদারতা পছন্দ করত
she loved how peaceful his walk had been
তার হাঁটা কতটা শান্তিপূর্ণ ছিল সে ভালোবাসত
For a long time, he had to tell her about the exalted Buddha
দীর্ঘকাল ধরে, তাকে তাকে মহিমান্বিত বুদ্ধ সম্পর্কে বলতে হয়েছিল
and Kamala had sighed, and spoke
এবং কমলা দীর্ঘশ্বাস ফেলে কথা বলেছিল
"One day, perhaps soon, I'll also follow that Buddha"
"একদিন, সম্ভবত শীঘ্রই, আমিও সেই বুদ্ধকে অনুসরণ করব"
"I'll give him my pleasure-garden for a gift"
"আমি তাকে আমার আনন্দ-বাগান উপহার দেব"
"and I will take my refuge in his teachings"
"এবং আমি তাঁর শিক্ষায় আমার আশ্রয় নেব"
But after this, she had aroused him
কিন্তু এর পরে, তিনি তাকে উত্তেজিত করেছিলেন
she had tied him to her in the act of making love

প্রেম করার অভিনয়ে সে তাকে তার সাথে বেঁধে রেখেছিল
with painful fervour, biting and in tears
বেদনাদায়ক উদ্বেগের সাথে, কামড় দিয়ে এবং কান্নায়
it was as if she wanted to squeeze the last sweet drop out of this wine
মনে হচ্ছিল যেন সে এই মদের শেষ মিষ্টি ফোঁটাটা নিংড়ে নিতে চায়
Never before had it become so strangely clear to Siddhartha
এর আগে কখনও সিদ্ধার্থের কাছে এত অদ্ভুতভাবে স্পষ্ট হয়ে ওঠেনি
he felt how close lust was akin to death
তিনি অনুভব করেছিলেন যে লালসা মৃত্যুর সমান
he laid by her side, and Kamala's face was close to him
তিনি তার পাশে শুয়েছিলেন, এবং কমলার মুখ তার কাছে ছিল
under her eyes and next to the corners of her mouth
তার চোখের নিচে এবং তার মুখের কোণে পাশে
it was as clear as never before
এটা আগের মত পরিষ্কার ছিল
there read a fearful inscription
সেখানে একটি ভয়ঙ্কর শিলালিপি পড়ুন
an inscription of small lines and slight grooves
ছোট লাইন এবং সামান্য খাঁজ একটি শিলালিপি
an inscription reminiscent of autumn and old age
একটি শিলালিপি শরৎ এবং বার্ধক্যের স্মরণ করিয়ে দেয়
here and there, gray hairs among his black ones
এখানে এবং সেখানে, তার কালো বেশী মধ্যে ধূসর চুল
Siddhartha himself, who was only in his forties, noticed the same thing
সিদ্ধার্থ নিজে, যিনি মাত্র চল্লিশের কোঠায়, একই জিনিস লক্ষ্য করেছিলেন
Tiredness was written on Kamala's beautiful face

কমলার সুন্দর চেহারায় ক্লান্তি লেখা ছিল
tiredness from walking a long path
দীর্ঘ পথ চলার ক্লান্তি
a path which has no happy destination
একটি পথ যার কোন সুখী গন্তব্য নেই
tiredness and the beginning of withering
ক্লান্তি এবং শুকিয়ে যাওয়ার শুরু
fear of old age, autumn, and having to die
বার্ধক্য, শরৎ এবং মৃত্যুর ভয়
With a sigh, he had bid his farewell to her
একটা দীর্ঘশ্বাস ফেলে তাকে বিদায় জানালেন
the soul full of reluctance, and full of concealed anxiety
আত্মা অনিচ্ছায় পূর্ণ, এবং গোপন উদ্বেগে পূর্ণ

Siddhartha had spent the night in his house with dancing girls
সিদ্ধার্থ তার বাড়িতে নাচতে থাকা মেয়েদের সাথে রাত কাটিয়েছিলেন
he acted as if he was superior to them
তিনি তাদের থেকে উচ্চতর হিসাবে কাজ করেছেন
he acted superior towards the fellow-members of his caste
তিনি তার বর্ণের সহ-সদস্যদের প্রতি উচ্চতর আচরণ করেছিলেন
but this was no longer true
কিন্তু এই আর সত্য ছিল না
he had drunk much wine that night
সে রাতে অনেক মদ পান করেছিল
and he went to bed a long time after midnight
এবং সে মধ্যরাতের পর অনেকক্ষণ ঘুমাতে গেল
tired and yet excited, close to weeping and despair
ক্লান্ত এবং এখনও উত্তেজিত, কান্নাকাটি এবং হতাশার কাছাকাছি

for a long time he sought to sleep, but it was in vain
দীর্ঘ সময় ধরে তিনি ঘুমাতে চেয়েছিলেন, কিন্তু তা নিষ্ফল হয়েছিল

his heart was full of misery
তার হৃদয় দুঃখে পূর্ণ ছিল

he thought he could not bear any longer
সে ভেবেছিল সে আর সহ্য করতে পারবে না

he was full of a disgust, which he felt penetrating his entire body
তিনি একটি বিতৃষ্ণায় পূর্ণ ছিলেন, যা তিনি অনুভব করেছিলেন তার পুরো শরীরে প্রবেশ করছে

like the lukewarm repulsive taste of the wine
মদের উষ্ণ বিদ্বেষী স্বাদের মত

the dull music was a little too happy
নিস্তেজ সঙ্গীত একটু খুব খুশি ছিল

the smile of the dancing girls was a little too soft
নাচের মেয়েদের হাসিটা একটু বেশিই নরম ছিল

the scent of their hair and breasts was a little too sweet
তাদের চুল এবং স্তনের ঘ্রাণ একটু বেশি মিষ্টি ছিল

But more than by anything else, he was disgusted by himself
কিন্তু অন্য কিছুর চেয়ে বেশি, তিনি নিজের প্রতি বিরক্ত ছিলেন

he was disgusted by his perfumed hair
সে তার সুগন্ধি চুলে বিরক্ত ছিল

he was disgusted by the smell of wine from his mouth
তার মুখ থেকে মদের গন্ধে সে বিরক্ত হল

he was disgusted by the listlessness of his skin
তিনি তার চামড়ার তালিকাহীনতা দ্বারা বিরক্ত ছিল

Like when someone who has eaten and drunk far too much
যেমন কেউ যখন অনেক বেশি খেয়ে ফেলেছে

they vomit it back up again with agonising pain

তারা যন্ত্রণাদায়ক যন্ত্রণার সাথে আবার বমি করে
but they feel relieved by the vomiting
কিন্তু তারা বমি করে স্বস্তি বোধ করে
this sleepless man wished to free himself of these pleasures
এই নিদ্রাহীন মানুষ নিজেকে এই আনন্দ থেকে মুক্ত করতে চেয়েছিলেন
he wanted to be rid of these habits
তিনি এই অভ্যাস পরিত্রাণ পেতে চেয়েছিলেন
he wanted to escape all of this pointless life
তিনি এই অর্থহীন জীবন থেকে পালাতে চেয়েছিলেন
and he wanted to escape from himself
এবং সে নিজের থেকে পালাতে চেয়েছিল
it wasn't until the light of the morning when he had slightly fallen sleep
ভোরের আলো ফোটেনি যখন সে কিছুটা ঘুমিয়ে পড়েছিল
the first activities in the street were already beginning
রাস্তায় প্রথম কার্যক্রম ইতিমধ্যে শুরু হয়
for a few moments he had found a hint of sleep
কয়েক মুহূর্তের জন্য সে ঘুমের ইঙ্গিত পেয়েছিল
In those moments, he had a dream
সেই মুহূর্তে, তিনি একটি স্বপ্ন দেখেছিলেন
Kamala owned a small, rare singing bird in a golden cage
কমলার একটি সোনার খাঁচায় একটি ছোট, বিরল গায়ক পাখি ছিল
it always sung to him in the morning
এটা সবসময় তাকে সকালে গাওয়া
but then he dreamt this bird had become mute
কিন্তু তারপর স্বপ্নে দেখলেন এই পাখিটি নিঃশব্দ হয়ে গেছে
since this arose his attention, he stepped in front of the cage
যেহেতু এটি তার দৃষ্টি আকর্ষণ করেছিল, সে খাঁচার সামনে চলে গেল
he looked at the bird inside the cage

সে খাঁচার ভেতরের পাখির দিকে তাকাল

the small bird was dead, and lay stiff on the ground

ছোট পাখিটি মারা গিয়েছিল এবং মাটিতে শক্ত হয়ে পড়েছিল

He took the dead bird out of its cage

তিনি মৃত পাখিটিকে খাঁচা থেকে বের করলেন

he took a moment to weigh the dead bird in his hand

সে তার হাতে মৃত পাখির ওজন করার জন্য কিছুক্ষণ সময় নিল

and then threw it away, out in the street

এবং তারপর তা ছুঁড়ে ফেলে, বাইরে রাস্তায়

in the same moment he felt terribly shocked

একই মুহূর্তে তিনি ভয়ানক ধাক্কা অনুভব করলেন

his heart hurt as if he had thrown away all value

তার হৃদয়ে আঘাত লেগেছে যেন সে সব মূল্য ছুড়ে ফেলেছে

everything good had been inside of this dead bird

এই মৃত পাখির ভিতরে সবকিছু ভাল ছিল

Starting up from this dream, he felt encompassed by a deep sadness

এই স্বপ্ন থেকে শুরু করে, তিনি গভীর দুঃখে আচ্ছন্ন বোধ করেন

everything seemed worthless to him

সবকিছু তার কাছে মূল্যহীন মনে হয়েছিল

worthless and pointless was the way he had been going through life

তার জীবনের মধ্য দিয়ে যাওয়া পথ ছিল অর্থহীন এবং অর্থহীন

nothing which was alive was left in his hands

জীবিত কিছুই তার হাতে অবশিষ্ট ছিল না

nothing which was in some way delicious could be kept

কোন কিছু যে কোন উপায়ে সুস্বাদু রাখা যাবে না

nothing worth keeping would stay
রাখার মত কিছুই থাকবে না
alone he stood there, empty like a castaway on the shore
একা সে সেখানে দাঁড়িয়ে ছিল, তীরে বিক্ষিপ্ত পথের মতো খালি

With a gloomy mind, Siddhartha went to his pleasure-garden
বিষণ্ণ মন নিয়ে সিদ্ধার্থ তার আনন্দ-বাগানে গেল
he locked the gate and sat down under a mango-tree
গেট তালা দিয়ে একটা আমগাছের নিচে বসে পড়ল
he felt death in his heart and horror in his chest
তিনি তার হৃদয়ে মৃত্যু এবং তার বুকে আতঙ্ক অনুভব করেছিলেন
he sensed how everything died and withered in him
তিনি অনুভব করলেন কিভাবে সবকিছু তার মধ্যে মরে গেছে এবং শুকিয়ে গেছে
By and by, he gathered his thoughts in his mind
ক্ষণে ক্ষণে সে তার মনের ভাবনাগুলো জড়ো করল
once again, he went through the entire path of his life
আবারও, সে তার জীবনের পুরো পথ অতিক্রম করেছে
he started with the first days he could remember
তিনি মনে করতে পারেন প্রথম দিন দিয়ে শুরু
When was there ever a time when he had felt a true bliss?
কখন এমন একটি সময় ছিল যখন তিনি সত্যিকারের সুখ অনুভব করেছিলেন?
Oh yes, several times he had experienced such a thing
ওহ হ্যাঁ, বেশ কয়েকবার এমন অভিজ্ঞতা হয়েছে তার
In his years as a boy he had had a taste of bliss
বালক বয়সে তিনি আনন্দের স্বাদ পেয়েছিলেন
he had felt happiness in his heart when he obtained praise from the Brahmans

ব্রাহ্মণদের কাছ থেকে প্রশংসা পেয়ে তিনি মনে মনে সুখ অনুভব করেছিলেন

"There is a path in front of the one who has distinguished himself"
"যে নিজেকে আলাদা করেছে তার সামনে একটি পথ আছে"

he had felt bliss reciting the holy verses
তিনি পবিত্র আয়াত পাঠ করে আনন্দ অনুভব করেছিলেন

he had felt bliss disputing with the learned ones
তিনি বিদ্বানদের সাথে বিতর্ক করে আনন্দ অনুভব করেছিলেন

he had felt bliss when he was an assistant in the offerings
তিনি যখন নৈবেদ্য সহকারী ছিলেন তখন তিনি আনন্দ অনুভব করেছিলেন

Then, he had felt it in his heart
তারপর, তিনি এটি তার হৃদয়ে অনুভব করেছিলেন

"There is a path in front of you"
"আপনার সামনে একটি পথ আছে"

"you are destined for this path"
"আপনি এই পথের জন্য নির্ধারিত"

"the gods are awaiting you"
"দেবতারা আপনার জন্য অপেক্ষা করছে"

And again, as a young man, he had felt bliss
এবং আবার, একজন যুবক হিসাবে, তিনি আনন্দ অনুভব করেছিলেন

when his thoughts separated him from those thinking on the same things
যখন তার চিন্তাভাবনা তাকে একই জিনিস নিয়ে চিন্তাশীলদের থেকে আলাদা করেছে

when he wrestled in pain for the purpose of Brahman
যখন তিনি ব্রাহ্মণের উদ্দেশ্যে ব্যথায় কুস্তি করেছিলেন

when every obtained knowledge only kindled new thirst in him

যখন প্রতিটি প্রাপ্ত জ্ঞান তার মধ্যে নতুন তৃষ্ণা জাগিয়েছিল

in the midst of the pain he felt this very same thing

ব্যথার মাঝেও সে একই জিনিস অনুভব করেছিল

"Go on! You are called upon!"

"যাও! তোমাকে ডাকা হচ্ছে!"

He had heard this voice when he had left his home

বাড়ি থেকে বের হওয়ার সময় তিনি এই আওয়াজ শুনেছিলেন

he heard heard this voice when he had chosen the life of a Samana

সামানার জীবন বেছে নেওয়ার সময় তিনি এই আওয়াজ শুনেছিলেন

and again he heard this voice when left the Samanas

সামনা ছেড়ে যাওয়ার সময় তিনি আবার এই আওয়াজ শুনতে পেলেন

he had heard the voice when he went to see the perfected one

তিনি যখন নিখুঁত একজনকে দেখতে গেলেন তখন তিনি কন্ঠস্বর শুনেছিলেন

and when he had gone away from the perfected one, he had heard the voice

এবং যখন তিনি সিদ্ধের কাছ থেকে চলে গেলেন, তখন তিনি কন্ঠস্বর শুনতে পেলেন।

he had heard the voice when he went into the uncertain

যখন তিনি অনিশ্চিত হয়ে গেলেন তখন তিনি কন্ঠস্বর শুনেছিলেন

For how long had he not heard this voice anymore?

কতদিন সে আর এই আওয়াজ শুনতে পায়নি?

for how long had he reached no height anymore?

কতদিন ধরে সে আর উচ্চতায় পৌঁছেনি?

how even and dull was the manner in which he went through life?

তিনি জীবনের মধ্য দিয়ে যাওয়ার পদ্ধতিটি কতটা সমান এবং নিস্তেজ ছিল?

for many long years without a high goal

অনেক দীর্ঘ বছর ধরে উচ্চ লক্ষ্য ছাড়াই

he had been without thirst or elevation

তিনি তৃষ্ণা বা উচ্চতা ছাড়া ছিল

he had been content with small lustful pleasures

সে ছোট ছোট লম্পট আনন্দে সন্তুষ্ট ছিল

and yet he was never satisfied!

এবং তবুও তিনি সন্তুষ্ট ছিলেন না!

For all of these years he had tried hard to become like the others

এত বছর ধরে তিনি অন্যদের মতো হয়ে ওঠার আপ্রাণ চেষ্টা করেছিলেন

he longed to be one of the childlike people

তিনি শিশুসদৃশ লোকদের একজন হতে চেয়েছিলেন

but he didn't know that that was what he really wanted

কিন্তু তিনি জানতেন না যে তিনি আসলেই কি চেয়েছিলেন

his life had been much more miserable and poorer than theirs

তার জীবন তাদের জীবনের চেয়ে অনেক বেশি দুর্বিষহ এবং দরিদ্র ছিল

because their goals and worries were not his

কারণ তাদের লক্ষ্য এবং উদ্বেগ তার ছিল না

the entire world of the Kamaswami-people had only been a game to him

কামস্বামী-মানুষের সমগ্র জগৎ তাঁর কাছে খেলা ছিল

their lives were a dance he would watch

তাদের জীবন ছিল একটি নাচ তিনি দেখতে হবে

they performed a comedy he could amuse himself with

তারা এমন একটি কমেডি পরিবেশন করেছিল যার সাথে সে নিজেকে মজা করতে পারে

Only Kamala had been dear and valuable to him
একমাত্র কমলাই তার কাছে প্রিয় ও মূল্যবান ছিল

but was she still valuable to him?
কিন্তু সে কি এখনও তার কাছে মূল্যবান ছিল?

Did he still need her?
তার কি এখনও তার দরকার ছিল?

Or did she still need him?
নাকি তার এখনও তাকে দরকার ছিল?

Did they not play a game without an ending?
তারা কি শেষ ছাড়া একটি খেলা খেলেনি?

Was it necessary to live for this?
এর জন্য কি বেঁচে থাকার দরকার ছিল?

No, it was not necessary!
না, এটার দরকার ছিল না!

The name of this game was Sansara
এই খেলার নাম ছিল সংসার

a game for children which was perhaps enjoyable to play once
শিশুদের জন্য একটি খেলা যা একবার খেলতে সম্ভবত উপভোগ্য ছিল

maybe it could be played twice
হয়তো এটা দুইবার খেলা যেতে পারে

perhaps you could play it ten times
সম্ভবত আপনি এটি দশবার খেলতে পারেন

but should you play it for ever and ever?
কিন্তু আপনি কি চিরকালের জন্য এটা খেলতে হবে?

Then, Siddhartha knew that the game was over
তারপর, সিদ্ধার্থ জানতেন যে খেলা শেষ

he knew that he could not play it any more
তিনি জানতেন যে তিনি আর এটি খেলতে পারবেন না

Shivers ran over his body and inside of him
কাঁপতে কাঁপতে তার শরীর ও ভেতরে
he felt that something had died
তিনি অনুভব করলেন যে কিছু মারা গেছে

That entire day, he sat under the mango-tree
সেদিন সারাদিন আমগাছের নিচে বসে রইলেন
he was thinking of his father
সে তার বাবার কথা ভাবছিল
he was thinking of Govinda
সে গোবিন্দের কথা ভাবছিল
and he was thinking of Gotama
এবং সে গোটামার কথা ভাবছিল
Did he have to leave them to become a Kamaswami?
কামস্বামী হওয়ার জন্য তাকে কি তাদের ছেড়ে যেতে হয়েছিল?
He was still sitting there when the night had fallen
রাত নেমে গেলেও তিনি সেখানে বসে ছিলেন
he caught sight of the stars, and thought to himself
সে তারাগুলো দেখতে পেল এবং মনে মনে ভাবল
"Here I'm sitting under my mango-tree in my pleasure-garden"
"এই যে আমি আমার আনন্দ-বাগানে আম গাছের নিচে বসে আছি"
He smiled a little to himself
নিজের মনেই একটু হাসলেন
was it really necessary to own a garden?
একটি বাগানের মালিক হওয়া কি সত্যিই প্রয়োজন ছিল?
was it not a foolish game?
এটা কি বোকা খেলা ছিল না?
did he need to own a mango-tree?
তার কি আম গাছের মালিক হওয়ার দরকার ছিল?

He also put an end to this
এরও অবসান ঘটিয়েছেন তিনি
this also died in him
এটাও তার মধ্যে মারা গেছে
He rose and bid his farewell to the mango-tree
সে উঠে আমগাছের কাছে বিদায় নিল
he bid his farewell to the pleasure-garden
সে আনন্দ উদ্যানে বিদায় নিল
Since he had been without food this day, he felt strong hunger
যেহেতু তিনি এই দিন না খেয়ে ছিলেন, তাই তিনি প্রবল ক্ষুধা অনুভব করলেন
and he thought of his house in the city
আর সে শহরে তার বাড়ির কথা ভাবল
he thought of his chamber and bed
সে তার চেম্বার এবং বিছানার কথা ভাবল
he thought of the table with the meals on it
তিনি খাবারের সাথে টেবিলের কথা ভাবলেন
He smiled tiredly, shook himself, and bid his farewell to these things
তিনি ক্লান্ত হাসি হাসলেন, নিজেকে ঝাঁকালেন এবং এই জিনিসগুলিকে বিদায় জানালেন
In the same hour of the night, Siddhartha left his garden
রাতের একই প্রহরে সিদ্ধার্থ তার বাগান ত্যাগ করেন
he left the city and never came back
তিনি শহর ছেড়ে চলে গেলেন এবং আর ফিরে আসেননি

For a long time, Kamaswami had people look for him
বহুদিন ধরেই কমস্বামীকে মানুষ খুঁজছিল
they thought he had fallen into the hands of robbers
তারা ভেবেছিল সে ডাকাতদের হাতে পড়েছে
Kamala had no one look for him

কমলার কেউ খোঁজ নেয়নি

she was not astonished by his disappearance
তিনি তার অন্তর্ধান দ্বারা বিস্মিত ছিল না
Did she not always expect it?
সে কি সবসময় এটা আশা করেনি?
Was he not a Samana?
তিনি কি সামানা ছিলেন না?
a man who was at home nowhere, a pilgrim
একজন মানুষ যে বাড়িতে কোথাও ছিল না, একজন তীর্থযাত্রী
she had felt this the last time they had been together
শেষবার যখন তারা একসাথে ছিল তখন সে এটি অনুভব করেছিল
she was happy despite all the pain of the loss
সমস্ত ক্ষতির বেদনা সত্ত্বেও সে খুশি ছিল
she was happy she had been with him one last time
সে খুশি ছিল সে শেষবার তার সাথে ছিল
she was happy she had pulled him so affectionately to her heart
সে খুশি ছিল যে সে তাকে তার হৃদয়ে এত স্নেহের সাথে টেনেছে
she was happy she had felt completely possessed and penetrated by him
সে খুশি ছিল যে সে তার দ্বারা সম্পূর্ণরূপে আবিষ্ট এবং অনুপ্রবেশ অনুভব করেছিল
When she received the news, she went to the window
খবর পেয়ে সে জানালার কাছে গেল
at the window she held a rare singing bird
জানালায় সে একটি বিরল গায়ক পাখি ধরেছিল
the bird was held captive in a golden cage
পাখিটিকে সোনার খাঁচায় বন্দী করে রাখা হয়েছিল
She opened the door of the cage

সে খাঁচার দরজা খুলে দিল
she took the bird out and let it fly
সে পাখিটিকে বের করে নিয়ে উড়তে দিল
For a long time, she gazed after it
অনেকক্ষণ ধরে সে তার দিকে তাকিয়ে রইল
From this day on, she received no more visitors
এই দিন থেকে, তিনি আর কোনো দর্শনার্থী পাননি
and she kept her house locked
এবং সে তার ঘর তালাবদ্ধ করে রেখেছিল
But after some time, she became aware that she was pregnant
কিন্তু কিছুক্ষণ পর তিনি জানতে পারেন যে তিনি গর্ভবতী
she was pregnant from the last time she was with Siddhartha
তিনি সিদ্ধার্থের সাথে শেষ সময় থেকে গর্ভবতী ছিলেন

By the River
নদীর ধারে

Siddhartha walked through the forest
সিদ্ধার্থ বনের মধ্যে দিয়ে হেঁটে গেল
he was already far from the city
তিনি ইতিমধ্যে শহর থেকে অনেক দূরে ছিল
and he knew nothing but one thing
এবং সে একটা জিনিস ছাড়া কিছুই জানত না
there was no going back for him
তার জন্য ফিরে যাওয়া ছিল না
the life that he had lived for many years was over
বহু বছর ধরে তিনি যে জীবনযাপন করেছিলেন তা শেষ হয়ে গেছে
he had tasted all of this life
তিনি এই জীবনের সব স্বাদ ছিল
he had sucked everything out of this life
সে এই জীবন থেকে সবকিছু চুষে নিয়েছে
until he was disgusted with it
যতক্ষণ না সে এতে বিরক্ত হয়
the singing bird he had dreamt of was dead
সে যে গায়ক পাখিটির স্বপ্ন দেখেছিল সে মারা গেছে
and the bird in his heart was dead too
এবং তার হৃদয়ের পাখিটিও মারা গিয়েছিল
he had been deeply entangled in Sansara
সংসারে তিনি গভীরভাবে জড়িয়ে পড়েছিলেন
he had sucked up disgust and death into his body
সে তার শরীরে ঘৃণা ও মৃত্যু চুষে নিয়েছিল
like a sponge sucks up water until it is full
একটি স্পঞ্জ যেমন জল পূর্ণ না হওয়া পর্যন্ত চুষে নেয়
he was full of misery and death
তিনি দুঃখ এবং মৃত্যু পূর্ণ ছিল

there was nothing left in this world which could have attracted him
এই পৃথিবীতে এমন কিছুই অবশিষ্ট ছিল না যা তাকে আকর্ষণ করতে পারত
nothing could have given him joy or comfort
কিছুই তাকে আনন্দ বা সান্ত্বনা দিতে পারে না
he passionately wished to know nothing about himself anymore
তিনি আবেগের সাথে নিজের সম্পর্কে আর কিছুই জানতে চান না
he wanted to have rest and be dead
তিনি বিশ্রাম এবং মৃত হতে চেয়েছিলেন
he wished there was a lightning-bolt to strike him dead!
তার ইচ্ছা ছিল একটা বজ্রপাত তাকে মেরে ফেলবে!
If there only was a tiger to devour him!
একটা বাঘ যদি তাকে গ্রাস করত!
If there only was a poisonous wine which would numb his senses
যদি কেবল একটি বিষাক্ত মদ থাকত যা তার ইন্দ্রিয়কে অসাড় করে দেবে
a wine which brought him forgetfulness and sleep
একটি ওয়াইন যা তাকে বিস্মৃতি এবং ঘুম এনে দিয়েছে
a wine from which he wouldn't awake from
একটি ওয়াইন যা থেকে সে জাগ্রত হবে না
Was there still any kind of filth he had not soiled himself with?
তখনও কি এমন কোনো নোংরা ছিল যা দিয়ে সে নিজেকে নোংরা করেনি?
was there a sin or foolish act he had not committed?
কোন পাপ বা মূর্খতাপূর্ণ কাজ তিনি করেননি?
was there a dreariness of the soul he didn't know?
সে জানত না আত্মার একটি ভীতি ছিল?

was there anything he had not brought upon himself?
এমন কিছু কি ছিল যা সে নিজের উপর নিয়ে আসেনি?

Was it still at all possible to be alive?
তখনও কি বেঁচে থাকা সম্ভব ছিল?

Was it possible to breathe in again and again?
বারবার শ্বাস নেওয়া কি সম্ভব ছিল?

Could he still breathe out?
সে কি এখনও শ্বাস ছাড়তে পারে?

was he able to bear hunger?
সে কি ক্ষুধা সহ্য করতে পেরেছিল?

was there any way to eat again?
আবার খাওয়ার কোন উপায় ছিল?

was it possible to sleep again?
আবার ঘুমানো কি সম্ভব?

could he sleep with a woman again?
তিনি কি আবার একজন মহিলার সাথে ঘুমাতে পারেন?

had this cycle not exhausted itself?
এই চক্র নিজেই ক্লান্ত ছিল না?

were things not brought to their conclusion?
বিষয়গুলো কি তাদের উপসংহারে আনা হয়নি?

Siddhartha reached the large river in the forest
সিদ্ধার্থ বনের বড় নদীতে পৌঁছে গেল

it was the same river he crossed when he had still been a young man
এটি সেই একই নদী ছিল যখন তিনি এখনও যুবক ছিলেন

it was the same river he crossed from the town of Gotama
এটি সেই একই নদী যা তিনি গোটামা শহর থেকে অতিক্রম করেছিলেন

he remembered a ferryman who had taken him over the river

তার মনে পড়ল একজন ফেরিওয়ালা যে তাকে নদীর উপর নিয়ে গিয়েছিল

By this river he stopped, and hesitantly he stood at the bank
এই নদীর ধারে সে থমকে দাঁড়াল, দ্বিধায় সে তীরে দাঁড়াল

Tiredness and hunger had weakened him
ক্লান্তি ও ক্ষুধা তাকে দুর্বল করে দিয়েছিল

"what should I walk on for?"
"আমি কি জন্য হাঁটতে হবে?"

"to what goal was there left to go?"
"কোন লক্ষ্যে যেতে বাকি ছিল?"

No, there were no more goals
না, আর কোনো গোল ছিল না

there was nothing left but a painful yearning to shake off this dream
এই স্বপ্নকে ঝেড়ে ফেলার বেদনাদায়ক আকাঙ্ক্ষা ছাড়া আর কিছুই অবশিষ্ট ছিল না

he yearned to spit out this stale wine
তিনি এই বাসি ওয়াইন থুতু আকাঙ্খা

he wanted to put an end to this miserable and shameful life
তিনি এই দুঃখজনক এবং লজ্জাজনক জীবন শেষ করতে চেয়েছিলেন

a coconut-tree bent over the bank of the river
নদীর ধারে বাঁকানো একটি নারকেল গাছ

Siddhartha leaned against its trunk with his shoulder
সিদ্ধার্থ তার কাঁধের সাথে ঝুঁকে পড়ে

he embraced the trunk with one arm
তিনি এক হাত দিয়ে ট্রাঙ্ক আলিঙ্গন

and he looked down into the green water
আর সে সবুজ জলের দিকে তাকাল।

the water ran under him
তার নিচে পানি চলে গেল

he looked down and found himself to be entirely filled with the wish to let go
তিনি নিচের দিকে তাকালেন এবং নিজেকে ছেড়ে দেওয়ার ইচ্ছায় সম্পূর্ণরূপে পরিপূর্ণ দেখতে পান

he wanted to drown in these waters
তিনি এই জলে ডুব দিতে চেয়েছিলেন

the water reflected a frightening emptiness back at him
জল তার দিকে একটি ভয়ঙ্কর শূন্যতা প্রতিফলিত করে

the water answered to the terrible emptiness in his soul
জল তার আত্মার ভয়ানক শূন্যতা উত্তর

Yes, he had reached the end
হ্যাঁ, তিনি শেষ পর্যন্ত পৌঁছেছিলেন

There was nothing left for him, except to annihilate himself
নিজেকে ধ্বংস করা ছাড়া আর কিছুই অবশিষ্ট ছিল না তার

he wanted to smash the failure into which he had shaped his life
তিনি তার জীবনকে যে ব্যর্থতার মধ্যে দিয়েছিলেন তা ভেঙে দিতে চেয়েছিলেন

he wanted to throw his life before the feet of mockingly laughing gods
সে ঠাট্টা-হাসি দেবতাদের পায়ের সামনে তার জীবন নিক্ষেপ করতে চেয়েছিল

This was the great vomiting he had longed for; death
এই মহান বমি তিনি জন্য আকাঙ্ক্ষিত ছিল; মৃত্যু

the smashing to bits of the form he hated
ফর্মের বিট টুকরা টুকরা সে ঘৃণা

Let him be food for fishes and crocodiles
তাকে মাছ ও কুমিরের খাদ্য হতে দিন

Siddhartha the dog, a lunatic
সিদ্ধার্থ কুকুর, একটি পাগল

a depraved and rotten body; a weakened and abused soul!

একটি বিকৃত এবং পচা শরীর; একটি দুর্বল এবং নির্যাতিত আত্মা!

let him be chopped to bits by the daemons

তাকে ডেমন দ্বারা বিট টুকরা করা যাক

With a distorted face, he stared into the water

বিকৃত মুখ নিয়ে পানির দিকে তাকাল

he saw the reflection of his face and spat at it

সে তার মুখের প্রতিচ্ছবি দেখে তাতে থুথু ফেলল

In deep tiredness, he took his arm away from the trunk of the tree

গভীর ক্লান্তিতে গাছের কাণ্ড থেকে হাত সরিয়ে নিল

he turned a bit, in order to let himself fall straight down

সে একটু ঘুরলো, যাতে নিজেকে সোজা নিচে পড়ে যায়

in order to finally drown in the river

যাতে অবশেষে নদীতে ডুবে যায়

With his eyes closed, he slipped towards death

চোখ বন্ধ করে মৃত্যুর দিকে ধাবিত হলো

Then, out of remote areas of his soul, a sound stirred up

তারপর, তার আত্মার প্রত্যন্ত অঞ্চল থেকে একটি শব্দ আলোড়িত হল

a sound stirred up out of past times of his now weary life

একটি শব্দ তার এখন ক্লান্ত জীবনের অতীত সময় থেকে আলোড়িত

It was a singular word, a single syllable

এটি একটি একক শব্দ ছিল, একটি একক শব্দাংশ

without thinking he spoke the voice to himself

কিছু না ভেবেই সে নিজের সাথে কথা বলল

he slurred the beginning and the end of all prayers of the Brahmans

তিনি ব্রাহ্মণদের সমস্ত প্রার্থনার শুরু এবং শেষটি অস্পষ্ট করেছিলেন

he spoke the holy Om

তিনি পবিত্র ওম উচ্চারণ করেন
"that what is perfect" or "the completion"
"যা নিখুঁত" বা "সম্পূর্ণতা"
And in the moment he realized the foolishness of his actions
এবং মুহূর্তের মধ্যে সে তার কর্মের বোকামি বুঝতে পারল
the sound of Om touched Siddhartha's ear
ওমের আওয়াজ সিদ্ধার্থের কানে ছুঁয়ে গেল
his dormant spirit suddenly woke up
তার সুপ্ত আত্মা হঠাৎ জেগে উঠল
Siddhartha was deeply shocked
সিদ্ধার্থ গভীরভাবে মর্মাহত হল
he saw this was how things were with him
তিনি দেখেছিলেন যে তার সাথে জিনিসগুলি কেমন ছিল
he was so doomed that he had been able to seek death
তিনি এতটাই সর্বনাশ করেছিলেন যে তিনি মৃত্যু খুঁজতে সক্ষম হয়েছিলেন
he had lost his way so much that he wished the end
তিনি এতটাই পথ হারিয়েছিলেন যে তিনি শেষ কামনা করেছিলেন
the wish of a child had been able to grow in him
একটি শিশুর ইচ্ছা তার মধ্যে বেড়ে উঠতে সক্ষম হয়েছিল
he had wished to find rest by annihilating his body!
সে তার দেহকে ধ্বংস করে বিশ্রাম পেতে চেয়েছিল!
all the agony of recent times
সাম্প্রতিক সময়ের সব যন্ত্রণা
all sobering realizations that his life had created
তার জীবন তৈরি করেছে যে সমস্ত গভীর উপলব্ধি
all the desperation that he had felt
সমস্ত হতাশা যা তিনি অনুভব করেছিলেন
these things did not bring about this moment
এই জিনিসগুলো এই মুহূর্ত নিয়ে আসেনি

when the Om entered his consciousness he became aware of himself
যখন ওম তার চেতনায় প্রবেশ করল তখন সে নিজেকে সচেতন করল
he realized his misery and his error
তিনি তার দুঃখ এবং তার ভুল বুঝতে পেরেছিলেন
Om! he spoke to himself
ওম! তিনি নিজের সাথে কথা বলেছেন
Om! and again he knew about Brahman
ওম! আবার তিনি ব্রহ্ম সম্পর্কে জানতেন
Om! he knew about the indestructibility of life
ওম! তিনি জীবনের অবিনশ্বরতা সম্পর্কে জানতেন
Om! he knew about all that is divine, which he had forgotten
ওম! তিনি ঐশ্বরিক সবকিছু সম্পর্কে জানতেন, যা তিনি ভুলে গিয়েছিলেন
But this was only a moment that flashed before him
কিন্তু এটি একটি মুহূর্ত ছিল যা তার সামনে জ্বলে উঠল
By the foot of the coconut-tree, Siddhartha collapsed
নারকেল-গাছের পায়ের কাছে সিদ্ধার্থ ভেঙে পড়ল
he was struck down by tiredness
তিনি ক্লান্তি দ্বারা আঘাত করা হয়
mumbling "Om", he placed his head on the root of the tree
"ওম" বলে বিড়বিড় করে সে গাছের গোড়ায় মাথা রাখল
and he fell into a deep sleep
এবং তিনি গভীর ঘুমের মধ্যে পড়ে গেলেন
Deep was his sleep, and without dreams
গভীর ঘুম ছিল তার, আর স্বপ্ন ছাড়া
for a long time he had not known such a sleep any more
এতদিন সে এমন ঘুমের কথা আর জানে না

When he woke up after many hours, he felt as if ten years had passed

অনেক ঘণ্টা পর যখন ঘুম ভাঙল, তখন মনে হল দশ বছর কেটে গেছে

he heard the water quietly flowing

তিনি শান্তভাবে জল প্রবাহিত শুনতে

he did not know where he was

তিনি কোথায় ছিলেন তা তিনি জানেন না

and he did not know who had brought him here

এবং সে জানত না কে তাকে এখানে এনেছে।

he opened his eyes and looked with astonishment

সে তার চোখ খুলে অবাক হয়ে তাকাল

there were trees and the sky above him

তার উপরে গাছ এবং আকাশ ছিল

he remembered where he was and how he got here

তার মনে আছে সে কোথায় ছিল এবং কিভাবে সে এখানে এসেছে

But it took him a long while for this

কিন্তু এর জন্য তার অনেক সময় লেগেছে

the past seemed to him as if it had been covered by a veil

অতীত তার কাছে মনে হয়েছিল যেন এটি একটি ঘোমটা দিয়ে ঢেকে গেছে

infinitely distant, infinitely far away, infinitely meaningless

অসীম দূর, অসীম দূরে, অসীম অর্থহীন

He only knew that his previous life had been abandoned

তিনি কেবল জানতেন যে তার আগের জীবন পরিত্যক্ত হয়েছে

this past life seemed to him like a very old, previous incarnation

এই অতীত জীবন তার কাছে খুব পুরানো, আগের অবতারের মতো মনে হয়েছিল

this past life felt like a pre-birth of his present self

এই অতীত জীবন তার বর্তমান আত্মের পূর্বজন্মের মত মনে হয়েছিল

full of disgust and wretchedness, he had intended to throw his life away
বিতৃষ্ণা এবং জঘন্যতায় পূর্ণ, সে তার জীবনকে দূরে সরিয়ে দিতে চেয়েছিল

he had come to his senses by a river, under a coconut-tree
একটা নদীর ধারে, একটা নারকেল-গাছের তলায় তার বোধ হয়

the holy word "Om" was on his lips
পবিত্র শব্দ "ওম" তার ঠোঁটে ছিল

he had fallen asleep and had now woken up
তিনি ঘুমিয়ে পড়েছিলেন এবং এখন জেগে উঠেছিলেন

he was looking at the world as a new man
তিনি একটি নতুন মানুষ হিসাবে বিশ্বের দেখতে ছিল

Quietly, he spoke the word "Om" to himself
নিঃশব্দে, তিনি নিজের সাথে "ওম" শব্দটি বললেন

the "Om" he was speaking when he had fallen asleep
তিনি যখন ঘুমিয়ে পড়েছিলেন তখন তিনি "ওম" বলছিলেন

his sleep felt like nothing more than a long meditative recitation of "Om"
তার ঘুম মনে হয়েছিল "ওম" এর দীর্ঘ ধ্যান পাঠ ছাড়া আর কিছুই নয়।

all his sleep had been a thinking of "Om"
তার সমস্ত ঘুম "ওম" ভেবেই ছিল

a submergence and complete entering into "Om"
একটি নিমজ্জিত এবং সম্পূর্ণ "ওম" এ প্রবেশ করা

a going into the perfected and completed
একটি নিখুঁত এবং সম্পন্ন মধ্যে যাচ্ছে

What a wonderful sleep this had been!
এই ঘুম কি চমৎকার ছিল!

he had never before been so refreshed by sleep

সে এর আগে কখনও ঘুমের দ্বারা এতটা সতেজ হয় নি
Perhaps, he really had died
সম্ভবত, তিনি সত্যিই মারা গিয়েছিলেন
maybe he had drowned and was reborn in a new body?
হয়তো তিনি ডুবে গিয়েছিলেন এবং একটি নতুন শরীরে পুনর্জন্ম পেয়েছেন?
But no, he knew himself and who he was
কিন্তু না, সে নিজেকে জানত এবং কে সে
he knew his hands and his feet
তিনি তার হাত এবং পা চিনতেন
he knew the place where he lay
তিনি কোথায় শুয়েছিলেন তা তিনি জানতেন
he knew this self in his chest
তিনি তার বুকে এই স্ব জানতেন
Siddhartha the eccentric, the weird one
সিদ্ধার্থ উদ্ভট, অদ্ভুত এক
but this Siddhartha was nevertheless transformed
কিন্তু এই সিদ্ধার্থ তা সত্ত্বেও রূপান্তরিত হয়েছিল
he was strangely well rested and awake
তিনি অদ্ভুতভাবে ভাল বিশ্রাম এবং জাগ্রত ছিল
and he was joyful and curious
এবং তিনি আনন্দিত এবং কৌতূহলী ছিল

Siddhartha straightened up and looked around
সিদ্ধার্থ সোজা হয়ে চারদিকে তাকাল
then he saw a person sitting opposite to him
অতঃপর তিনি একজন ব্যক্তিকে তার বিপরীতে বসে থাকতে দেখলেন
a monk in a yellow robe with a shaven head
একটি মুণ্ডিত মাথা সহ একটি হলুদ পোশাক পরা একজন সন্ন্যাসী।
he was sitting in the position of pondering

সে বসে বসে ভাবছিল

He observed the man, who had neither hair on his head nor a beard

তিনি লোকটিকে লক্ষ্য করলেন, যার মাথায় চুল বা দাড়ি ছিল না

he had not observed him for long when he recognised this monk

যখন তিনি এই সন্ন্যাসীকে চিনতে পেরেছিলেন তখন তিনি তাকে বেশিক্ষণ পর্যবেক্ষণ করেননি

it was Govinda, the friend of his youth

এটা ছিল গোবিন্দ, তার যৌবনের বন্ধু

Govinda, who had taken his refuge with the exalted Buddha

গোবিন্দ, যিনি উচ্চপদস্থ বুদ্ধের কাছে আশ্রয় নিয়েছিলেন

Like Siddhartha, Govinda had also aged

সিদ্ধার্থের মতো গোবিন্দেরও বয়স হয়েছিল

but his face still bore the same features

কিন্তু তার মুখ এখনও একই বৈশিষ্ট্য বহন

his face still expressed zeal and faithfulness

তার মুখ এখনও উদ্যম এবং বিশ্বস্ততা প্রকাশ

you could see he was still searching, but timidly

আপনি দেখতে পাচ্ছেন যে তিনি এখনও অনুসন্ধান করছেন, কিন্তু ভীতু

Govinda sensed his gaze, opened his eyes, and looked at him

গোবিন্দ তার দৃষ্টি টের পেলেন, চোখ খুললেন এবং তার দিকে তাকালেন

Siddhartha saw that Govinda did not recognise him

সিদ্ধার্থ দেখলেন গোবিন্দ তাকে চিনতে পারছেন না

Govinda was happy to find him awake

গোবিন্দ তাকে জেগে দেখে খুশি হলেন

apparently, he had been sitting here for a long time

স্পষ্টতই, তিনি দীর্ঘ সময় ধরে এখানে বসে ছিলেন

he had been waiting for him to wake up
সে তার জেগে ওঠার জন্য অপেক্ষা করছিল
he waited, although he did not know him
তিনি অপেক্ষা করেছিলেন, যদিও তিনি তাকে চিনতেন না
"I have been sleeping" said Siddhartha
"আমি ঘুমিয়ে গেছি" সিদ্ধার্থ বলল
"How did you get here?"
"তুমি এখানে কিভাবে এলে?"
"You have been sleeping" answered Govinda
গোবিন্দ উত্তর দিল, "তুমি ঘুমাচ্ছো"
"It is not good to be sleeping in such places"
"এমন জায়গায় ঘুমানো ভালো নয়"
"snakes and the animals of the forest have their paths here"
"সাপ এবং বনের প্রাণীদের এখানে তাদের পথ আছে"
"I, oh sir, am a follower of the exalted Gotama"
"আমি, ওহ মহাশয়, মহিমান্বিত গোতমের অনুসারী"
"I was on a pilgrimage on this path"
"আমি এই পথে তীর্থযাত্রায় ছিলাম"
"I saw you lying and sleeping in a place where it is dangerous to sleep"
"আমি তোমাকে এমন জায়গায় শুয়ে থাকতে দেখেছি যেখানে ঘুমানো বিপজ্জনক"
"Therefore, I sought to wake you up"
"অতএব, আমি তোমাকে জাগানোর চেষ্টা করেছি"
"but I saw that your sleep was very deep"
"কিন্তু আমি দেখলাম তোমার ঘুম খুব গভীর ছিল"
"so I stayed behind from my group"
"তাই আমি আমার গ্রুপ থেকে পিছিয়ে ছিলাম"
"and I sat with you until you woke up"
"এবং আপনি জেগে উঠা পর্যন্ত আমি আপনার সাথে বসেছিলাম"
"And then, so it seems, I have fallen asleep myself"

"এবং তারপর, তাই মনে হয়, আমি নিজেই ঘুমিয়ে পড়েছি"
"I, who wanted to guard your sleep, fell asleep"
"আমি, যে তোমার ঘুম পাহারা দিতে চেয়েছিলাম, ঘুমিয়ে পড়েছিলাম"
"Badly, I have served you"
"দুঃখজনকভাবে, আমি আপনাকে সেবা করেছি"
"tiredness had overwhelmed me"
"ক্লান্তি আমাকে আবিষ্ট করেছিল"
"But since you're awake, let me go to catch up with my brothers"
"কিন্তু যেহেতু তুমি জেগে আছো, আমাকে আমার ভাইদের সাথে দেখা করতে দাও"
"I thank you, Samana, for watching out over my sleep" spoke Siddhartha
"আমি তোমাকে ধন্যবাদ, সামানা, আমার ঘুমের দিকে খেয়াল রাখার জন্য" সিদ্ধার্থ বলল
"You're friendly, you followers of the exalted one"
"আপনি বন্ধুত্বপূর্ণ, আপনি মহান এক অনুসারী"
"Now you may go to them"
"এখন আপনি তাদের কাছে যেতে পারেন"
"I'm going, sir. May you always be in good health"
"আমি যাচ্ছি, স্যার, আপনি সবসময় সুস্থ থাকুন"
"I thank you, Samana"
"আমি তোমাকে ধন্যবাদ, সামানা"
Govinda made the gesture of a salutation and said "Farewell"
গোবিন্দ নমস্কারের অঙ্গভঙ্গি করে বললেন "বিদায়"
"Farewell, Govinda" said Siddhartha
"বিদায়, গোবিন্দ" বললেন সিদ্ধার্থ
The monk stopped as if struck by lightning
বিদ্যুতের আঘাতে সন্ন্যাসী থেমে গেলেন

"Permit me to ask, sir, from where do you know my name?"
"আমাকে জিজ্ঞেস করার অনুমতি দিন, স্যার, আপনি আমার নাম কোথা থেকে জানেন?"

Siddhartha smiled, "I know you, oh Govinda, from your father's hut"
সিদ্ধার্থ হাসল, "ওহে গোবিন্দ, তোমার বাবার কুঁড়েঘর থেকে আমি তোমাকে চিনি।"

"and I know you from the school of the Brahmans"
"এবং আমি আপনাকে ব্রাহ্মণদের স্কুল থেকে চিনি"

"and I know you from the offerings"
"এবং আমি আপনাকে নৈবেদ্য থেকে চিনি"

"and I know you from our walk to the Samanas"
"এবং আমি আপনাকে আমাদের সামনাতে হাঁটার সময় থেকে চিনি"

"and I know you from when you took refuge with the exalted one"
"এবং আমি তোমাকে চিনি সেই সময় থেকে যখন তুমি সেই মহান ব্যক্তির কাছে আশ্রয় নিয়েছ"

"You're Siddhartha," Govinda exclaimed loudly, "Now, I recognise you"
"তুমি সিদ্ধার্থ," গোবিন্দ উচ্চস্বরে বললেন, "এখন, আমি তোমাকে চিনতে পেরেছি"

"I don't comprehend how I couldn't recognise you right away"
"আমি বুঝতে পারছি না কিভাবে আমি এখনই তোমাকে চিনতে পারলাম না"

"Siddhartha, my joy is great to see you again"
"সিদ্ধার্থ, তোমাকে আবার দেখে আমার আনন্দ হয়েছে"

"It also gives me joy, to see you again" spoke Siddhartha
"এটা আমাকেও আনন্দ দেয়, তোমাকে আবার দেখতে পাবো" সিদ্ধার্থ বলল

"You've been the guard of my sleep"

"তুমি আমার ঘুমের রক্ষক হয়েছ"
"again, I thank you for this"
"আবার, আমি এর জন্য আপনাকে ধন্যবাদ"
"but I wouldn't have required any guard"
"কিন্তু আমার কোনো গার্ডের প্রয়োজন হতো না"
"Where are you going to, oh friend?"
"কোথায় যাচ্ছো বন্ধু?"
"I'm going nowhere," answered Govinda
"আমি কোথাও যাচ্ছি না," উত্তর দিল গোবিন্দ
"We monks are always travelling"
"আমরা সন্ন্যাসীরা সর্বদা ভ্রমণ করি"
"whenever it is not the rainy season, we move from one place to another"
"যখনই বর্ষাকাল হয় না, আমরা এক জায়গা থেকে অন্য জায়গায় চলে যাই"
"we live according to the rules of the teachings passed on to us"
"আমরা আমাদের কাছে প্রেরিত শিক্ষার নিয়ম অনুসারে বাস করি"
"we accept alms, and then we move on"
"আমরা ভিক্ষা গ্রহণ করি এবং তারপরে এগিয়ে যাই"
"It is always like this"
"এটা সবসময় এই মত"
"But you, Siddhartha, where are you going to?"
"কিন্তু তুমি, সিদ্ধার্থ, তুমি কোথায় যাচ্ছ?"
"for me it is as it is with you"
"আমার জন্য এটি আপনার সাথে যেমন আছে"
"I'm going nowhere; I'm just travelling"
"আমি কোথাও যাচ্ছি না; আমি শুধু ভ্রমণ করছি"
"I'm also on a pilgrimage"
"আমিও তীর্থযাত্রায় আছি"

Govinda spoke "You say you're on a pilgrimage, and I believe you"
গোবিন্দ বললেন, "তুমি বলেছ তুমি তীর্থযাত্রায়, আর আমি তোমাকে বিশ্বাস করি"

"But, forgive me, oh Siddhartha, you do not look like a pilgrim"
"কিন্তু, আমাকে ক্ষমা করো, ওহে সিদ্ধার্থ, তোমাকে তীর্থযাত্রীর মতো দেখাচ্ছে না"

"You're wearing a rich man's garments"
"আপনি ধনী ব্যক্তির পোশাক পরেছেন"

"you're wearing the shoes of a distinguished gentleman"
"আপনি একজন বিশিষ্ট ভদ্রলোকের জুতো পরেছেন"

"and your hair, with the fragrance of perfume, is not a pilgrim's hair"
"এবং আপনার চুল, সুগন্ধির সুগন্ধযুক্ত, তীর্থযাত্রীর চুল নয়"

"you do not have the hair of a Samana"
"তোমার তো সামনার চুল নেই"

"you are right, my dear"
"তুমি ঠিক বলেছ, আমার প্রিয়"

"you have observed things well"
"আপনি জিনিসগুলি ভালভাবে পর্যবেক্ষণ করেছেন"

"your keen eyes see everything"
"তোমার তীক্ষ্ণ চোখ সব দেখতে পায়"

"But I haven't said to you that I was a Samana"
"কিন্তু আমি তোমাকে বলিনি যে আমি সামানা"

"I said I'm on a pilgrimage"
"আমি বললাম আমি তীর্থযাত্রায় আছি"

"And so it is, I'm on a pilgrimage"
"এবং তাই, আমি একটি তীর্থযাত্রা করছি"

"You're on a pilgrimage" said Govinda
গোবিন্দ বলল, তুমি তীর্থযাত্রায় আছ

"But few would go on a pilgrimage in such clothes"
"কিন্তু খুব কম লোকই এমন পোশাক পরে তীর্থযাত্রায় যাবে"
"few would pilger in such shoes"
"কয়েকজন এই ধরনের জুতা পায়ে চালাবে"
"and few pilgrims have such hair"
"এবং অল্প কিছু তীর্থযাত্রীর এমন চুল আছে"
"I have never met such a pilgrim"
"আমি এমন তীর্থযাত্রীর সাথে কখনও দেখা করিনি"
"and I have been a pilgrim for many years"
"এবং আমি বহু বছর ধরে তীর্থযাত্রী"
"I believe you, my dear Govinda"
"আমি তোমাকে বিশ্বাস করি, আমার প্রিয় গোবিন্দ"
"But now, today, you've met a pilgrim just like this"
"কিন্তু এখন, আজ, আপনি ঠিক এইভাবে একজন তীর্থযাত্রীর সাথে দেখা করেছেন"
"a pilgrim wearing these kinds of shoes and garment"
"একজন তীর্থযাত্রী এই ধরণের জুতা এবং পোশাক পরিহিত"
"Remember, my dear, the world of appearances is not eternal"
"মনে রেখো, আমার প্রিয়, চেহারার জগত চিরন্তন নয়"
"our shoes and garments are anything but eternal"
"আমাদের জুতা এবং পোশাক চিরন্তন ছাড়া অন্য কিছু"
"our hair and bodies are not eternal either"
"আমাদের চুল এবং শরীরও চিরন্তন নয়"
I'm wearing a rich man's clothes"
আমি একজন ধনী লোকের পোশাক পরে আছি"
"you've seen this quite right"
"আপনি এটা ঠিকই দেখেছেন"
"I'm wearing them, because I have been a rich man"

"আমি সেগুলি পরিধান করছি, কারণ আমি একজন ধনী মানুষ ছিলাম"

"and I'm wearing my hair like the worldly and lustful people"

"এবং আমি পার্থিব এবং লম্পট মানুষের মত আমার চুল পরিধান করছি"

"because I have been one of them"

"কারণ আমি তাদের একজন ছিলাম"

"And what are you now, Siddhartha?" Govinda asked

"আর তুমি এখন কি, সিদ্ধার্থ?" গোবিন্দ জিজ্ঞেস করল

"I don't know it, just like you"

"আমি এটা জানি না, ঠিক আপনার মত"

"I was a rich man, and now I am not a rich man anymore"

"আমি ধনী ছিলাম, এখন আর ধনী নই"

"and what I'll be tomorrow, I don't know"

"এবং আমি আগামীকাল কি হব, আমি জানি না"

"You've lost your riches?" asked Govinda

"আপনি আপনার সম্পদ হারিয়েছেন?" গোবিন্দকে জিজ্ঞেস করলেন

"I've lost my riches, or they have lost me"

"আমি আমার সম্পদ হারিয়েছি, অথবা তারা আমাকে হারিয়েছে"

"My riches somehow happened to slip away from me"

"আমার ধন-সম্পদ কোনোভাবে আমার কাছ থেকে সরে গেছে"

"The wheel of physical manifestations is turning quickly, Govinda"

"শারীরিক প্রকাশের চাকা দ্রুত ঘুরছে, গোবিন্দ"

"Where is Siddhartha the Brahman?"

"সিদ্ধার্থ ব্রাহ্মণ কোথায়?"

"Where is Siddhartha the Samana?"

"সামনা সিদ্ধার্থ কোথায়?"

"Where is Siddhartha the rich man?"
"সিদ্ধার্থ ধনী কোথায়?"
"Non-eternal things change quickly, Govinda, you know it"
"অশাশ্বত জিনিসগুলি দ্রুত পরিবর্তন হয়, গোবিন্দ, আপনি এটি জানেন"
Govinda looked at the friend of his youth for a long time
গোবিন্দ তার যৌবনের বন্ধুর দিকে অনেকক্ষণ তাকিয়ে রইলেন
he looked at him with doubt in his eyes
সে সন্দেহের চোখে তার দিকে তাকাল
After that, he gave him the salutation which one would use on a gentleman
এর পরে, তিনি তাকে সেই নমস্কার দিলেন যা একজন ভদ্রলোকের উপর ব্যবহার করবে
and he went on his way, and continued his pilgrimage
এবং তিনি তার পথে চললেন, এবং তার তীর্থযাত্রা অব্যাহত রাখলেন
With a smiling face, Siddhartha watched him leave
হাসিমুখে সিদ্ধার্থ তাকে চলে যেতে দেখল
he loved him still, this faithful, fearful man
তিনি তাকে এখনও ভালবাসেন, এই বিশ্বস্ত, ভয়শীল মানুষ
how could he not have loved everybody and everything in this moment?
এই মুহূর্তে তিনি কীভাবে সবাইকে এবং সবকিছুকে ভালোবাসতে পারতেন না?
in the glorious hour after his wonderful sleep, filled with Om!
মহিমান্বিত ঘন্টা পরে তার বিস্ময়কর ঘুম, ওম ভরা!
The enchantment, which had happened inside of him in his sleep
মুগ্ধতা, যা তার ঘুমের মধ্যে ঘটেছিল
this enchantment was everything that he loved

এই মন্ত্র ছিল তার ভালবাসার সবকিছু
he was full of joyful love for everything he saw
তিনি যা দেখেছেন তার জন্য তিনি আনন্দময় ভালবাসায় পূর্ণ ছিলেন
exactly this had been his sickness before
ঠিক এই তার আগে অসুস্থতা ছিল
he had not been able to love anybody or anything
সে কাউকে বা কিছুতেই ভালোবাসতে পারেনি
With a smiling face, Siddhartha watched the leaving monk
হাসিমাখা মুখে সিদ্ধার্থ চলে যাওয়া সন্ন্যাসীকে দেখল

The sleep had strengthened him a lot
ঘুম তাকে অনেক শক্তিশালী করেছিল
but hunger gave him great pain
কিন্তু ক্ষুধা তাকে ভীষণ যন্ত্রণা দিয়েছে
by now he had not eaten for two days
এতক্ষণে সে দুই দিন খায়নি
the times were long past when he could resist such hunger
সময় অনেক অতীত ছিল যখন তিনি এই ধরনের ক্ষুধা প্রতিরোধ করতে পারেন
With sadness, and yet also with a smile, he thought of that time
দুঃখের সাথে, এবং তবুও হাসির সাথে, সে সেই সময়ের কথা ভেবেছিল
In those days, so he remembered, he had boasted of three things to Kamala
ততদিনে তাই তার মনে পড়ে, সে কমলার কাছে তিনটি জিনিসের অভিমান করেছিল
he had been able to do three noble and undefeatable feats
তিনি তিনটি মহৎ এবং অপরাজেয় কীর্তি করতে সক্ষম হয়েছিলেন
he was able to fast, wait, and think

তিনি উপবাস করতে, অপেক্ষা করতে এবং চিন্তা করতে সক্ষম ছিলেন

These had been his possessions; his power and strength
এগুলো তার সম্পত্তি ছিল; তার শক্তি এবং শক্তি
in the busy, laborious years of his youth, he had learned these three feats
তার যৌবনের ব্যস্ত, শ্রমসাধ্য বছরগুলিতে, তিনি এই তিনটি কীর্তি শিখেছিলেন
And now, his feats had abandoned him
এবং এখন, তার কৃতিত্ব তাকে পরিত্যাগ করেছে
none of his feats were his any more
তার কোন কৃতিত্ব তার আর ছিল না
neither fasting, nor waiting, nor thinking
না রোজা, না অপেক্ষা, না চিন্তা
he had given them up for the most wretched things
তিনি তাদের সবচেয়ে খারাপ জিনিসের জন্য ছেড়ে দিয়েছিলেন
what is it that fades most quickly?
এটা কি যে সবচেয়ে দ্রুত বিবর্ণ?
sensual lust, the good life, and riches!
কামুক লালসা, ভাল জীবন এবং ধনসম্পদ!
His life had indeed been strange
তার জীবন সত্যিই অদ্ভুত ছিল
And now, so it seemed, he had really become a childlike person
এবং এখন, তাই মনে হচ্ছে, তিনি সত্যিই একটি শিশুসদৃশ ব্যক্তি হয়ে উঠেছে
Siddhartha thought about his situation
সিদ্ধার্থ তার অবস্থার কথা ভাবল
Thinking was hard for him now
চিন্তা করা এখন তার জন্য কঠিন ছিল
he did not really feel like thinking

তিনি সত্যিই চিন্তা করতে চান না
but he forced himself to think
কিন্তু সে নিজেকে ভাবতে বাধ্য করল
"all these most easily perishing things have slipped from me"
"এই সব খুব সহজে ধ্বংস হওয়া জিনিস আমার কাছ থেকে স্খলিত হয়েছে"
"again, now I'm standing here under the sun"
"আবার, এখন আমি এখানে সূর্যের নীচে দাঁড়িয়ে আছি"
"I am standing here just like a little child"
"আমি এখানে একটি ছোট শিশুর মত দাঁড়িয়ে আছি"
"nothing is mine, I have no abilities"
"কিছুই আমার নয়, আমার কোন ক্ষমতা নেই"
"there is nothing I could bring about"
"এমন কিছু নেই যা আমি আনতে পারি"
"I have learned nothing from my life"
"আমি আমার জীবন থেকে কিছুই শিখিনি"
"How wondrous all of this is!"
"এই সব কত বিস্ময়কর!"
"it's wondrous that I'm no longer young"
"এটা আশ্চর্যজনক যে আমি আর তরুণ নই"
"my hair is already half gray and my strength is fading"
"আমার চুল ইতিমধ্যে অর্ধ ধূসর এবং আমার শক্তি বিবর্ণ হয়ে যাচ্ছে"
"and now I'm starting again at the beginning, as a child!"
"এবং এখন আমি আবার শুরুতে শুরু করছি, একটি শিশু হিসাবে!"
Again, he had to smile to himself
আবার নিজেকে হাসতে হলো
Yes, his fate had been strange!
হ্যাঁ, তার ভাগ্যই অদ্ভুত ছিল!
Things were going downhill with him

তার সাথে জিনিসগুলি উতরাই যাচ্ছিল
and now he was again facing the world naked and stupid
এবং এখন তিনি আবার নগ্ন এবং নির্বোধ বিশ্বের সম্মুখীন হয়
But he could not feel sad about this
কিন্তু এ নিয়ে তিনি দুঃখবোধ করতে পারেননি
no, he even felt a great urge to laugh
না, তিনি এমনকি হাসতে প্রচণ্ড তাগিদ অনুভব করেছিলেন
he felt an urge to laugh about himself
সে নিজেকে নিয়ে হাসতে ইচ্ছে করে
he felt an urge to laugh about this strange, foolish world
তিনি এই অদ্ভুত, বোকা পৃথিবী সম্পর্কে হাসতে একটি তাগিদ অনুভব করেছিলেন
"Things are going downhill with you!" he said to himself
"জিনিস আপনার সাথে উতরাই যাচ্ছে!" তিনি নিজেকে বলেন
and he laughed about his situation
এবং তিনি তার অবস্থা সম্পর্কে হাসলেন
as he was saying it he happened to glance at the river
যখন সে এটা বলছিল তখন সে নদীর দিকে তাকাল
and he also saw the river going downhill
এবং তিনি নদীকে উতরাই যেতে দেখলেন
it was singing and being happy about everything
এটা গান গাওয়া এবং সবকিছু সম্পর্কে খুশি হচ্ছে
He liked this, and kindly he smiled at the river
তিনি এটি পছন্দ করলেন, এবং তিনি নদীর দিকে সদয় হাসলেন
Was this not the river in which he had intended to drown himself?
এটা কি সেই নদী নয় যে নদীতে সে নিজেকে ডুবিয়ে দিতে চেয়েছিল?
in past times, a hundred years ago

অতীতে, একশ বছর আগে
or had he dreamed this?
নাকি তিনি এই স্বপ্ন দেখেছিলেন?
"Wondrous indeed was my life" he thought
"সত্যিই আশ্চর্যজনক ছিল আমার জীবন" সে ভেবেছিল
"my life has taken wondrous detours"
"আমার জীবন বিস্ময়কর পথ পরিক্রমা করেছে"
"As a boy, I only dealt with gods and offerings"
"বালক হিসাবে, আমি কেবল দেবতা এবং নৈবেদ্য নিয়েই মোকাবিলা করতাম"
"As a youth, I only dealt with asceticism"
"যৌবন হিসাবে, আমি কেবল তপস্বীতার সাথে মোকাবিলা করেছি"
"I spent my time in thinking and meditation"
"আমি চিন্তা ও ধ্যানে আমার সময় কাটিয়েছি"
"I was searching for Brahman
"আমি ব্রাহ্মণকে খুঁজছিলাম
"and I worshipped the eternal in the Atman"
"এবং আমি আত্মার মধ্যে অনন্তের উপাসনা করেছি"
"But as a young man, I followed the penitents"
"কিন্তু একজন যুবক হিসাবে, আমি অনুতপ্তদের অনুসরণ করেছি"
"I lived in the forest and suffered heat and frost"
"আমি বনে বাস করতাম এবং তাপ ও তুষার সহ্য করতাম"
"there I learned how to overcome hunger"
"সেখানে আমি শিখেছি কিভাবে ক্ষুধা কাটিয়ে উঠতে হয়"
"and I taught my body to become dead"
"এবং আমি আমার শরীরকে মৃত হতে শিখিয়েছি"
"Wonderfully, soon afterwards, insight came towards me"
"আশ্চর্যজনকভাবে, শীঘ্রই, অন্তর্দৃষ্টি আমার দিকে এসেছিল"
"insight in the form of the great Buddha's teachings"

"মহান বুদ্ধের শিক্ষার আকারে অন্তর্দৃষ্টি"
"I felt the knowledge of the oneness of the world"
"আমি বিশ্বের একত্বের জ্ঞান অনুভব করেছি"
"I felt it circling in me like my own blood"
"আমি অনুভব করেছি এটি আমার নিজের রক্তের মতো আমার মধ্যে ঘুরছে"
"But I also had to leave Buddha and the great knowledge"
"কিন্তু আমাকেও বুদ্ধ ও মহান জ্ঞান ত্যাগ করতে হয়েছিল"
"I went and learned the art of love with Kamala"
"আমি গিয়ে কমলার কাছে প্রেমের শিল্প শিখেছি"
"I learned trading and business with Kamaswami"
"আমি কামাস্বামীর সাথে ব্যবসা এবং ব্যবসা শিখেছি"
"I piled up money, and wasted it again"
"আমি টাকা জমা দিয়েছি, আবার নষ্ট করেছি"
"I learned to love my stomach and please my senses"
"আমি আমার পেটকে ভালবাসতে এবং আমার ইন্দ্রিয়কে খুশি করতে শিখেছি"
"I had to spend many years losing my spirit"
"আমাকে আমার আত্মা হারিয়ে বহু বছর কাটাতে হয়েছে"
"and I had to unlearn thinking again"
"এবং আমাকে আবার চিন্তাভাবনা ত্যাগ করতে হয়েছিল"
"there I had forgotten the oneness"
"সেখানে আমি একত্ব ভুলে গিয়েছিলাম"
"Isn't it just as if I had turned slowly from a man into a child"?
"এটা কি ঠিক এমন নয় যে আমি একজন মানুষ থেকে ধীরে ধীরে শিশুতে পরিণত হয়েছি"?
"from a thinker into a childlike person"
"একজন চিন্তাবিদ থেকে একজন শিশুসদৃশ ব্যক্তি"
"And yet, this path has been very good"
"এবং তবুও, এই পথটি খুব ভাল হয়েছে"

"and yet, the bird in my chest has not died"
"এবং এখনও, আমার বুকের পাখিটি মরেনি"
"what a path has this been!"
"এটা কি পথ!"
"I had to pass through so much stupidity"
"আমাকে এত বোকামির মধ্য দিয়ে যেতে হয়েছিল"
"I had to pass through so much vice"
"আমাকে এত খারাপের মধ্য দিয়ে যেতে হয়েছিল"
"I had to make so many errors"
"আমাকে অনেক ভুল করতে হয়েছিল"
"I had to feel so much disgust and disappointment"
"আমাকে অনেক ঘৃণা এবং হতাশা অনুভব করতে হয়েছিল"
"I had to do all this to become a child again"
"আবার বাচ্চা হওয়ার জন্য আমাকে এই সব করতে হয়েছিল"
"and then I could start over again"
"এবং তারপর আমি আবার শুরু করতে পারি"
"But it was the right way to do it"
"কিন্তু এটা করার সঠিক উপায় ছিল"
"my heart says yes to it and my eyes smile to it"
"আমার হৃদয় এটাকে হ্যাঁ বলে এবং আমার চোখ এতে হাসে"
"I've had to experience despair"
"আমাকে হতাশ হতে হয়েছে"
"I've had to sink down to the most foolish of all thoughts"
"আমাকে সব চিন্তার মধ্যে সবচেয়ে বোকা ভাবতে ডুবতে হয়েছে"
"I've had to think to the thoughts of suicide"
"আমাকে আত্মহত্যার চিন্তা ভাবনা করতে হয়েছে"
"only then would I be able to experience divine grace"
"তাহলেই আমি ঐশ্বরিক কৃপা অনুভব করতে পারব"
"only then could I hear Om again"

"তখনই আমি আবার ওম শুনতে পেলাম"
"only then would I be able to sleep properly and awake again"
"তাহলেই আমি ঠিকমতো ঘুমাতে পারব এবং আবার জেগে উঠতে পারব"
"I had to become a fool, to find Atman in me again"
"আমাকে বোকা হতে হয়েছিল, আবার আমার মধ্যে আত্মাকে খুঁজে পেতে"
"I had to sin, to be able to live again"
"আমাকে পাপ করতে হয়েছিল, আবার বাঁচতে সক্ষম হতে"
"Where else might my path lead me to?"
"আমার পথ আমাকে আর কোথায় নিয়ে যেতে পারে?"
"It is foolish, this path, it moves in loops"
"এটি বোকামি, এই পথ, এটি লুপে চলে"
"perhaps it is going around in a circle"
"সম্ভবত এটি একটি বৃত্তে ঘুরছে"
"Let this path go where it likes"
"এই পথটি যেখানে খুশি সেখানে যেতে দাও"
"where ever this path goes, I want to follow it"
"এই পথ যেখানে যায়, আমি এটি অনুসরণ করতে চাই"
he felt joy rolling like waves in his chest
সে অনুভব করল আনন্দ তার বুকে ঢেউয়ের মতো গড়িয়ে যাচ্ছে
he asked his heart, "from where did you get this happiness?"
সে তার হৃদয়কে জিজ্ঞাসা করল, "এ সুখ তুমি কোথা থেকে পেলে?"
"does it perhaps come from that long, good sleep?"
"এটা কি সম্ভবত সেই দীর্ঘ, ভাল ঘুম থেকে আসে?"
"the sleep which has done me so much good"
"ঘুম যা আমাকে অনেক ভালো করেছে"
"or does it come from the word Om, which I said?"
"বা এটা কি ওম শব্দ থেকে এসেছে, যা আমি বলেছি?"

"Or does it come from the fact that I have escaped?"
"অথবা এটা থেকে এসেছে যে আমি পালিয়েছি?"
"does this happiness come from standing like a child under the sky?"
"এই সুখ কি আসে আকাশের নিচে শিশুর মত দাঁড়িয়ে থেকে?"
"Oh how good is it to have fled"
"ওহ, পালিয়ে যাওয়া কত ভালো"
"it is great to have become free!"
"মুক্ত হওয়াটা দারুণ ব্যাপার!"
"How clean and beautiful the air here is"
"এখানকার বাতাস কতটা পরিষ্কার এবং সুন্দর"
"the air is good to breath"
"বাতাস শ্বাস নিতে ভাল"
"where I ran away from everything smelled of ointments"
"যেখানে আমি মলমের গন্ধে সব কিছু থেকে পালিয়ে গিয়েছিলাম"
"spices, wine, excess, sloth"
"মশলা, ওয়াইন, অতিরিক্ত, অলস"
"How I hated this world of the rich"
"আমি ধনীদের এই পৃথিবীকে কীভাবে ঘৃণা করি"
"I hated those who revel in fine food and the gamblers!"
"আমি তাদের ঘৃণা করি যারা ভাল খাবারে আনন্দ করে এবং জুয়াড়িদের!"
"I hated myself for staying in this terrible world for so long!
"এত দিন এই ভয়ানক পৃথিবীতে থাকার জন্য আমি নিজেকে ঘৃণা করি!
"I have deprived, poisoned, and tortured myself"
"আমি নিজেকে বঞ্চিত করেছি, বিষ খেয়েছি এবং নির্যাতন করেছি"
"I have made myself old and evil!"
"আমি নিজেকে বৃদ্ধ এবং মন্দ করেছি!"

"No, I will never again do the things I liked doing so much"
"না, আমি আর কখনোই সেই কাজগুলো করব না যা করতে আমার খুব ভালো লাগে"

"I won't delude myself into thinking that Siddhartha was wise!"
"আমি নিজেকে প্রতারিত করব না যে সিদ্ধার্থ জ্ঞানী ছিল!"

"But this one thing I have done well"
"কিন্তু এই একটা জিনিস আমি ভালো করেছি"

"this I like, this I must praise"
"এটি আমি পছন্দ করি, এটি আমাকে অবশ্যই প্রশংসা করতে হবে"

"I like that there is now an end to that hatred against myself"
"আমি পছন্দ করি যে এখন আমার বিরুদ্ধে সেই ঘৃণার অবসান হয়েছে"

"there is an end to that foolish and dreary life!"
"সেই মূর্খ ও ভীষন জীবনের শেষ আছে!"

"I praise you, Siddhartha, after so many years of foolishness"
"আমি তোমার প্রশংসা করছি, সিদ্ধার্থ, এত বছরের বোকামির পরে"

"you have once again had an idea"
"আপনি আবার একটি ধারণা পেয়েছেন"

"you have heard the bird in your chest singing"
"তুমি তোমার বুকে পাখির গান শুনেছ"

"and you followed the song of the bird!"
"এবং আপনি পাখির গান অনুসরণ করেছেন!"

with these thoughts he praised himself
এই চিন্তা সঙ্গে তিনি নিজেকে প্রশংসা

he had found joy in himself again
সে আবার নিজের মধ্যে আনন্দ খুঁজে পেয়েছিল

he listened curiously to his stomach rumbling with hunger
সে কৌতূহলী হয়ে শুনল তার পেট ক্ষুধায় গর্জন করছে

he had tasted and spat out a piece of suffering and misery
তিনি এক টুকরো কষ্ট এবং দুঃখের স্বাদ আস্বাদন করেছিলেন এবং থুতু দিয়েছিলেন
in these recent times and days, this is how he felt
এই সাম্প্রতিক সময়ে এবং দিনগুলিতে, তিনি এইরকম অনুভব করেছিলেন
he had devoured it up to the point of desperation and death
হতাশা এবং মৃত্যুর বিন্দু পর্যন্ত তিনি এটি গ্রাস করেছিলেন
how everything had happened was good
কিভাবে সবকিছু ঘটেছে ভাল ছিল
he could have stayed with Kamaswami for much longer
তিনি কামাস্বামীর সঙ্গে আরও বেশি দিন থাকতে পারতেন
he could have made more money, and then wasted it
তিনি আরও অর্থ উপার্জন করতে পারতেন, এবং তারপরে তা নষ্ট করতে পারতেন
he could have filled his stomach and let his soul die of thirst
সে তার পেট ভরতে পারত এবং তার আত্মাকে তৃষ্ণায় মারা যেতে পারত
he could have lived in this soft upholstered hell much longer
তিনি এই নরম গৃহসজ্জার নরকে আরও বেশি দিন থাকতে পারতেন
if this had not happened, he would have continued this life
এটা না ঘটলে, তিনি এই জীবন চালিয়ে যেতেন
the moment of complete hopelessness and despair
সম্পূর্ণ হতাশা এবং হতাশার মুহূর্ত
the most extreme moment when he hung over the rushing waters
সবচেয়ে চরম মুহূর্ত যখন তিনি ছুটে চলা জলের উপর ঝুলেছিলেন
the moment he was ready to destroy himself
যে মুহূর্তে সে নিজেকে ধ্বংস করতে প্রস্তুত ছিল

the moment he had felt this despair and deep disgust
যে মুহূর্তে তিনি এই হতাশা এবং গভীর বিরক্তি অনুভব করেছিলেন

he had not succumbed to it
তিনি এটার কাছে নতি স্বীকার করেননি

the bird was still alive after all
পাখিটি তখনও বেঁচে ছিল

this was why he felt joy and laughed
এই কারণেই তিনি আনন্দ অনুভব করেছিলেন এবং হেসেছিলেন

this was why his face was smiling brightly under his hair
এই কারণেই তার মুখ তার চুলের নীচে উজ্জ্বলভাবে হাসছিল

his hair which had now turned gray
তার চুল যা এখন ধূসর হয়ে গেছে

"It is good," he thought, "to get a taste of everything for oneself"
"এটা ভাল," তিনি ভাবলেন, "নিজের জন্য সবকিছুর স্বাদ পাওয়া"

"everything which one needs to know"
"সবকিছু যা একজনের জানা দরকার"

"lust for the world and riches do not belong to the good things"
"জগতের প্রতি লালসা এবং ধনসম্পদ ভাল জিনিসের অন্তর্গত নয়"

"I have already learned this as a child"
"আমি ইতিমধ্যে এটি একটি শিশু হিসাবে শিখেছি"

"I have known it for a long time"
"আমি এটা অনেকদিন ধরেই জানি"

"but I hadn't experienced it until now"
"কিন্তু আমি এখন পর্যন্ত এটি অনুভব করিনি"

"And now that I I've experienced it I know it"

"এবং এখন যেহেতু আমি এটি অনুভব করেছি আমি এটি জানি"

"I don't just know it in my memory, but in my eyes, heart, and stomach"

"আমি এটি কেবল আমার স্মৃতিতে জানি না, তবে আমার চোখ, হৃদয় এবং পেটে"

"it is good for me to know this!"

"এটা জানা আমার জন্য ভাল!"

For a long time, he pondered his transformation

দীর্ঘ সময় ধরে, তিনি তার রূপান্তর নিয়ে চিন্তা করেছিলেন

he listened to the bird, as it sang for joy

তিনি পাখির কথা শুনলেন, যেমনটি আনন্দে গান গাইছিল

Had this bird not died in him?

তার মধ্যে কি এই পাখি মরেনি?

had he not felt this bird's death?

তিনি কি এই পাখির মৃত্যু অনুভব করেননি?

No, something else from within him had died

না, তার ভিতর থেকে অন্য কিছু মারা গিয়েছিল

something which yearned to die had died

এমন কিছু যা মরতে চেয়েছিল তা মারা গেছে

Was it not this that he used to intend to kill?

এটা কি সে হত্যার উদ্দেশ্য ছিল না?

Was it not his his small, frightened, and proud self that had died?

এটা কি তার ছোট, ভীত, এবং গর্বিত স্বভাবের মৃত্যু ছিল না?

he had wrestled with his self for so many years

তিনি এত বছর ধরে নিজের সাথে কুস্তি করেছিলেন

the self which had defeated him again and again

যে স্বয়ং তাকে বারবার পরাজিত করেছিল

the self which was back again after every killing

প্রতিটি হত্যাকাণ্ডের পর আবার ফিরে এসেছে সেই আত্মা
the self which prohibited joy and felt fear?
যে স্বয়ং আনন্দকে নিষিদ্ধ করেছিল এবং ভয় অনুভব করেছিল?
Was it not this self which today had finally come to its death?
এই আত্মা কি আজ শেষ পর্যন্ত মৃত্যুমুখে পৌছেছিল না?
here in the forest, by this lovely river
এখানে বনে, এই সুন্দর নদীর ধারে
Was it not due to this death, that he was now like a child?
এই মৃত্যুর কারণেই কি সে এখন শিশুর মতো ছিল না?
so full of trust and joy, without fear
তাই বিশ্বাস এবং আনন্দে পূর্ণ, ভয় ছাড়াই
Now Siddhartha also got some idea of why he had fought this self in vain
এখন সিদ্ধার্থও কিছুটা ধারনা পেল কেন সে বৃথা এই আত্মযুদ্ধ করেছিল
he knew why he couldn't fight his self as a Brahman
তিনি জানতেন কেন তিনি ব্রাহ্মণ হয়ে নিজের সাথে লড়াই করতে পারেননি
Too much knowledge had held him back
অত্যধিক জ্ঞান তাকে আটকে রেখেছিল
too many holy verses, sacrificial rules, and self-castigation
অনেক পবিত্র আয়াত, বলিদানের নিয়ম, এবং আত্ম-নিন্দা
all these things held him back
এই সব জিনিস তাকে পিছিয়ে রাখা
so much doing and striving for that goal!
অনেক কিছু করছেন এবং সেই লক্ষ্যের জন্য প্রচেষ্টা!
he had been full of arrogance
সে অহংকারে পূর্ণ ছিল
he was always the smartest
তিনি সর্বদাই বুদ্ধিমান ছিলেন

he was always working the most

তিনি সবসময় সবচেয়ে বেশি কাজ করছিলেন

he had always been one step ahead of all others

তিনি সবসময় অন্য সব থেকে এক ধাপ এগিয়ে ছিলেন

he was always the knowing and spiritual one

তিনি সর্বদা জ্ঞানী এবং আধ্যাত্মিক ছিলেন

he was always considered the priest or wise one

তাকে সর্বদা পুরোহিত বা জ্ঞানী হিসাবে বিবেচনা করা হত

his self had retreated into being a priest, arrogance, and spirituality

তার স্বয়ং একজন পুরোহিত, অহংকার এবং আধ্যাত্মিকতায় পশ্চাদপসরণ করেছিল

there it sat firmly and grew all this time

সেখানে এটি দৃঢ়ভাবে বসেছিল এবং এই সমস্ত সময় বেড়েছে

and he had thought he could kill it by fasting

এবং তিনি ভেবেছিলেন যে তিনি রোজা রেখে এটিকে হত্যা করতে পারেন

Now he saw his life as it had become

এখন সে তার জীবন দেখতে পেল যেমনটা হয়ে গেছে

he saw that the secret voice had been right

তিনি দেখলেন যে গোপন কন্ঠস্বর ঠিক ছিল

no teacher would ever have been able to bring about his salvation

কোন শিক্ষক তার পরিত্রাণ আনতে সক্ষম হবে না

Therefore, he had to go out into the world

তাই তাকে দুনিয়াতে চলে যেতে হয়েছে

he had to lose himself to lust and power

তাকে লালসা এবং ক্ষমতার কাছে নিজেকে হারাতে হয়েছিল

he had to lose himself to women and money

তাকে নারী এবং অর্থের কাছে নিজেকে হারাতে হয়েছিল

he had to become a merchant, a dice-gambler, a drinker

তাকে একজন বণিক, জুয়াড়ি, মদ্যপানকারী হতে হয়েছিল
and he had to become a greedy person
এবং তাকে একজন লোভী ব্যক্তি হতে হয়েছিল
he had to do this until the priest and Samana in him was dead
তার মধ্যে পুরোহিত এবং সামানা মারা না যাওয়া পর্যন্ত তাকে এটি করতে হয়েছিল
Therefore, he had to continue bearing these ugly years
অতএব, তাকে এই কুৎসিত বছরগুলি বহন করতে হয়েছিল
he had to bear the disgust and the teachings
তাকে বিতৃষ্ণা এবং শিক্ষা সহ্য করতে হয়েছিল
he had to bear the pointlessness of a dreary and wasted life
তাকে একটি নিরানন্দ ও নষ্ট জীবনের অর্থহীনতা সহ্য করতে হয়েছিল
he had to conclude it up to its bitter end
তাকে তার তিক্ত শেষ পর্যন্ত এটি উপসংহার করতে হয়েছিল
he had to do this until Siddhartha the lustful could also die
তাকে এই কাজটি করতে হয়েছিল যতক্ষণ না সিদ্ধার্থ লম্পটও মারা যেতে পারে
He had died and a new Siddhartha had woken up from the sleep
তিনি মারা গিয়েছিলেন এবং একটি নতুন সিদ্ধার্থ ঘুম থেকে জেগে উঠেছে
this new Siddhartha would also grow old
এই নতুন সিদ্ধার্থও বুড়ো হয়ে যাবে
he would also have to die eventually
তাকেও শেষ পর্যন্ত মরতে হবে
Siddhartha was still mortal, as is every physical form
সিদ্ধার্থ তখনও নশ্বর ছিলেন, যেমন প্রতিটি শারীরিক রূপ
But today he was young and a child and full of joy
কিন্তু আজ সে যুবক এবং শিশু এবং আনন্দে পরিপূর্ণ ছিল
He thought these thoughts to himself

এসব ভাবনা তিনি নিজের মনেই ভাবলেন
he listened with a smile to his stomach
পেট ভরে হাসি দিয়ে শুনলেন
he listened gratefully to a buzzing bee
মৌমাছির গুঞ্জন তিনি কৃতজ্ঞতার সাথে শুনলেন
Cheerfully, he looked into the rushing river
প্রফুল্লভাবে, সে ছুটে চলা নদীর দিকে তাকাল
he had never before liked a water as much as this one
সে এর আগে কখনো এতটা পানি পছন্দ করেনি
he had never before perceived the voice so stronger
এত শক্তিশালী কন্ঠস্বর সে আগে কখনো দেখেনি
he had never understood the parable of the moving water so strongly
চলমান জলের দৃষ্টান্ত তিনি এত দৃঢ়ভাবে বুঝতে পারেননি
he had never before noticed how beautifully the river moved
সে আগে কখনো খেয়াল করেনি যে নদীটি কত সুন্দরভাবে চলে গেছে
It seemed to him, as if the river had something special to tell him
তার কাছে মনে হলো, নদীর যেন বিশেষ কিছু তাকে বলার আছে
something he did not know yet, which was still awaiting him
এমন কিছু যা তিনি এখনও জানতেন না, যা এখনও তার জন্য অপেক্ষা করছে
In this river, Siddhartha had intended to drown himself
এই নদীতে সিদ্ধার্থ নিজেকে ডুবিয়ে দিতে চেয়েছিলেন
in this river the old, tired, desperate Siddhartha had drowned today
এই নদীতে বৃদ্ধ, ক্লান্ত, মরিয়া সিদ্ধার্থ আজ ডুবে গেছে
But the new Siddhartha felt a deep love for this rushing water

কিন্তু নতুন সিদ্ধার্থ এই ছুটে চলা জলের প্রতি গভীর ভালবাসা অনুভব করেছিল

and he decided for himself, not to leave it very soon

এবং তিনি নিজের জন্য সিদ্ধান্ত নেন, খুব শীঘ্রই এটি ছেড়ে যাবেন না

The Ferryman
ফেরিম্যান

"By this river I want to stay," thought Siddhartha
"এই নদীর ধারে আমি থাকতে চাই," ভাবলেন সিদ্ধার্থ
"it is the same river which I have crossed a long time ago"
"এটা সেই একই নদী যেটা আমি অনেক আগেই পাড়ি দিয়েছি"
"I was on my way to the childlike people"
"আমি শিশুসদৃশ মানুষের কাছে যাচ্ছিলাম"
"a friendly ferryman had guided me across the river"
"একজন বন্ধুত্বপূর্ণ ফেরিম্যান আমাকে নদী পার করে দিয়েছিল"
"he is the one I want to go to"
"সেই যার কাছে আমি যেতে চাই"
"starting out from his hut, my path led me to a new life"
"তার কুঁড়েঘর থেকে শুরু করে, আমার পথ আমাকে একটি নতুন জীবনের দিকে নিয়ে গেছে"
"a path which had grown old and is now dead"
"একটি পথ যা পুরানো হয়ে গেছে এবং এখন মৃত"
"my present path shall also take its start there!"
"আমার বর্তমান পথটিও সেখানেই শুরু হবে!"
Tenderly, he looked into the rushing water
স্নিগ্ধভাবে, সে তাকাল জলের দিকে
he looked into the transparent green lines the water drew
তিনি পানির আঁকা স্বচ্ছ সবুজ রেখার দিকে তাকালেন
the crystal lines of water were rich in secrets
জলের স্ফটিক রেখাগুলি গোপনীয়তায় সমৃদ্ধ ছিল
he saw bright pearls rising from the deep
তিনি গভীর থেকে উজ্জ্বল মুক্তো উঠতে দেখলেন
quiet bubbles of air floating on the reflecting surface
প্রতিফলিত পৃষ্ঠে ভাসমান বাতাসের শান্ত বুদবুদ

the blue of the sky depicted in the bubbles
আকাশের নীল বুদবুদ চিত্রিত
the river looked at him with a thousand eyes
নদী হাজার চোখে তার দিকে তাকাল
the river had green eyes and white eyes
নদীর সবুজ চোখ এবং সাদা চোখ ছিল
the river had crystal eyes and sky-blue eyes
নদীর স্ফটিক চোখ এবং আকাশ-নীল চোখ ছিল
he loved this water very much, it delighted him
তিনি এই জলকে খুব পছন্দ করতেন, এটি তাকে আনন্দিত করেছিল
he was grateful to the water
তিনি জলের প্রতি কৃতজ্ঞ ছিলেন
In his heart he heard the voice talking
মনে মনে কথা বলতে শুনলেন
"Love this water! Stay near it!"
"এই জল ভালোবাসি! এটার কাছে থাকো!"
"Learn from the water!" his voice commanded him
"জল থেকে শিখুন!" তার কন্ঠ তাকে আদেশ করেছিল
Oh yes, he wanted to learn from it
ওহ হ্যাঁ, তিনি এটি থেকে শিখতে চেয়েছিলেন
he wanted to listen to the water
তিনি জল শুনতে চেয়েছিলেন
He who would understand this water's secrets
যে বুঝবে এই জলের রহস্য
he would also understand many other things
তিনি আরও অনেক কিছু বুঝতে পারবেন
this is how it seemed to him
তার কাছে এইরকমই লাগছিল
But out of all secrets of the river, today he only saw one
কিন্তু নদীর সব রহস্যের মধ্যে আজ সে শুধু একটাই দেখল
this secret touched his soul

এই গোপন তার আত্মা স্পর্শ

this water ran and ran, incessantly

এই জল ছুটে চলেছে এবং ছুটে চলেছে, অবিরাম

the water ran, but nevertheless it was always there

জল চলল, কিন্তু তবুও এটা সবসময় সেখানে ছিল

the water always, at all times, was the same

জল সবসময়, সব সময়ে, একই ছিল

and at the same time it was new in every moment

এবং একই সময়ে এটা প্রতি মুহূর্তে নতুন ছিল

he who could grasp this would be great

যে এই উপলব্ধি করতে পারে মহান হবে

but he didn't understand or grasp it

কিন্তু সে বুঝতে পারেনি বা বুঝতে পারেনি

he only felt some idea of it stirring

তিনি শুধুমাত্র এটা আলোড়ন কিছু ধারণা অনুভব

it was like a distant memory, a divine voices

এটি একটি দূরবর্তী স্মৃতি, একটি ঐশ্বরিক কন্ঠের মত ছিল

Siddhartha rose as the workings of hunger in his body became unbearable

শরীরে ক্ষুধার কাজকর্ম অসহ্য হয়ে উঠতেই সিদ্ধার্থ উঠলেন

In a daze he walked further away from the city

হতবাক হয়ে তিনি শহর থেকে আরও দূরে চলে গেলেন

he walked up the river along the path by the bank

তিনি নদীর পাড় ধরে পথ ধরে হেঁটে গেলেন

he listened to the current of the water

তিনি জলের স্রোতের কথা শুনলেন

he listened to the rumbling hunger in his body

সে তার শরীরে ক্ষুধার গর্জন শুনতে পেল

When he reached the ferry, the boat was just arriving

তিনি যখন ফেরিতে পৌঁছলেন, তখন নৌকা সবে আসছে

the same ferryman who had once transported the young Samana across the river
একই ফেরিওয়ালা যে একবার যুবক সামানাকে নদী পার করে নিয়ে গিয়েছিল
he stood in the boat and Siddhartha recognised him
তিনি নৌকায় দাঁড়ালেন এবং সিদ্ধার্থ তাকে চিনতে পারলেন
he had also aged very much
তারও অনেক বয়স হয়েছিল
the ferryman was astonished to see such an elegant man walking on foot
এমন মার্জিত লোককে পায়ে হেঁটে যেতে দেখে ফেরিওয়ালা অবাক হয়ে গেল
"Would you like to ferry me over?" he asked
"আপনি কি আমাকে ফেরি করতে চান?" তিনি জিজ্ঞাসা
he took him into his boat and pushed it off the bank
তিনি তাকে তার নৌকায় নিয়ে গিয়ে পাড় থেকে ধাক্কা দেন
"It's a beautiful life you have chosen for yourself" the passenger spoke
"এটি একটি সুন্দর জীবন যা আপনি নিজের জন্য বেছে নিয়েছেন" যাত্রীটি বলল
"It must be beautiful to live by this water every day"
"প্রতিদিন এই জলের কাছে বেঁচে থাকা সুন্দর হতে হবে"
"and it must be beautiful to cruise on it on the river"
"এবং নদীতে এটিতে ক্রুজ করা অবশ্যই সুন্দর হবে"
With a smile, the man at the oar moved from side to side
মুচকি হেসে লোকটা এপাশ ওপাশ চলে গেল
"It is as beautiful as you say, sir"
"এটা যেমন সুন্দর, আপনি যেমন বলছেন, স্যার"
"But isn't every life and all work beautiful?"
"কিন্তু প্রতিটি জীবন এবং সমস্ত কাজ কি সুন্দর নয়?"
"This may be true" replied Siddhartha

"এটা সত্যি হতে পারে" সিদ্ধার্থ উত্তর দিল
"But I envy you for your life"
"কিন্তু আমি তোমার জীবনের জন্য তোমাকে ঈর্ষা করি"
"Ah, you would soon stop enjoying it"
"আহ, আপনি শীঘ্রই এটি উপভোগ করা বন্ধ করবেন"
"This is no work for people wearing fine clothes"
"ভালো পোশাক পরা লোকদের জন্য এটা কোন কাজ নয়"
Siddhartha laughed at the observation
পর্যবেক্ষণে হেসে ফেলল সিদ্ধার্থ

"Once before, I have been looked upon today because of my clothes"
"আগেও একবার, আমার পোশাকের কারণে আজ আমাকে দেখা হয়েছে"
"I have been looked upon with distrust"
"আমাকে অবিশ্বাসের সাথে দেখা হয়েছে"
"they are a nuisance to me"
"তারা আমার জন্য একটি উপদ্রব"
"Wouldn't you, ferryman, like to accept these clothes"
"আপনি, ফেরিম্যান, এই কাপড়গুলি গ্রহণ করতে চান না"
"because you must know, I have no money to pay your fare"
"কারণ আপনি অবশ্যই জানেন, আমার কাছে আপনার ভাড়া দেওয়ার মতো টাকা নেই"
"You're joking, sir," the ferryman laughed
"আপনি মজা করছেন, স্যার," ফেরিম্যান হেসে উঠল
"I'm not joking, friend"
"আমি রসিকতা করছি না বন্ধু"
"once before you have ferried me across this water in your boat"
"একবার তুমি আমাকে তোমার নৌকায় এই জলের ওপারে নিয়ে গিয়েছ"
"you did it for the immaterial reward of a good deed"

"আপনি এটি একটি ভাল কাজের অর্থহীন পুরস্কারের জন্য করেছেন"
"ferry me across the river and accept my clothes for it"
"আমাকে নদী পার করে নিয়ে যাও এবং এর জন্য আমার জামাকাপড় গ্রহণ করো"
"And do you, sir, intent to continue travelling without clothes?"
"এবং আপনি কি, স্যার, কাপড় ছাড়া ভ্রমণ চালিয়ে যেতে চান?"
"Ah, most of all I wouldn't want to continue travelling at all"
"আহ, সর্বোপরি আমি মোটেও ভ্রমণ চালিয়ে যেতে চাই না"
"I would rather you gave me an old loincloth"
"আমি বরং আপনি আমাকে একটি পুরানো কটি দিয়েছিলেন"
"I would like it if you kept me with you as your assistant"
"আপনি যদি আমাকে আপনার সহকারী হিসাবে আপনার সাথে রাখেন তবে আমি এটি পছন্দ করব"
"or rather, I would like if you accepted me as your trainee"
"অথবা বরং, আমি চাই যদি আপনি আমাকে আপনার প্রশিক্ষণার্থী হিসাবে গ্রহণ করেন"
"because first I'll have to learn how to handle the boat"
"কারণ প্রথমে আমাকে নৌকা পরিচালনা করতে শিখতে হবে"

For a long time, the ferryman looked at the stranger
অনেকক্ষণ ধরে ফেরিওয়ালা অচেনা লোকটার দিকে তাকিয়ে রইল

he was searching in his memory for this strange man
সে তার স্মৃতিতে এই অদ্ভুত লোকটিকে খুঁজছিল

"Now I recognise you," he finally said
"এখন আমি আপনাকে চিনতে পেরেছি," তিনি অবশেষে বললেন

"At one time, you've slept in my hut"
"এক সময়, তুমি আমার কুঁড়েঘরে শুয়েছিলে"
"this was a long time ago, possibly more than twenty years"
"এটা অনেক আগে, সম্ভবত বিশ বছরেরও বেশি সময় আগে"
"and you've been ferried across the river by me"
"এবং তোমাকে আমার দ্বারা নদীর ওপারে নিয়ে যাওয়া হয়েছে"
"that day we parted like good friends"
"সেদিন আমরা ভালো বন্ধুর মতো আলাদা হয়েছিলাম"
"Haven't you been a Samana?"
"আপনি কি সামানা হননি?"
"I can't think of your name anymore"
"আমি আর তোমার নাম ভাবতে পারছি না"
"My name is Siddhartha, and I was a Samana"
"আমার নাম সিদ্ধার্থ, আর আমি ছিলাম সামানা"
"I had still been a Samana when you last saw me"
"আপনি যখন আমাকে শেষ দেখেছিলেন তখনও আমি সামানা ছিলাম"
"So be welcome, Siddhartha. My name is Vasudeva"
"সুতরাং স্বাগত জানাই, সিদ্ধার্থ। আমার নাম বাসুদেব"
"You will, so I hope, be my guest today as well"
"আপনি হবে, তাই আমি আশা করি, আজকেও আমার অতিথি হবেন"
"and you may sleep in my hut"
"এবং আপনি আমার কুঁড়েঘরে ঘুমাতে পারেন"
"and you may tell me, where you're coming from"
"এবং আপনি আমাকে বলতে পারেন, আপনি কোথা থেকে আসছেন"
"and you may tell me why these beautiful clothes are such a nuisance to you"

"এবং আপনি আমাকে বলতে পারেন কেন এই সুন্দর পোশাকগুলি আপনার কাছে এত বিরক্তিকর"
They had reached the middle of the river
তারা নদীর মাঝখানে পৌঁছে গেছে
Vasudeva pushed the oar with more strength
বাসুদেব আরো শক্তি দিয়ে ওয়ার ধাক্কা দিলেন
in order to overcome the current
স্রোত কাটিয়ে ওঠার জন্য
He worked calmly, with brawny arms
সে শান্তভাবে কাজ করত, ভগ্ন বাহু নিয়ে
his eyes were fixed in on the front of the boat
তার চোখ স্থির ছিল নৌকার সামনের দিকে
Siddhartha sat and watched him
সিদ্ধার্থ বসে বসে তাকে দেখছিল
he remembered his time as a Samana
তিনি তার সময়কে সামানা হিসাবে স্মরণ করেছিলেন
he remembered how love for this man had stirred in his heart
তার মনে পড়ল এই মানুষটির প্রতি ভালোবাসা তার হৃদয়ে কেমন আলোড়িত হয়েছিল
Gratefully, he accepted Vasudeva's invitation
কৃতজ্ঞচিত্তে তিনি বাসুদেবের আমন্ত্রণ গ্রহণ করলেন
When they had reached the bank, he helped him to tie the boat to the stakes
যখন তারা তীরে পৌঁছেছিল, তখন তিনি তাকে নৌকাটিকে বাঁশিতে বাঁধতে সাহায্য করেছিলেন
after this, the ferryman asked him to enter the hut
এর পরে, ফেরিওয়ালা তাকে কুঁড়েঘরে প্রবেশ করতে বলে
he offered him bread and water, and Siddhartha ate with eager pleasure
তিনি তাকে রুটি এবং জল নিবেদন করলেন, এবং সিদ্ধার্থ আগ্রহের সাথে ভোজন করলেন

and he also ate with eager pleasure of the mango fruits
Vasudeva offered him
এবং তিনি বাসুদেবের দেওয়া আমের ফলগুলিও আনন্দের সাথে খেতেন

Afterwards, it was almost the time of the sunset
এরপর প্রায় সূর্যাস্তের সময়
they sat on a log by the bank
তারা ব্যাঙ্কের একটি লগে বসল
Siddhartha told the ferryman about where he originally came from
সিদ্ধার্থ ফেরিওয়ালাকে বলল যে সে কোথা থেকে এসেছে
he told him about his life as he had seen it today
সে তাকে তার জীবনের কথা বলেছিল যেটা সে আজ দেখেছে
the way he had seen it in that hour of despair
যেভাবে হতাশার সময় তিনি এটি দেখেছিলেন
the tale of his life lasted late into the night
তার জীবনের গল্প গভীর রাত পর্যন্ত চলে
Vasudeva listened with great attention
বাসুদেব মনোযোগ দিয়ে শুনলেন
Listening carefully, he let everything enter his mind
মনোযোগ সহকারে শুনে, তিনি সমস্ত কিছু তার মনে প্রবেশ করতে দেন
birthplace and childhood, all that learning
জন্মস্থান এবং শৈশব, যে সব শিক্ষা
all that searching, all joy, all distress
যে সব অনুসন্ধান, সব আনন্দ, সব কষ্ট
This was one of the greatest virtues of the ferryman
এটি ছিল ফেরিম্যানের অন্যতম শ্রেষ্ঠ গুণ
like only a few, he knew how to listen
মাত্র কয়েকজনের মত, তিনি শুনতে জানতেন

he did not have to speak a word
তাকে একটি কথাও বলতে হয়নি
but the speaker sensed how Vasudeva let his words enter his mind
কিন্তু বক্তা বুঝতে পারলেন কিভাবে বাসুদেব তার কথা তার মনে প্রবেশ করতে দেন
his mind was quiet, open, and waiting
তার মন শান্ত, খোলা এবং অপেক্ষা করছিল
he did not lose a single word
তিনি একটি শব্দ হারান না
he did not await a single word with impatience
তিনি অধৈর্যের সাথে একটি শব্দও অপেক্ষা করেননি
he did not add his praise or rebuke
তিনি তার প্রশংসা বা তিরস্কার যোগ করেননি
he was just listening, and nothing else
তিনি শুধু শুনছিলেন, আর কিছু না
Siddhartha felt what a happy fortune it is to confess to such a listener
এমন একজন শ্রোতার কাছে স্বীকার করা কত সুখের সৌভাগ্যের কথা সিদ্ধার্থ অনুভব করলেন
he felt fortunate to bury in his heart his own life
তিনি তার নিজের জীবনকে তার হৃদয়ে সমাহিত করতে সৌভাগ্যবান বোধ করেছিলেন
he buried his own search and suffering
তিনি তার নিজের অনুসন্ধান এবং কষ্ট কবর
he told the tale of Siddhartha's life
তিনি সিদ্ধার্থের জীবনের গল্প বললেন
when he spoke of the tree by the river
যখন সে নদীর ধারে গাছের কথা বলল
when he spoke of his deep fall
যখন তিনি তার গভীর পতনের কথা বলেছিলেন
when he spoke of the holy Om

যখন তিনি পবিত্র ওমের কথা বলেছিলেন
when he spoke of how he had felt such a love for the river
যখন তিনি বলেছিলেন যে তিনি কীভাবে নদীর প্রতি এমন ভালবাসা অনুভব করেছিলেন

the ferryman listened to these things with twice as much attention
ফেরিম্যান দ্বিগুণ মনোযোগ দিয়ে এসব কথা শুনল

he was entirely and completely absorbed by it
তিনি সম্পূর্ণরূপে এবং সম্পূর্ণরূপে এটি দ্বারা শোষিত ছিল

he was listening with his eyes closed
সে চোখ বন্ধ করে শুনছিল

when Siddhartha fell silent a long silence occurred
সিদ্ধার্থ চুপ হয়ে গেলে দীর্ঘ নীরবতা নেমে আসে

then Vasudeva spoke "It is as I thought"
তারপর বাসুদেব বললেন, "আমি যেমন ভেবেছিলাম তেমনই"

"The river has spoken to you"
"নদী তোমার সাথে কথা বলেছে"

"the river is your friend as well"
"নদীও তোমার বন্ধু"

"the river speaks to you as well"
"নদীও তোমার সাথে কথা বলে"

"That is good, that is very good"
"এটা ভালো, এটা খুব ভালো"

"Stay with me, Siddhartha, my friend"
"আমার সাথে থাকো, সিদ্ধার্থ, আমার বন্ধু"

"I used to have a wife"
"আমার একটা বউ ছিল"

"her bed was next to mine"
"তার বিছানা আমার পাশে ছিল"

"but she has died a long time ago"
"কিন্তু সে অনেক আগেই মারা গেছে"

"for a long time, I have lived alone"
"দীর্ঘদিন ধরে, আমি একাই থাকি"
"Now, you shall live with me"
"এখন, তুমি আমার সাথে থাকবে"
"there is enough space and food for both of us"
"আমাদের দুজনের জন্য যথেষ্ট জায়গা এবং খাবার আছে"
"I thank you," said Siddhartha
"আমি আপনাকে ধন্যবাদ," সিদ্ধার্থ বলল
"I thank you and accept"
"আমি আপনাকে ধন্যবাদ এবং গ্রহণ করি"
"And I also thank you for this, Vasudeva"
"এবং আমিও এর জন্য আপনাকে ধন্যবাদ জানাই, বাসুদেব"
"I thank you for listening to me so well"
"আমি আপনাকে ধন্যবাদ এত সুন্দরভাবে আমার কথা শোনার জন্য"
"people who know how to listen are rare"
"শুনতে জানে এমন মানুষ বিরল"
"I have not met a single person who knew it as well as you do"
"আমি এমন একজন ব্যক্তির সাথে দেখা করিনি যে এটি আপনার মতো জানত"
"I will also learn in this respect from you"
"আমিও আপনার কাছ থেকে এই বিষয়ে শিখব"
"You will learn it," spoke Vasudeva
"আপনি এটা শিখবেন," বাসুদেব বললেন
"but you will not learn it from me"
"কিন্তু তুমি এটা আমার কাছ থেকে শিখবে না"
"The river has taught me to listen"
"নদী আমাকে শুনতে শিখিয়েছে"
"you will learn to listen from the river as well"
"তুমি নদী থেকেও শুনতে শিখবে"

"It knows everything, the river"
"সবই জানে, নদী"

"everything can be learned from the river"
"নদী থেকে সবকিছু শেখা যায়"

"See, you've already learned this from the water too"
"দেখুন, আপনি ইতিমধ্যে জল থেকেও এটি শিখেছেন"

"you have learned that it is good to strive downwards"
"আপনি শিখেছেন যে নীচের দিকে চেষ্টা করা ভাল"

"you have learned to sink and to seek depth"
"আপনি ডুবতে এবং গভীরতা খুঁজতে শিখেছেন"

"The rich and elegant Siddhartha is becoming an oarsman's servant"
"ধনী এবং মার্জিত সিদ্ধার্থ একজন অরসম্যানের সেবক হয়ে উঠছে"

"the learned Brahman Siddhartha becomes a ferryman"
"পণ্ডিত ব্রাহ্মণ সিদ্ধার্থ ফেরিম্যান হন"

"this has also been told to you by the river"
"এটাও তোমায় বলেছে নদী"

"You'll learn the other thing from it as well"
"আপনি এটি থেকে অন্য জিনিসও শিখবেন"

Siddhartha spoke after a long pause
দীর্ঘ বিরতির পর সিদ্ধার্থ কথা বলল

"What other things will I learn, Vasudeva?"
"আর কি শিখব, বাসুদেব?"

Vasudeva rose. "It is late," he said
বাসুদেব উঠলেন। "এটা দেরী," তিনি বলেন

and Vasudeva proposed going to sleep
এবং বাসুদেব ঘুমানোর প্রস্তাব দিলেন

"I can't tell you that other thing, oh friend"
"আমি তোমাকে অন্য জিনিস বলতে পারব না, ওহ বন্ধু"

"You'll learn the other thing, or perhaps you know it already"

"আপনি অন্য জিনিস শিখবেন, অথবা সম্ভবত আপনি এটি ইতিমধ্যেই জানেন"

"See, I'm no learned man"
"দেখুন, আমি কোন শিক্ষিত লোক নই"

"I have no special skill in speaking"
"আমার কথা বলার বিশেষ দক্ষতা নেই"

"I also have no special skill in thinking"
"আমারও চিন্তা করার বিশেষ দক্ষতা নেই"

"All I'm able to do is to listen and to be godly"
"আমি যা করতে পারি তা হল শোনা এবং ধার্মিক হওয়া"

"I have learned nothing else"
"আমি আর কিছুই শিখিনি"

"If I was able to say and teach it, I might be a wise man"
"যদি আমি এটি বলতে এবং শেখাতে সক্ষম হই তবে আমি একজন জ্ঞানী মানুষ হতে পারি"

"but like this I am only a ferryman"
"কিন্তু এভাবে আমি শুধু একজন ফেরিম্যান"

"and it is my task to ferry people across the river"
"এবং নদী পেরিয়ে মানুষকে নিয়ে যাওয়া আমার কাজ"

"I have transported many thousands of people"
"আমি হাজার হাজার মানুষকে পরিবহন করেছি"

"and to all of them, my river has been nothing but an obstacle"
"এবং তাদের সবার কাছে, আমার নদী একটি বাধা ছাড়া কিছুই ছিল না"

"it was something that got in the way of their travels"
"এটি এমন কিছু ছিল যা তাদের ভ্রমণের পথে ছিল"

"they travelled to seek money and business"
"তারা অর্থ এবং ব্যবসা খোঁজার জন্য ভ্রমণ করেছিল"

"they travelled for weddings and pilgrimages"
"তারা বিবাহ এবং তীর্থযাত্রার জন্য ভ্রমণ করেছিল"

"and the river was obstructing their path"

"এবং নদী তাদের পথকে বাধা দিচ্ছিল"

"the ferryman's job was to get them quickly across that obstacle"

"ফেরিম্যানের কাজ ছিল তাদের দ্রুত সেই বাধা অতিক্রম করা"

"But for some among thousands, a few, the river has stopped being an obstacle"

"কিন্তু হাজার হাজারের মধ্যে কারো কারো জন্য, কিছুর জন্য, নদীটি বাধা হয়ে দাঁড়িয়েছে"

"they have heard its voice and they have listened to it"

"তারা এর কন্ঠস্বর শুনেছে এবং তারা এটি শুনেছে"

"and the river has become sacred to them"

"এবং নদী তাদের কাছে পবিত্র হয়ে উঠেছে"

"it become sacred to them as it has become sacred to me"

"এটি তাদের কাছে পবিত্র হয়ে উঠেছে যেমন এটি আমার কাছে পবিত্র হয়েছে"

"for now, let us rest, Siddhartha"

"আপাতত, চল বিশ্রাম করি, সিদ্ধার্থ"

Siddhartha stayed with the ferryman and learned to operate the boat

সিদ্ধার্থ ফেরিম্যানের কাছে থেকে যান এবং নৌকা চালানো শিখেন

when there was nothing to do at the ferry, he worked with Vasudeva in the rice-field

যখন ফেরিতে কিছু করার ছিল না, তখন তিনি বাসুদেবের সাথে ধানক্ষেতে কাজ করতেন

he gathered wood and plucked the fruit off the banana-trees

তিনি কাঠ কুড়ালেন এবং কলাগাছ থেকে ফল ছিনিয়ে নিলেন

He learned to build an oar and how to mend the boat

তিনি একটি ওয়ার তৈরি করতে এবং নৌকা মেরামত করতে শিখেছিলেন

he learned how to weave baskets and repaid the hut
তিনি শিখেছিলেন কিভাবে ঝুড়ি বুনতে হয় এবং কুঁড়েঘরের শোধ করতে হয়

and he was joyful because of everything he learned
এবং তিনি সব কিছু শিখেছিলেন বলে তিনি আনন্দিত ছিলেন

the days and months passed quickly
দিন এবং মাস দ্রুত চলে গেল

But more than Vasudeva could teach him, he was taught by the river
কিন্তু বাসুদেব যতটা শিক্ষা দিতে পারতেন, তার চেয়েও বেশি তাকে শিক্ষা দিয়েছিলেন নদী

Incessantly, he learned from the river
অনবরত সে নদীর কাছ থেকে শিখেছে

Most of all, he learned to listen
সর্বোপরি, তিনি শুনতে শিখেছিলেন

he learned to pay close attention with a quiet heart
তিনি একটি শান্ত হৃদয় সঙ্গে ঘনিষ্ঠ মনোযোগ দিতে শিখেছি

he learned to keep a waiting, open soul
তিনি একটি অপেক্ষা, খোলা আত্মা রাখা শিখেছি

he learned to listen without passion
সে আবেগ ছাড়া শুনতে শিখেছে

he learned to listen without a wish
তিনি একটি ইচ্ছা ছাড়া শুনতে শিখেছি

he learned to listen without judgement
সে বিচার ছাড়াই শুনতে শিখেছে

he learned to listen without an opinion
তিনি একটি মতামত ছাড়া শুনতে শিখেছি

In a friendly manner, he lived side by side with Vasudeva

বন্ধুত্বপূর্ণভাবে তিনি বাসুদেবের পাশাপাশি থাকতেন

occasionally they exchanged some words

মাঝে মাঝে তারা কিছু কথা বিনিময় করত

then, at length, they thought about the words

তারপর, দীর্ঘ, তারা শব্দ সম্পর্কে চিন্তা

Vasudeva was no friend of words

বাসুদেব কথার বন্ধু ছিলেন না

Siddhartha rarely succeeded in persuading him to speak

সিদ্ধার্থ খুব কমই তাকে কথা বলতে রাজি করাতে সফল হন

"did you too learn that secret from the river?"

"তুমিও কি সেই রহস্য নদী থেকে শিখেছ?"

"the secret that there is no time?"

"গোপন যে সময় নেই?"

Vasudeva's face was filled with a bright smile

বাসুদেবের মুখ উজ্জ্বল হাসিতে ভরে উঠল

"Yes, Siddhartha," he spoke

"হ্যাঁ, সিদ্ধার্থ," সে বলল

"I learned that the river is everywhere at once"

"আমি শিখেছি যে নদী একযোগে সর্বত্র রয়েছে"

"it is at the source and at the mouth of the river"

"এটি উৎসে এবং নদীর মুখে"

"it is at the waterfall and at the ferry"

"এটি জলপ্রপাত এবং ফেরিতে"

"it is at the rapids and in the sea"

"এটি র‍্যাপিডে এবং সমুদ্রে"

"it is in the mountains and everywhere at once"

"এটি পাহাড়ে এবং সব জায়গায় একবারে"

"and I learned that there is only the present time for the river"

"এবং আমি শিখেছি যে নদীর জন্য শুধুমাত্র বর্তমান সময়"

"it does not have the shadow of the past"
"এতে অতীতের ছায়া নেই"
"and it does not have the shadow of the future"
"এবং এর ভবিষ্যতের ছায়া নেই"
"is this what you mean?" he asked
"তুমি কি এটাই বলতে চাচ্ছো?" তিনি জিজ্ঞাসা
"This is what I meant," said Siddhartha
"আমি এটাই বোঝাতে চেয়েছি," সিদ্ধার্থ বলল
"And when I had learned it, I looked at my life"
"এবং যখন আমি এটি শিখেছি, আমি আমার জীবনের দিকে তাকালাম"
"and my life was also a river"
"এবং আমার জীবনও একটি নদী ছিল"
"the boy Siddhartha was only separated from the man Siddhartha by a shadow"
"বালক সিদ্ধার্থ শুধুমাত্র একটি ছায়া দ্বারা মানুষ সিদ্ধার্থ থেকে বিচ্ছিন্ন ছিল"
"and a shadow separated the man Siddhartha from the old man Siddhartha"
"এবং একটি ছায়া লোকটি সিদ্ধার্থকে বৃদ্ধ মানুষ সিদ্ধার্থ থেকে পৃথক করেছে"
"things are separated by a shadow, not by something real"
"জিনিসগুলি ছায়া দ্বারা পৃথক করা হয়, বাস্তব কিছু দ্বারা নয়"
"Also, Siddhartha's previous births were not in the past"
"এছাড়াও, সিদ্ধার্থের আগের জন্ম অতীতে ছিল না"
"and his death and his return to Brahma is not in the future"
"এবং তার মৃত্যু এবং ব্রহ্মার কাছে তার প্রত্যাবর্তন ভবিষ্যতে নয়"
"nothing was, nothing will be, but everything is"
"কিছুই ছিল না, কিছুই হবে না, কিন্তু সবই আছে"
"everything has existence and is present"

"সবকিছুর অস্তিত্ব আছে এবং বর্তমান"
Siddhartha spoke with ecstasy
সিদ্ধার্থ পরমানন্দের সাথে কথা বলল
this enlightenment had delighted him deeply
এই জ্ঞান তাকে গভীরভাবে আনন্দিত করেছিল
"was not all suffering time?"
"সব কষ্টের সময় ছিল না?"
"were not all forms of tormenting oneself a form of time?"
"নিজেকে যন্ত্রণা দেওয়ার সমস্ত রূপ কি সময়ের একটি রূপ ছিল না?"
"was not everything hard and hostile because of time?"
"সময়ের কারণে সবকিছু কি কঠিন এবং প্রতিকূল ছিল না?"
"is not everything evil overcome when one overcomes time?"
"সময় কাটিয়ে উঠলেই কি সব মন্দ হয় না?"
"as soon as time leaves the mind, does suffering leave too?"
"সময় মন থেকে চলে গেলেই কি কষ্টও চলে যায়?"
Siddhartha had spoken in ecstatic delight
সিদ্ধার্থ উচ্ছ্বসিত আনন্দে কথা বলেছিল
but Vasudeva smiled at him brightly and nodded in confirmation
কিন্তু বাসুদেব তার দিকে উজ্জ্বলভাবে হাসলেন এবং নিশ্চিতভাবে মাথা নেড়ে বললেন
silently he nodded and brushed his hand over Siddhartha's shoulder
নীরবে সে মাথা নেড়ে সিদ্ধার্থের কাঁধে হাত দিল
and then he turned back to his work
এবং তারপর সে তার কাজে ফিরে গেল

And Siddhartha asked Vasudeva again another time
এবং সিদ্ধার্থ আবার বাসুদেবকে জিজ্ঞাসা করলেন
the river had just increased its flow in the rainy season

বর্ষাকালে নদীটির প্রবাহ বেড়েছে

and it made a powerful noise

এবং এটি একটি শক্তিশালী শব্দ করেছে

"Isn't it so, oh friend, the river has many voices?"

"তাই না ওরে বন্ধু, নদীর অনেক কন্ঠ আছে?"

"Hasn't it the voice of a king and of a warrior?"

"এটা কি একজন রাজা এবং যোদ্ধার কন্ঠ নয়?"

"Hasn't it the voice of of a bull and of a bird of the night?"

"এটা কি ষাঁড়ের এবং রাতের পাখির কন্ঠস্বর নয়?"

"Hasn't it the voice of a woman giving birth and of a sighing man?"

"এটি কি একজন মহিলার জন্মদানকারী এবং দীর্ঘশ্বাস ফেলা পুরুষের কন্ঠস্বর নয়?"

"and does it not also have a thousand other voices?"

"এবং এটিতে কি আরও হাজার হাজার কন্ঠ নেই?"

"it is as you say it is," Vasudeva nodded

বাসুদেব মাথা নাড়লেন, "আপনি যেমন বলছেন তেমনই হচ্ছে।"

"all voices of the creatures are in its voice"

"প্রাণীর সমস্ত কন্ঠ তার কন্ঠে"

"And do you know..." Siddhartha continued

"আর তুমি কি জানো..." সিদ্ধার্থ বললো

"what word does it speak when you succeed in hearing all of voices at once?"

"যখন আপনি একবারে সমস্ত ভয়েস শুনতে সফল হন তখন এটি কোন শব্দ বলে?"

Happily, Vasudeva's face was smiling

খুশিতে বাসুদেবের মুখে হাসি ফুটল

he bent over to Siddhartha and spoke the holy Om into his ear

তিনি সিদ্ধার্থের কাছে নত হয়ে তাঁর কানে পবিত্র ওম উচ্চারণ করলেন

And this had been the very thing which Siddhartha had also been hearing

এবং সিদ্ধার্থও এমন কথাই শুনেছিল

time after time, his smile became more similar to the ferryman's

ক্ষণে ক্ষণে, তার হাসি ফেরিম্যানের সাথে আরও মিলিত হয়েছে

his smile became almost just as bright as the ferryman's

তার হাসি প্রায় ফেরিম্যানের মতোই উজ্জ্বল হয়ে উঠেছে

it was almost just as thoroughly glowing with bliss

এটা প্রায় ঠিক যেমন পুঙ্খানুপুঙ্খভাবে পরমানন্দ সঙ্গে প্রদীপ্ত ছিল

shining out of thousand small wrinkles

হাজার ছোট বলি থেকে জ্বলজ্বল করছে

just like the smile of a child

ঠিক যেন শিশুর হাসি

just like the smile of an old man

ঠিক যেন একজন বৃদ্ধের হাসি

Many travellers, seeing the two ferrymen, thought they were brothers

অনেক যাত্রী দুই ফেরিওয়ালাকে দেখে ভেবেছিল তারা ভাই

Often, they sat in the evening together by the bank

প্রায়ই, তারা সন্ধ্যায় ব্যাংকের ধারে একসাথে বসত

they said nothing and both listened to the water

তারা কিছুই বলল না এবং উভয়েই জলের কথা শুনল

the water, which was not water to them

জল, যা তাদের জল ছিল না

it wasn't water, but the voice of life

এটা জল ছিল না, কিন্তু জীবনের কন্ঠস্বর ছিল

the voice of what exists and what is eternally taking shape

কি আছে এবং কি চিরন্তন আকার নিচ্ছে তার কন্ঠস্বর

it happened from time to time that both thought of the same thing
এটা সময়ে সময়ে ঘটেছে যে উভয় একই জিনিস চিন্তা
they thought of a conversation from the day before
তারা আগের দিন থেকে একটি কথোপকথন চিন্তা
they thought of one of their travellers
তারা তাদের একজন ভ্রমণকারীর কথা ভেবেছিল
they thought of death and their childhood
তারা মৃত্যু এবং তাদের শৈশবের কথা ভেবেছিল
they heard the river tell them the same thing
তারা নদীকে একই কথা বলতে শুনেছে
both delighted about the same answer to the same question
উভয় একই প্রশ্নের একই উত্তর সম্পর্কে আনন্দিত
There was something about the two ferrymen which was transmitted to others
দুটি ফেরিম্যান সম্পর্কে কিছু ছিল যা অন্যদের কাছে প্রেরণ করা হয়েছিল
it was something which many of the travellers felt
এটি এমন কিছু ছিল যা অনেক যাত্রী অনুভব করেছিল
travellers would occasionally look at the faces of the ferrymen
যাত্রীরা মাঝে মাঝে ফেরিম্যানদের মুখের দিকে তাকাত
and then they told the story of their life
এবং তারপর তারা তাদের জীবনের গল্প বলল
they confessed all sorts of evil things
তারা সব ধরনের খারাপ জিনিস স্বীকার করেছে
and they asked for comfort and advice
এবং তারা সান্ত্বনা এবং পরামর্শ চেয়েছিলেন
occasionally someone asked for permission to stay for a night
মাঝে মাঝে কেউ এক রাত থাকার অনুমতি চেয়েছিল
they also wanted to listen to the river
তারাও নদীর কথা শুনতে চেয়েছিল

It also happened that curious people came
এমনও হয়েছে যে কৌতূহলী মানুষও এসেছে
they had been told that there were two wise men
তাদের বলা হয়েছিল যে দুজন জ্ঞানী লোক ছিল
or they had been told there were two sorcerers
অথবা তাদের বলা হয়েছিল যে দুজন যাদুকর ছিল
The curious people asked many questions
কৌতূহলী মানুষ অনেক প্রশ্ন করলো
but they got no answers to their questions
কিন্তু তারা তাদের প্রশ্নের কোন উত্তর পায়নি
they found neither sorcerers nor wise men
তারা কোন যাদুকর বা জ্ঞানী ব্যক্তিদের খুঁজে পায়নি
they only found two friendly little old men, who seemed to be mute
তারা কেবল দুজন বন্ধুত্বপূর্ণ ছোট বৃদ্ধকে খুঁজে পেয়েছিল, যারা নিঃশব্দ বলে মনে হয়েছিল
they seemed to have become a bit strange in the forest by themselves
বনের মধ্যে তারা নিজেরাই কিছুটা অদ্ভুত হয়ে উঠেছে
And the curious people laughed about what they had heard
এবং কৌতূহলী লোকেরা যা শুনেছিল তা নিয়ে হেসেছিল
they said common people were foolishly spreading empty rumours
তারা বলেন, সাধারণ মানুষ বোকামি করে খালি গুজব ছড়াচ্ছে

The years passed by, and nobody counted them
বছর পেরিয়ে গেল, কেউ তাদের হিসাব করল না
Then, at one time, monks came by on a pilgrimage
তারপর, এক সময়, সন্ন্যাসীরা তীর্থযাত্রায় এসেছিলেন
they were followers of Gotama, the Buddha
তারা গোতম, বুদ্ধের অনুসারী ছিল

they asked to be ferried across the river
তারা নদী পার হতে বলে
they told them they were in a hurry to get back to their wise teacher
তারা তাদের বলেছিল যে তারা তাদের জ্ঞানী শিক্ষকের কাছে ফিরে যাওয়ার জন্য তাড়াহুড়ো করছে
news had spread the exalted one was deadly sick
খবর ছড়িয়ে পড়ে যে উচ্চপদস্থ একজন মারাত্মক অসুস্থ
he would soon die his last human death
তিনি শীঘ্রই তার শেষ মানব মৃত্যু হবে
in order to become one with the salvation
পরিত্রাণের সাথে এক হওয়ার জন্য
It was not long until a new flock of monks came
নতুন এক ঝাঁক সন্ন্যাসীর আগমন ঘটতে বেশি সময় লাগেনি
they were also on their pilgrimage
তারাও তাদের তীর্থযাত্রায় ছিল
most of the travellers spoke of nothing other than Gotama
অধিকাংশ ভ্রমণকারী গোটামা ছাড়া আর কিছু বলতেন না
his impending death was all they thought about
তার আসন্ন মৃত্যু সম্পর্কে তারা চিন্তা ছিল
if there had been war, just as many would travel
যদি যুদ্ধ হত, ঠিক ততটা মানুষ ভ্রমণ করত
just as many would come to the coronation of a king
একজন রাজার রাজ্যাভিষেকের জন্য যেমন অনেকে আসবেন
they gathered like ants in droves
তারা দল বেঁধে পিঁপড়ার মত জড়ো হল
they flocked, like being drawn onwards by a magic spell
তারা ঝাঁকে ঝাঁকে ঝাঁকে ঝাঁকে, যেন একটা জাদু মন্ত্র দ্বারা এগিয়ে আসছে
they went to where the great Buddha was awaiting his death

তারা সেখানে গিয়েছিলেন যেখানে মহান বুদ্ধ তাঁর মৃত্যুর অপেক্ষায় ছিলেন

the perfected one of an era was to become one with the glory

একটি যুগের নিখুঁত এক মহিমা সঙ্গে এক হয়ে ছিল

Often, Siddhartha thought in those days of the dying wise man

প্রায়ই, সিদ্ধার্থ মৃত জ্ঞানী মানুষের সেই দিনগুলিতে চিন্তা করতেন

the great teacher whose voice had admonished nations

মহান শিক্ষক যার কন্ঠ জাতিকে উপদেশ দিয়েছিল

the one who had awoken hundreds of thousands

যিনি শত সহস্র জাগিয়েছিলেন

a man whose voice he had also once heard

একজন মানুষ যার কন্ঠস্বর সেও একবার শুনেছিল

a teacher whose holy face he had also once seen with respect

একজন শিক্ষক যার পবিত্র মুখ তিনিও একবার শ্রদ্ধার চোখে দেখেছিলেন

Kindly, he thought of him

দয়া করে, তিনি তার কথা চিন্তা করেছিলেন

he saw his path to perfection before his eyes

তিনি তার চোখের সামনে পরিপূর্ণতার পথ দেখেছেন

and he remembered with a smile those words he had said to him

এবং সে তাকে বলেছিল সেই কথাগুলো হাসিমুখে মনে পড়ল

when he was a young man and spoke to the exalted one

যখন তিনি একজন যুবক ছিলেন এবং উচ্চমানের সাথে কথা বলতেন

They had been, so it seemed to him, proud and precious words

তারা ছিল, তাই এটি তার কাছে, গর্বিত এবং মূল্যবান শব্দ বলে মনে হয়েছিল

with a smile, he remembered the the words

হাসিমুখে কথাগুলো মনে পড়ল
he knew that there was nothing standing between Gotama and him any more
তিনি জানতেন যে গোতমা এবং তার মধ্যে আর কিছু নেই
he had known this for a long time already
সে অনেকদিন আগে থেকেই এটা জানত
though he was still unable to accept his teachings
যদিও তিনি এখনও তাঁর শিক্ষা গ্রহণ করতে অক্ষম ছিলেন
there was no teaching a truly searching person
সত্যিকারের অনুসন্ধানী ব্যক্তিকে কোন শিক্ষা দেওয়া হয়নি
someone who truly wanted to find, could accept
যে কেউ সত্যিই খুঁজে পেতে চেয়েছিলেন, গ্রহণ করতে পারে
But he who had found the answer could approve of any teaching
কিন্তু যিনি উত্তর পেয়েছিলেন তিনি যেকোন শিক্ষাকে অনুমোদন করতে পারেন
every path, every goal, they were all the same
প্রতিটি পথ, প্রতিটি লক্ষ্য, তারা সব একই ছিল
there was nothing standing between him and all the other thousands any more
তার এবং অন্য সব হাজার হাজারের মধ্যে আর কিছুই দাঁড়ানো ছিল না
the thousands who lived in that what is eternal
হাজার হাজার যারা যে চিরন্তন বাস
the thousands who breathed what is divine
হাজার হাজার যারা শ্বাস নিচ্ছেন কি ঐশ্বরিক

On one of these days, Kamala also went to him
এর মধ্যে একদিন কমলাও তার কাছে গেল
she used to be the most beautiful of the courtesans
তিনি গণিকাদের মধ্যে সবচেয়ে সুন্দরী হতেন
A long time ago, she had retired from her previous life

অনেক আগে, তিনি তার আগের জীবন থেকে অবসর নিয়েছিলেন

she had given her garden to the monks of Gotama as a gift
তিনি তার বাগানটি গোতমের সন্ন্যাসীদের উপহার হিসাবে দিয়েছিলেন

she had taken her refuge in the teachings
তিনি শিক্ষার আশ্রয় নিয়েছিলেন

she was among the friends and benefactors of the pilgrims
তিনি তীর্থযাত্রীদের বন্ধু এবং উপকারকারীদের মধ্যে ছিলেন

she was together with Siddhartha, the boy
সে ছেলেটি সিদ্ধার্থের সাথে একসাথে ছিল

Siddhartha the boy was her son
ছেলেটি সিদ্ধার্থ তার ছেলে

she had gone on her way due to the news of the near death of Gotama
গোতমার নিকটবর্তী মৃত্যুর সংবাদ পেয়ে সে পথে চলে গেল

she was in simple clothes and on foot
সে ছিল সাধারণ পোশাকে এবং পায়ে হেঁটে

and she was With her little son
এবং সে তার ছোট ছেলের সাথে ছিল

she was travelling by the river
সে নদীর ধারে যাচ্ছিল

but the boy had soon grown tired
কিন্তু ছেলেটি শীঘ্রই ক্লান্ত হয়ে পড়েছিল

he desired to go back home
তিনি বাড়ি ফিরে যেতে চেয়েছিলেন

he desired to rest and eat
তিনি বিশ্রাম এবং খেতে চেয়েছিলেন

he became disobedient and started whining
সে অবাধ্য হয়ে ওঠে এবং কান্নাকাটি শুরু করে

Kamala often had to take a rest with him
কমলাকে প্রায়ই তার সঙ্গে বিশ্রাম নিতে হতো

he was accustomed to getting what he wanted
তিনি যা চেয়েছিলেন তা পেতে অভ্যস্ত ছিলেন
she had to feed him and comfort him
তাকে তাকে খাওয়াতে হবে এবং তাকে সান্ত্বনা দিতে হবে
she had to scold him for his behaviour
তাকে তার আচরণের জন্য তাকে তিরস্কার করতে হয়েছিল
He did not comprehend why he had to go on this exhausting pilgrimage
কেন তাকে এই ক্লান্তিকর তীর্থযাত্রায় যেতে হলো তা তিনি বুঝতে পারলেন না
he did not know why he had to go to an unknown place
কেন তাকে অজানা জায়গায় যেতে হলো তা তিনি জানেন না
he did know why he had to see a holy dying stranger
তিনি জানতেন কেন তাকে একজন পবিত্র মৃত অপরিচিত ব্যক্তিকে দেখতে হয়েছিল
"So what if he died?" he complained
"তাহলে যদি সে মারা যায়?" তিনি অভিযোগ করেছেন
why should this concern him?
কেন এটা তাকে উদ্বিগ্ন করা উচিত?
The pilgrims were getting close to Vasudeva's ferry
তীর্থযাত্রীরা বাসুদেবের ফেরির কাছাকাছি চলে আসছিলেন
little Siddhartha once again forced his mother to rest
ছোট্ট সিদ্ধার্থ আবার তার মাকে বিশ্রাম নিতে বাধ্য করল
Kamala had also become tired
কমলাও ক্লান্ত হয়ে পড়েছিল
while the boy was chewing a banana, she crouched down on the ground
ছেলেটি যখন কলা চিবিয়ে খাচ্ছিল, তখন সে মাটিতে কুঁচকে গেল
she closed her eyes a bit and rested
সে একটু চোখ বন্ধ করে বিশ্রাম নিল

But suddenly, she uttered a wailing scream
কিন্তু হঠাৎ করেই সে চিৎকার করে উঠল
the boy looked at her in fear
ছেলেটি ভয়ে তার দিকে তাকাল
he saw her face had grown pale from horror
তিনি দেখলেন ভয়ে তার মুখ ফ্যাকাশে হয়ে গেছে
and from under her dress, a small, black snake fled
এবং তার পোশাকের নিচ থেকে একটি ছোট, কালো সাপ পালিয়ে গেল
a snake by which Kamala had been bitten
একটি সাপ যা কমলাকে কামড়েছিল
Hurriedly, they both ran along the path, to reach people
তাড়াহুড়ো করে ওরা দুজনেই পথ ধরে দৌড়ে গেল, মানুষের কাছে পৌঁছানোর জন্য
they got near to the ferry and Kamala collapsed
তারা ফেরির কাছে গেলে কমলা ভেঙে পড়ে
she was not able to go any further
তিনি আর যেতে সক্ষম ছিল না
the boy started crying miserably
ছেলেটা অসহায়ভাবে কাঁদতে লাগলো
his cries were only interrupted when he kissed his mother
যখন সে তার মাকে চুম্বন করেছিল তখনই তার কান্না থামে
she also joined his loud screams for help
সেও সাহায্যের জন্য তার জোরে চিৎকারে যোগ দেয়
she screamed until the sound reached Vasudeva's ears
শব্দটি বাসুদেবের কানে না পৌঁছানো পর্যন্ত তিনি চিৎকার করতে থাকেন
Vasudeva quickly came and took the woman on his arms
বাসুদেব দ্রুত এসে মহিলাকে কোলে তুলে নিলেন
he carried her into the boat and the boy ran along
তিনি তাকে নৌকায় নিয়ে গেলেন এবং ছেলেটি দৌড়ে গেল

soon they reached the hut, where Siddhartha stood by the stove
শীঘ্রই তারা কুঁড়েঘরে পৌঁছে গেল, যেখানে সিদ্ধার্থ চুলার পাশে দাঁড়িয়েছিল
he was just lighting the fire
সে শুধু আগুন জ্বালাচ্ছিল
He looked up and first saw the boy's face
সে মুখ তুলে প্রথমে ছেলেটির মুখ দেখতে পেল
it wondrously reminded him of something
এটা বিস্ময়করভাবে তাকে কিছু মনে করিয়ে দিল
like a warning to remember something he had forgotten
যেন সে ভুলে গেছে এমন কিছু মনে রাখার সতর্কবাণী
Then he saw Kamala, whom he instantly recognised
তারপর তিনি কমলাকে দেখতে পেলেন, যাকে তিনি সঙ্গে সঙ্গে চিনতে পারলেন
she lay unconscious in the ferryman's arms
তিনি ফেরিম্যানের বাহুতে অজ্ঞান হয়ে পড়েছিলেন
now he knew that it was his own son
এখন সে জানল যে এটা তার নিজের ছেলে
his son whose face had been such a warning reminder to him
তার ছেলে যার মুখ তার জন্য একটি সতর্কতা অনুস্মারক ছিল
and the heart stirred in his chest
এবং হৃদয় তার বুকে আলোড়িত
Kamala's wound was washed, but had already turned black
কমলার ক্ষত ধুয়ে গেছে, কিন্তু ইতিমধ্যে কালো হয়ে গেছে
and her body was swollen
এবং তার শরীর ফুলে গিয়েছিল
she was made to drink a healing potion
তাকে একটি নিরাময় ওষুধ পান করানো হয়েছিল
Her consciousness returned and she lay on Siddhartha's bed

তার চেতনা ফিরে এল এবং সে সিদ্ধার্থের বিছানায় শুয়ে পড়ল

Siddhartha stood over Kamala, who he used to love so much
সিদ্ধার্থ কমলার উপরে দাঁড়াল, যাকে সে খুব ভালবাসত
It seemed like a dream to her
এটা তার কাছে স্বপ্নের মতো মনে হলো
with a smile, she looked at her friend's face
একটা হাসি দিয়ে সে তার বন্ধুর মুখের দিকে তাকাল
slowly she realized her situation
ধীরে ধীরে সে তার অবস্থা বুঝতে পেরেছে
she remembered she had been bitten
তার মনে পড়ে তাকে কামড় দেওয়া হয়েছিল
and she timidly called for her son
এবং সে ভীতুভাবে তার ছেলেকে ডাকল
"He's with you, don't worry," said Siddhartha
"সে তোমার সাথে আছে, চিন্তা করো না," সিদ্ধার্থ বলল
Kamala looked into his eyes
কমলা তার চোখের দিকে তাকাল
She spoke with a heavy tongue, paralysed by the poison
সে বিষে পঙ্গু হয়ে ভারী জিভ দিয়ে কথা বলল
"You've become old, my dear," she said
"তুমি বুড়ো হয়ে গেছ, আমার প্রিয়," সে বলল
"you've become gray," she added
"আপনি ধূসর হয়ে গেছেন," তিনি যোগ করেছেন
"But you are like the young Samana, who came without clothes"
"কিন্তু তুমি সেই যুবক সামানার মত, যে বস্ত্র ছাড়া এসেছিল"
"you're like the Samana who came into my garden with dusty feet"
"তুমি সেই সামানার মত যে আমার বাগানে ধুলো পায়ে এসেছিল"

"You are much more like him than you were when you left me"

"তুমি আমাকে ছেড়ে যাবার সময় তার চেয়ে অনেক বেশি তার মত"

"In the eyes, you're like him, Siddhartha"

"চোখে, তুমি তার মতো, সিদ্ধার্থ"

"Alas, I have also grown old"

"হায়, আমিও বুড়ো হয়ে গেছি"

"could you still recognise me?"

"আপনি কি এখনও আমাকে চিনতে পারেন?"

Siddhartha smiled, "Instantly, I recognised you, Kamala, my dear"

সিদ্ধার্থ মুচকি হেসে বলল, "তখনই, আমি তোমাকে চিনতে পেরেছি, কমলা, আমার প্রিয়।"

Kamala pointed to her boy

কমলা তার ছেলের দিকে ইশারা করল

"Did you recognise him as well?"

"আপনি কি তাকেও চিনতে পেরেছেন?"

"He is your son," she confirmed

"সে তোমার ছেলে," সে নিশ্চিত করেছে

Her eyes became confused and fell shut

তার চোখ বিভ্রান্ত হয়ে পড়ে এবং বন্ধ হয়ে যায়

The boy wept and Siddhartha took him on his knees

ছেলেটি কেঁদে উঠল এবং সিদ্ধার্থ তাকে হাঁটুতে তুলে নিল

he let him weep and petted his hair

সে তাকে কাঁদতে দিল এবং তার চুল পেঁচিয়ে রাখল

at the sight of the child's face, a Brahman prayer came to his mind

শিশুটির মুখ দেখে তার মনে একটি ব্রাহ্মণ প্রার্থনা এসেছিল

a prayer which he had learned a long time ago

একটি প্রার্থনা যা তিনি অনেক আগে শিখেছিলেন

a time when he had been a little boy himself

একটি সময় যখন তিনি নিজে একটি ছোট ছেলে ছিল
Slowly, with a singing voice, he started to speak
ধীরে ধীরে গান গাওয়া কন্ঠে বলতে শুরু করলেন
from his past and childhood, the words came flowing to him
তার অতীত এবং শৈশব থেকে, শব্দগুলি তার কাছে প্রবাহিত হয়েছিল
And with that song, the boy became calm
আর সেই গানে ছেলেটা শান্ত হয়ে গেল
he was only now and then uttering a sob
তিনি শুধু এখন এবং তারপর একটি কান্না উচ্চারণ ছিল
and finally he fell asleep
এবং অবশেষে তিনি ঘুমিয়ে পড়লেন
Siddhartha placed him on Vasudeva's bed
সিদ্ধার্থ তাকে বসিয়ে দিল বাসুদেবের বিছানায়
Vasudeva stood by the stove and cooked rice
বাসুদেব চুলার কাছে দাঁড়িয়ে ভাত রান্না করলেন
Siddhartha gave him a look, which he returned with a smile
সিদ্ধার্থ তাকে একটি চেহারা দিল, যা সে হাসিমুখে ফিরিয়ে দিল
"She'll die," Siddhartha said quietly
"সে মারা যাবে," সিদ্ধার্থ চুপচাপ বলল
Vasudeva knew it was true, and nodded
বাসুদেব জানলেন এটা সত্য, এবং মাথা নাড়লেন
over his friendly face ran the light of the stove's fire
তার বন্ধুত্বপূর্ণ মুখের উপর দিয়ে চুলার আগুনের আলো জ্বলে উঠল
once again, Kamala returned to consciousness
আবার কমলার চেতনা ফিরে এল
the pain of the poison distorted her face
বিষের যন্ত্রণা তার মুখ বিকৃত করেছে
Siddhartha's eyes read the suffering on her mouth
সিদ্ধার্থের চোখে মুখে কষ্টটা পড়ে

from her pale cheeks he could see that she was suffering
তার ফ্যাকাশে গাল থেকে সে দেখতে পেল যে সে কষ্ট পাচ্ছে

Quietly, he read the pain in her eyes
চুপচাপ, সে তার চোখে ব্যথা পড়ল

attentively, waiting, his mind become one with her suffering
মনোযোগ সহকারে, অপেক্ষা করে, তার মন তার কষ্টের সাথে এক হয়ে যায়

Kamala felt it and her gaze sought his eyes
কমলা তা অনুভব করল এবং তার দৃষ্টি তার চোখ চেয়ে নিল

Looking at him, she spoke
তার দিকে তাকিয়ে সে কথা বলল

"Now I see that your eyes have changed as well"
"এখন দেখছি তোমার চোখও বদলে গেছে"

"They've become completely different"
"তারা সম্পূর্ণ আলাদা হয়ে গেছে"

"what do I still recognise in you that is Siddhartha?
"আমি এখনও কি চিনতে পারি তোমার মধ্যে যে সিদ্ধার্থ?

"It's you, and it's not you"
"এটা তুমি, আর এটা তুমি নও"

Siddhartha said nothing, quietly his eyes looked at hers
সিদ্ধার্থ কিছু বলল না, চুপচাপ চোখ মেলে ওর দিকে

"You have achieved it?" she asked
"আপনি এটা অর্জন করেছেন?" তিনি জিজ্ঞাসা

"You have found peace?"
"আপনি শান্তি পেয়েছেন?"

He smiled and placed his hand on hers
সে হেসে তার গায়ে হাত রাখল

"I'm seeing it" she said
"আমি এটা দেখছি" সে বলল

"I too will find peace"

"আমিও শান্তি পাব"

"You have found it," Siddhartha spoke in a whisper
"আপনি এটি খুঁজে পেয়েছেন," সিদ্ধার্থ ফিসফিস করে বলল
Kamala never stopped looking into his eyes
কমলা তার চোখের দিকে তাকাতে থামেনি
She thought about her pilgrimage to Gotama
সে গোতমার তীর্থযাত্রার কথা ভাবল
the pilgrimage which she wanted to take
যে তীর্থযাত্রা সে নিতে চেয়েছিল
in order to see the face of the perfected one
যাতে নিখুঁত এক মুখ দেখতে
in order to breathe his peace
তার শান্তির শ্বাস ফেলার জন্য
but she had now found it in another place
কিন্তু সে এখন এটি অন্য জায়গায় খুঁজে পেয়েছে
and this she thought that was good too
এবং এই সে ভেবেছিল যে এটিও ভাল ছিল
it was just as good as if she had seen the other one
এটা ঠিক যেমন ভালো ছিল যেন সে অন্যটিকে দেখেছিল
She wanted to tell this to him
তিনি তাকে এই কথা বলতে চেয়েছিলেন
but her tongue no longer obeyed her will
কিন্তু তার জিহ্বা আর তার ইচ্ছা পালন করে না
Without speaking, she looked at him
কথা না বলে তার দিকে তাকাল
he saw the life fading from her eyes
সে তার চোখ থেকে জীবন বিবর্ণ হতে দেখেছে
the final pain filled her eyes and made them grow dim
শেষ ব্যথা তার চোখ পূর্ণ করে এবং তাদের ম্লান করে তোলে
the final shiver ran through her limbs
চূড়ান্ত কাঁপুনি তার অঙ্গপ্রত্যঙ্গের মধ্য দিয়ে চলে গেল

his finger closed her eyelids
তার আঙুল তার চোখের পাতা বন্ধ

For a long time, he sat and looked at her peacefully dead face
অনেকক্ষণ বসে বসে তার শান্তভাবে মৃত মুখের দিকে তাকিয়ে রইল
For a long time, he observed her mouth
অনেকক্ষণ ধরে সে তার মুখ দেখেছে
her old, tired mouth, with those lips, which had become thin
তার পুরানো, ক্লান্ত মুখ, সেই ঠোঁটগুলির সাথে, যা পাতলা হয়ে গিয়েছিল
he remembered he used to compare this mouth with a freshly cracked fig
তার মনে আছে সে এই মুখের সাথে একটি সদ্য ফাটা ডুমুরের সাথে তুলনা করত
this was in the spring of his years
এই তার বছর বসন্ত ছিল
For a long time, he sat and read the pale face
অনেক্ষণ বসে বসে পড়ল ফ্যাকাশে মুখ
he read the tired wrinkles
তিনি ক্লান্ত wrinkles পড়া
he filled himself with this sight
তিনি এই দৃশ্যে নিজেকে পূর্ণ করেন
he saw his own face in the same manner
সে একইভাবে তার নিজের মুখ দেখেছে
he saw his face was just as white
সে দেখল তার মুখের মতোই সাদা
he saw his face was just as quenched out
সে দেখল তার মুখটা ঠিক যেমন নিভে গেছে
at the same time he saw his face and hers being young
একই সময়ে সে তার মুখ এবং তার তরুণ দেখতে পেল

their faces with red lips and fiery eyes
লাল ঠোঁট এবং জ্বলন্ত চোখ দিয়ে তাদের মুখ
the feeling of both being real at the same time
একই সময়ে উভয়ের বাস্তব হওয়ার অনুভূতি
the feeling of eternity completely filled every aspect of his being
অনন্তকালের অনুভূতি তার সত্তার প্রতিটি দিককে সম্পূর্ণরূপে পূর্ণ করে
in this hour he felt more deeply than than he had ever felt before
এই ঘন্টায় তিনি আগের চেয়ে আরও গভীরভাবে অনুভব করেছিলেন
he felt the indestructibility of every life
তিনি প্রতিটি জীবনের অবিনশ্বরতা অনুভব করেছিলেন
he felt the eternity of every moment
তিনি প্রতি মুহূর্তের অনন্তকাল অনুভব করেন
When he rose, Vasudeva had prepared rice for him
যখন তিনি উঠলেন, বাসুদেব তার জন্য ভাত প্রস্তুত করেছিলেন
But Siddhartha did not eat that night
কিন্তু সিদ্ধার্থ সে রাতে খায়নি
In the stable their goat stood
আস্তাবলে তাদের ছাগল দাঁড়াল
the two old men prepared beds of straw for themselves
দুই বৃদ্ধ নিজেদের জন্য খড়ের বিছানা প্রস্তুত করলেন
Vasudeva laid himself down to sleep
বাসুদেব শুয়ে পড়লেন
But Siddhartha went outside and sat before the hut
কিন্তু সিদ্ধার্থ বাইরে গিয়ে কুঁড়েঘরের সামনে বসল
he listened to the river, surrounded by the past
অতীতে ঘেরা নদীর কথা শুনতেন

he was touched and encircled by all times of his life at the same time
তিনি একই সময়ে তার জীবনের সব সময় স্পর্শ এবং বেষ্টিত ছিল
occasionally he rose and he stepped to the door of the hut
মাঝে মাঝে সে উঠল এবং কুঁড়েঘরের দরজায় পা দিল
he listened whether the boy was sleeping
ছেলেটি ঘুমাচ্ছে কিনা সে শুনল

before the sun could be seen, Vasudeva came out of the stable
সূর্যের দেখা পাওয়ার আগেই বাসুদেব আস্তাবল থেকে বেরিয়ে আসেন
he walked over to his friend
সে তার বন্ধুর কাছে গেল
"You haven't slept," he said
"তুমি ঘুমাও নি," সে বলল
"No, Vasudeva. I sat here"
"না, বাসুদেব, আমি এখানে বসেছিলাম"
"I was listening to the river"
"আমি নদীর কথা শুনছিলাম"
"the river has told me a lot"
"নদী আমাকে অনেক কিছু বলেছে"
"it has deeply filled me with the healing thought of oneness"
"এটি আমাকে গভীরভাবে একতার নিরাময়ের চিন্তায় পূর্ণ করেছে"
"You've experienced suffering, Siddhartha"
"তুমি কষ্ট পেয়েছ, সিদ্ধার্থ"
"but I see no sadness has entered your heart"
"কিন্তু আমি দেখছি কোন দুঃখ তোমার হৃদয়ে প্রবেশ করেনি"
"No, my dear, how should I be sad?"

"না, আমার প্রিয়, আমি কিভাবে দুঃখিত হতে হবে?"
"I, who have been rich and happy"
"আমি, যারা ধনী এবং সুখী"
"I have become even richer and happier now"
"আমি এখন আরও ধনী এবং সুখী হয়েছি"
"My son has been given to me"
"আমার ছেলে আমাকে দেওয়া হয়েছে"
"Your son shall be welcome to me as well"
"আপনার ছেলেকেও আমার কাছে স্বাগত জানানো হবে"
"But now, Siddhartha, let's get to work"
"কিন্তু এখন, সিদ্ধার্থ, চলো কাজে যাই"
"there is much to be done"
"অনেক কিছু করার আছে"
"Kamala has died on the same bed on which my wife had died"
"আমার স্ত্রী যে বিছানায় মারা গিয়েছিল সেই বিছানায় কমলা মারা গেছে"
"Let us build Kamala's funeral pile on the hill"
"আসুন আমরা পাহাড়ে কমলার অন্ত্যেষ্টি স্তূপ তৈরি করি"
"the hill on which I my wife's funeral pile is"
"যে পাহাড়ে আমি আমার স্ত্রীর শেষকৃত্যের স্তূপ"
While the boy was still asleep, they built the funeral pile
ছেলেটি যখন ঘুমিয়ে ছিল, তখন তারা শেষকৃত্যের স্তূপ তৈরি করেছিল

The Son
পুত্র

Timid and weeping, the boy had attended his mother's funeral
ভীতু এবং কাঁদতে কাঁদতে ছেলেটি তার মায়ের অন্ত্যেষ্টিক্রিয়ায় যোগ দিয়েছিল
gloomy and shy, he had listened to Siddhartha
বিষণ্ণ এবং লাজুক, তিনি সিদ্ধার্থের কথা শুনেছিলেন
Siddhartha greeted him as his son
সিদ্ধার্থ তাকে পুত্র বলে অভিবাদন জানালেন
he welcomed him at his place in Vasudeva's hut
বাসুদেবের কুঁড়েঘরে তিনি তাকে স্বাগত জানালেন
Pale, he sat for many days by the hill of the dead
ফ্যাকাশে, তিনি মৃত পাহাড়ের ধারে অনেক দিন বসেছিলেন
he did not want to eat
সে খেতে চায়নি
he did not look at anyone
সে কারো দিকে তাকায়নি
he did not open his heart
সে তার হৃদয় খুলল না
he met his fate with resistance and denial
তিনি প্রতিরোধ এবং অস্বীকার সঙ্গে তার ভাগ্য পূরণ
Siddhartha spared giving him lessons
সিদ্ধার্থ তাকে পাঠ দিয়ে বাঁচিয়েছিল
and he let him do as he pleased
এবং সে যা খুশি তাই করতে দিল
Siddhartha honoured his son's mourning
সিদ্ধার্থ তার পুত্রের শোককে সম্মানিত করলেন
he understood that his son did not know him
তিনি বুঝতে পেরেছিলেন যে তার ছেলে তাকে চেনে না
he understood that he could not love him like a father

সে বুঝতে পেরেছিল যে সে তাকে বাবার মতো ভালবাসতে পারে না

Slowly, he also understood that the eleven-year-old was a pampered boy
আস্তে আস্তে সেও বুঝতে পারল যে এগারো বছরের ছেলেটা আদরের ছেলে

he saw that he was a mother's boy
সে দেখল সে মায়ের ছেলে

he saw that he had grown up in the habits of rich people
তিনি দেখলেন যে তিনি ধনী ব্যক্তিদের অভ্যাসের মধ্যে বড় হয়েছেন

he was accustomed to finer food and a soft bed
তিনি সূক্ষ্ম খাবার এবং একটি নরম বিছানায় অভ্যস্ত ছিলেন

he was accustomed to giving orders to servants
তিনি চাকরদের আদেশ দিতে অভ্যস্ত ছিল

the mourning child could not suddenly be content with a life among strangers
শোকার্ত শিশুটি হঠাৎ অপরিচিতদের মধ্যে জীবন নিয়ে সন্তুষ্ট হতে পারে না

Siddhartha understood the pampered child would not willingly be in poverty
সিদ্ধার্থ বুঝতে পেরেছিল আদর করা শিশুটি স্বেচ্ছায় দারিদ্র্যের মধ্যে থাকবে না

He did not force him to do these these things
তিনি তাকে এসব করতে বাধ্য করেননি

Siddhartha did many chores for the boy
সিদ্ধার্থ ছেলেটির জন্য অনেক কাজ করেছে

he always saved the best piece of the meal for him
তিনি সর্বদা তার জন্য খাবারের সেরা অংশটি সংরক্ষণ করেছিলেন

Slowly, he hoped to win him over, by friendly patience

ধীরে ধীরে, তিনি বন্ধুত্বপূর্ণ ধৈর্যের দ্বারা তাকে জয় করার আশা করেছিলেন

Rich and happy, he had called himself, when the boy had come to him

ধনী এবং সুখী, তিনি নিজেকে ডেকেছিলেন, যখন ছেলেটি তার কাছে এসেছিল

Since then some time had passed

তারপর থেকে কিছু সময় কেটে গেছে

but the boy remained a stranger and in a gloomy disposition

কিন্তু ছেলেটি অপরিচিত এবং বিষণ্ণ স্বভাবে রয়ে গেল

he displayed a proud and stubbornly disobedient heart

তিনি গর্বিত এবং একগুঁয়ে অবাধ্য হৃদয় প্রদর্শন করেছিলেন

he did not want to do any work

তিনি কোন কাজ করতে চান না

he did not pay his respect to the old men

তিনি বৃদ্ধদের সম্মান দেননি

he stole from Vasudeva's fruit-trees

তিনি বাসুদেবের ফল-গাছ থেকে চুরি করেছিলেন

his son had not brought him happiness and peace

তার ছেলে তাকে সুখ ও শান্তি এনে দেয়নি

the boy had brought him suffering and worry

ছেলেটি তাকে কষ্ট এবং চিন্তা নিয়ে এসেছিল

slowly Siddhartha began to understand this

ধীরে ধীরে সিদ্ধার্থ ব্যাপারটা বুঝতে শুরু করল

But he loved him regardless of the suffering he brought him

কিন্তু সে তাকে যত কষ্টই নিয়ে আসুক না কেন তাকে ভালবাসত

he preferred the suffering and worries of love over happiness and joy without the boy

তিনি ছেলে ছাড়া সুখ এবং আনন্দের চেয়ে ভালবাসার দুঃখ এবং উদ্বেগকে প্রাধান্য দিয়েছিলেন

from when young Siddhartha was in the hut the old men had split the work
যুবক সিদ্ধার্থ যখন কুঁড়েঘরে ছিল তখন থেকে বৃদ্ধরা কাজ ভাগ করে নিয়েছিল
Vasudeva had again taken on the job of the ferryman
বাসুদেব আবার ফেরিওয়ালার চাকরি নিলেন
and Siddhartha, in order to be with his son, did the work in the hut and the field
এবং সিদ্ধার্থ, তার ছেলের সাথে থাকার জন্য, কুঁড়েঘর এবং মাঠে কাজ করেছিলেন

for long months Siddhartha waited for his son to understand him
দীর্ঘ কয়েক মাস ধরে সিদ্ধার্থ তার ছেলের জন্য অপেক্ষা করেছিলেন তাকে বোঝার জন্য
he waited for him to accept his love
তিনি তার ভালবাসা গ্রহণ করার জন্য অপেক্ষা করেছিলেন
and he waited for his son to perhaps reciprocate his love
এবং তিনি তার ছেলের জন্য অপেক্ষা করেছিলেন সম্ভবত তার ভালবাসার প্রতিদান দেবে
For long months Vasudeva waited, watching
দীর্ঘ মাস ধরে বাসুদেব অপেক্ষা করেছেন, দেখছেন
he waited and said nothing
তিনি অপেক্ষা করলেন এবং কিছু বললেন না
One day, young Siddhartha tormented his father very much
একদিন, যুবক সিদ্ধার্থ তার বাবাকে খুব কষ্ট দেয়
he had broken both of his rice-bowls
সে তার চালের বাটি দুটি ভেঙ্গে ফেলেছিল
Vasudeva took his friend aside and talked to him
বাসুদেব তার বন্ধুকে একপাশে নিয়ে তার সাথে কথা বললেন
"Pardon me," he said to Siddhartha

"আমাকে ক্ষমা করুন," তিনি সিদ্ধার্থকে বললেন
"from a friendly heart, I'm talking to you"
"একটি বন্ধুত্বপূর্ণ হৃদয় থেকে, আমি আপনার সাথে কথা বলছি"
"I'm seeing that you are tormenting yourself"
"আমি দেখছি যে আপনি নিজেকে কষ্ট দিচ্ছেন"
"I'm seeing that you're in grief"
"আমি দেখছি তুমি দুঃখে আছো"
"Your son, my dear, is worrying you"
"তোমার ছেলে, আমার প্রিয়, তোমাকে চিন্তা করছে"
"and he is also worrying me"
"এবং সেও আমাকে চিন্তিত করছে"
"That young bird is accustomed to a different life"
"সেই তরুণ পাখিটি একটি ভিন্ন জীবনে অভ্যস্ত"
"he is used to living in a different nest"
"সে একটি ভিন্ন নীড়ে বসবাস করতে অভ্যস্ত"
"he has not, like you, run away from riches and the city"
"তিনি আপনার মতো ধন-সম্পদ এবং শহর থেকে পালিয়ে যাননি"
"he was not disgusted and fed up with the life in Sansara"
"তিনি সংসারার জীবন নিয়ে বিরক্ত এবং বিরক্ত হননি"
"he had to do all these things against his will"
"তাকে তার ইচ্ছার বিরুদ্ধে এই সমস্ত কিছু করতে হয়েছিল"
"he had to leave all this behind"
"তাকে এই সব ছেড়ে যেতে হয়েছিল"
"I asked the river, oh friend"
"আমি নদীকে জিজ্ঞেস করলাম, ওরে বন্ধু"
"many times I have asked the river"
"আমি নদীকে অনেকবার জিজ্ঞাসা করেছি"
"But the river laughs at all of this"
"কিন্তু নদী এসব দেখে হাসে"

"it laughs at me and it laughs at you"
"এটি আমাকে হাসে এবং এটি আপনাকে হাসায়"

"the river is shaking with laughter at our foolishness"
"আমাদের বোকামিতে হাসিতে নদী কাঁপছে"

"Water wants to join water as youth wants to join youth"
"জল জলে যোগ দিতে চায় যেমন যৌবন তারুণ্যে যোগ দিতে চায়"

"your son is not in the place where he can prosper"
"আপনার ছেলে এমন জায়গায় নেই যেখানে সে উন্নতি করতে পারে"

"you too should ask the river"
"আপনারও নদীকে জিজ্ঞাসা করা উচিত"

"you too should listen to it!"
"আপনারও এটা শোনা উচিত!"

Troubled, Siddhartha looked into his friendly face
অস্থির হয়ে, সিদ্ধার্থ তার বন্ধুত্বপূর্ণ মুখের দিকে তাকাল

he looked at the many wrinkles in which there was incessant cheerfulness
তিনি অনেক বলিরেখার দিকে তাকালেন যেখানে অবিরাম প্রফুল্লতা ছিল

"How could I part with him?" he said quietly, ashamed
"আমি কিভাবে তার সাথে অংশ নিতে পারি?" সে লজ্জায় চুপ করে বলল

"Give me some more time, my dear"
"আমাকে আর কিছু সময় দাও, আমার প্রিয়"

"See, I'm fighting for him"
"দেখুন, আমি তার জন্য যুদ্ধ করছি"

"I'm seeking to win his heart"
"আমি তার মন জয় করতে চাই"

"with love and with friendly patience I intend to capture it"
"ভালোবাসার সাথে এবং বন্ধুত্বপূর্ণ ধৈর্যের সাথে আমি এটি ক্যাপচার করতে চাই"

"One day, the river shall also talk to him"
"একদিন নদীও কথা বলবে তার সাথে"
"he also is called upon"
"তাকেও ডাকা হয়"
Vasudeva's smile flourished more warmly
বাসুদেবের হাসি আরও উষ্ণভাবে ফুটে উঠল
"Oh yes, he too is called upon"
"ওহ হ্যাঁ, তাকেও ডাকা হয়েছে"
"he too is of the eternal life"
"তিনিও অনন্ত জীবনের অধিকারী"
"But do we, you and me, know what he is called upon to do?"
"কিন্তু আমরা, আপনি এবং আমি কি জানি যে তাকে কী করতে বলা হয়েছে?"
"we know what path to take and what actions to perform"
"আমরা জানি কোন পথটি নিতে হবে এবং কোন পদক্ষেপগুলি সম্পাদন করতে হবে"
"we know what pain we have to endure"
"আমরা জানি আমাদের কি যন্ত্রণা সহ্য করতে হবে"
"but does he know these things?"
"কিন্তু সে কি এসব জানে?"
"Not a small one, his pain will be"
"ছোট নয়, তার কষ্ট হবে"
"after all, his heart is proud and hard"
"সব পরে, তার হৃদয় গর্বিত এবং কঠিন"
"people like this have to suffer and err a lot"
"এরকম লোকদের অনেক কষ্ট করতে হয় এবং ভুল করতে হয়"
"they have to do much injustice"
"তাদের অনেক অবিচার করতে হবে"
"and they have burden themselves with much sin"
"এবং তারা অনেক পাপের বোঝা চাপিয়েছে"

"Tell me, my dear," he asked of Siddhartha
"আমাকে বল, আমার প্রিয়," তিনি সিদ্ধার্থকে জিজ্ঞাসা করলেন

"you're not taking control of your son's upbringing?"
"আপনি আপনার ছেলের লালনপালনের নিয়ন্ত্রণ নিচ্ছেন না?"

"You don't force him, beat him, or punish him?"
"আপনি তাকে জোর করবেন না, তাকে মারবেন না বা শাস্তি দেবেন না?"

"No, Vasudeva, I don't do any of these things"
"না, বাসুদেব, আমি এসব কিছু করি না"

"I knew it. You don't force him"
"আমি এটা জানতাম। তুমি তাকে জোর করো না"

"you don't beat him and you don't give him orders"
"আপনি তাকে মারবেন না এবং আপনি তাকে আদেশ দেবেন না"

"because you know softness is stronger than hard"
"কারণ আপনি জানেন কোমলতা শক্ত থেকে শক্তিশালী"

"you know water is stronger than rocks"
"আপনি জানেন জল পাথরের চেয়ে শক্তিশালী"

"and you know love is stronger than force"
"এবং আপনি জানেন ভালবাসা শক্তির চেয়ে শক্তিশালী"

"Very good, I praise you for this"
"খুব ভাল, আমি এর জন্য আপনার প্রশংসা করি"

"But aren't you mistaken in some way?"
"কিন্তু আপনি কি কোনোভাবে ভুল করছেন না?"

"don't you think that you are forcing him?"
"আপনি কি মনে করেন না যে আপনি তাকে জোর করছেন?"

"don't you perhaps punish him a different way?"
"আপনি কি তাকে অন্যভাবে শাস্তি দেবেন না?"

"Don't you shackle him with your love?"

"তুমি কি তাকে তোমার ভালোবাসা দিয়ে বেঁধে রাখো না?"

"Don't you make him feel inferior every day?"
"আপনি কি তাকে প্রতিদিন নিকৃষ্ট মনে করেন না?"

"doesn't your kindness and patience make it even harder for him?"
"আপনার দয়া এবং ধৈর্য কি তার জন্য এটিকে আরও কঠিন করে তোলে না?"

"aren't you forcing him to live in a hut with two old banana-eaters?"
"আপনি কি তাকে দুটি পুরানো কলা খাওয়ার সাথে একটি কুঁড়েঘরে থাকতে বাধ্য করছেন না?"

"old men to whom even rice is a delicacy"
"বুড়ো মানুষ যাদের কাছে ভাতও একটি উপাদেয়"

"old men whose thoughts can't be his"
"বুড়ো মানুষ যাদের চিন্তা তার হতে পারে না"

"old men whose hearts are old and quiet"
"বৃদ্ধ মানুষ যাদের হৃদয় পুরানো এবং শান্ত"

"old men whose hearts beat in a different pace than his"
"বুড়ো মানুষ যাদের হৃদয় তার চেয়ে ভিন্ন গতিতে স্পন্দিত হয়"

"Isn't he forced and punished by all this?""
"সে কি এসবের দ্বারা বাধ্য ও শাস্তিপ্রাপ্ত নয়?"

Troubled, Siddhartha looked to the ground
অস্থির হয়ে সিদ্ধার্থ মাটির দিকে তাকাল

Quietly, he asked, "What do you think should I do?"
চুপচাপ জিজ্ঞেস করলেন, "আমার কি করা উচিত বলে তোমার মনে হয়?"

Vasudeva spoke, "Bring him into the city"
বাসুদেব বললেন, তাকে শহরে নিয়ে এসো।

"bring him into his mother's house"
"তাকে তার মায়ের ঘরে নিয়ে যাও"

"there'll still be servants around, give him to them"
"আশেপাশে এখনও চাকর থাকবে, তাকে তাদের কাছে দাও"

"And if there aren't any servants, bring him to a teacher"
"এবং যদি কোন চাকর না থাকে তবে তাকে একজন শিক্ষকের কাছে নিয়ে আসুন"

"but don't bring him to a teacher for teachings' sake"
"কিন্তু শিক্ষার জন্য তাকে শিক্ষকের কাছে আনবেন না"

"bring him to a teacher so that he is among other children"
"তাকে একজন শিক্ষকের কাছে নিয়ে আসুন যাতে সে অন্য শিশুদের মধ্যে থাকে"

"and bring him to the world which is his own"
"এবং তাকে পৃথিবীতে নিয়ে আসুন যা তার নিজের"

"have you never thought of this?"
"আপনি কি এটা কখনও ভাবেননি?"

"you're seeing into my heart," Siddhartha spoke sadly
"আপনি আমার হৃদয়ে দেখছেন," সিদ্ধার্থ দুঃখের সাথে বলল

"Often, I have thought of this"
"প্রায়ই, আমি এটা ভেবেছি"

"but how can I put him into this world?"
"কিন্তু আমি কিভাবে তাকে এই পৃথিবীতে রাখতে পারি?"

"Won't he become exuberant?"
"সে কি উচ্ছ্বসিত হয়ে উঠবে না?"

"won't he lose himself to pleasure and power?"
"সে কি আনন্দ এবং ক্ষমতার কাছে নিজেকে হারিয়ে ফেলবে না?"

"won't he repeat all of his father's mistakes?"
"সে কি তার বাবার সব ভুলের পুনরাবৃত্তি করবে না?"

"won't he perhaps get entirely lost in Sansara?"
"সে হয়তো সংসারে সম্পূর্ণ হারিয়ে যাবে না?"

Brightly, the ferryman's smile lit up

উজ্জ্বলভাবে, ফেরিম্যানের হাসি জ্বলে উঠল
softly, he touched Siddhartha's arm
মৃদুভাবে, সে সিদ্ধার্থের বাহু স্পর্শ করল
"Ask the river about it, my friend!"
"নদীকে জিজ্ঞেস কর বন্ধু!"
"Hear the river laugh about it!"
"এটা নিয়ে নদীর হাসি শোন!"
"Would you actually believe that you had committed your foolish acts?
"আপনি কি সত্যিই বিশ্বাস করবেন যে আপনি আপনার বোকামী কাজ করেছেন?
"in order to spare your son from committing them too"
"আপনার ছেলেকেও সেগুলি করা থেকে বাঁচানোর জন্য"
"And could you in any way protect your son from Sansara?"
"এবং আপনি কি কোনোভাবে আপনার ছেলেকে সংসারের হাত থেকে রক্ষা করতে পারেন?"
"How could you protect him from Sansara?"
"আপনি কিভাবে তাকে সংসার থেকে রক্ষা করতে পারেন?"
"By means of teachings, prayer, admonition?"
"শিক্ষা, প্রার্থনা, উপদেশের মাধ্যমে?"
"My dear, have you entirely forgotten that story?"
"আমার প্রিয়, আপনি কি সেই গল্পটি পুরোপুরি ভুলে গেছেন?"
"the story containing so many lessons"
"অনেক পাঠ সম্বলিত গল্প"
"the story about Siddhartha, a Brahman's son"
"ব্রাহ্মণের ছেলে সিদ্ধার্থের গল্প"
"the story which you once told me here on this very spot?"
"যে গল্পটা তুমি একবার আমাকে এখানে বলেছিলে?"
"Who has kept the Samana Siddhartha safe from Sansara?"
"সামনা সিদ্ধার্থকে সংসার থেকে কে রক্ষা করেছে?"

"who has kept him from sin, greed, and foolishness?"
"কে তাকে পাপ, লোভ এবং মূর্খতা থেকে রক্ষা করেছে?"

"Were his father's religious devotion able to keep him safe?
"তার বাবার ধর্মীয় ভক্তি কি তাকে নিরাপদ রাখতে পেরেছিল?

"were his teacher's warnings able to keep him safe?"
"তার শিক্ষকের সতর্কবার্তা কি তাকে নিরাপদ রাখতে পেরেছিল?"

"could his own knowledge keep him safe?"
"তার নিজের জ্ঞান কি তাকে নিরাপদ রাখতে পারে?"

"was his own search able to keep him safe?"
"তার নিজের অনুসন্ধান কি তাকে নিরাপদ রাখতে পেরেছিল?"

"What father has been able to protect his son?"
"কি বাবা তার ছেলেকে রক্ষা করতে পেরেছেন?"

"what father could keep his son from living his life for himself?"
"কোন বাবা তার ছেলেকে নিজের জন্য তার জীবনযাপন থেকে বিরত রাখতে পারে?"

"what teacher has been able to protect his student?"
"কোন শিক্ষক তার ছাত্রকে রক্ষা করতে পেরেছেন?"

"what teacher can stop his student from soiling himself with life?"
"কোন শিক্ষক তার ছাত্রকে জীবন দিয়ে নিজেকে নোংরা করা থেকে বিরত করতে পারেন?"

"who could stop him from burdening himself with guilt?"
"নিজেকে অপরাধবোধের বোঝা থেকে কে তাকে আটকাতে পারে?"

"who could stop him from drinking the bitter drink for himself?"
"নিজের জন্য তিক্ত পানীয় পান করা থেকে তাকে কে আটকাতে পারে?"

"who could stop him from finding his path for himself?"
"কে তাকে নিজের জন্য তার পথ খুঁজে পেতে বাধা দিতে পারে?"

"did you think anybody could be spared from taking this path?"
"আপনি কি ভেবেছিলেন যে কেউ এই পথ নেওয়া থেকে রেহাই পাবে?"

"did you think that perhaps your little son would be spared?"
"আপনি কি ভেবেছিলেন যে সম্ভবত আপনার ছোট ছেলেকে রক্ষা করা হবে?"

"did you think your love could do all that?"
"তুমি কি ভেবেছিলে তোমার ভালোবাসা সব করতে পারে?"

"did you think your love could keep him from suffering"
"তুমি কি ভেবেছিলে তোমার ভালোবাসা তাকে কষ্ট থেকে বাঁচাতে পারবে"

"did you think your love could protect him from pain and disappointment?
"আপনি কি ভেবেছিলেন যে আপনার ভালবাসা তাকে বেদনা এবং হতাশা থেকে রক্ষা করতে পারে?

"you could die ten times for him"
"তুমি তার জন্য দশবার মরতে পারো"

"but you could take no part of his destiny upon yourself"
"কিন্তু আপনি তার ভাগ্যের কোন অংশ নিজের উপর নিতে পারবেন না"

Never before, Vasudeva had spoken so many words
এর আগে বাসুদেব এত কথা বলেননি

Kindly, Siddhartha thanked him
সদয়ভাবে, সিদ্ধার্থ তাকে ধন্যবাদ জানান

he went troubled into the hut
সে অস্থির হয়ে কুঁড়েঘরে গেল

he could not sleep for a long time
তিনি অনেকক্ষণ ঘুমাতে পারেননি
Vasudeva had told him nothing he had not already thought and known
বাসুদেব তাঁকে এমন কিছু বলেননি যা তিনি আগে থেকে ভাবেননি এবং জানেন না
But this was a knowledge he could not act upon
কিন্তু এটি এমন একটি জ্ঞান যা তিনি কাজ করতে পারেননি
stronger than knowledge was his love for the boy
জ্ঞানের চেয়েও শক্তিশালী ছিল ছেলেটির প্রতি তার ভালোবাসা
stronger than knowledge was his tenderness
জ্ঞানের চেয়েও শক্তিশালী ছিল তার কোমলতা
stronger than knowledge was his fear to lose him
জ্ঞানের চেয়েও শক্তিশালী ছিল তাকে হারানোর ভয়
had he ever lost his heart so much to something?
তিনি কি কখনও কিছুর জন্য এতটা হৃদয় হারিয়েছিলেন?
had he ever loved any person so blindly?
সে কি কখনো কাউকে অন্ধভাবে ভালোবেসেছিল?
had he ever suffered for someone so unsuccessfully?
সে কি কখনো কারো জন্য এতটা ব্যর্থ হয়েছে?
had he ever made such sacrifices for anyone and yet been so unhappy?
তিনি কি কখনও কারো জন্য এমন ত্যাগ স্বীকার করেছিলেন এবং এখনও এত অসুখী ছিলেন?
Siddhartha could not heed his friend's advice
সিদ্ধার্থ তার বন্ধুর পরামর্শ মানতে পারেনি
he could not give up the boy
তিনি ছেলেটিকে ছেড়ে দিতে পারেননি
He let the boy give him orders

তিনি ছেলেটিকে আদেশ দিতে দেন
he let him disregard him
তিনি তাকে অবহেলা করতে দেন
He said nothing and waited
তিনি কিছু বললেন না এবং অপেক্ষা করলেন
daily, he attempted the struggle of friendliness
প্রতিদিন, তিনি বন্ধুত্বের সংগ্রামের চেষ্টা করেছিলেন
he initiated the silent war of patience
তিনি ধৈর্যের নীরব যুদ্ধের সূচনা করেছিলেন
Vasudeva also said nothing and waited
বাসুদেবও কিছু বললেন না এবং অপেক্ষা করলেন
They were both masters of patience
তারা উভয়েই ছিলেন ধৈর্যের ওস্তাদ

one time the boy's face reminded him very much of Kamala
এক সময় ছেলেটির মুখ তাকে খুব কমলার কথা মনে করিয়ে দেয়
Siddhartha suddenly had to think of something Kamala had once said
সিদ্ধার্থকে হঠাৎ ভাবতে হলো কমলা একবার কিছু বলেছিল
"You cannot love" she had said to him
"তুমি ভালোবাসতে পারবে না" সে তাকে বলেছিল
and he had agreed with her
এবং সে তার সাথে একমত ছিল
and he had compared himself with a star
এবং তিনি নিজেকে একটি তারার সাথে তুলনা করেছিলেন
and he had compared the childlike people with falling leaves
এবং তিনি শিশুসদৃশ লোকদের ঝরে পড়া পাতার সাথে তুলনা করেছিলেন
but nevertheless, he had also sensed an accusation in that line

কিন্তু তবুও, তিনি সেই লাইনে একটি অভিযোগও অনুভব করেছিলেন

Indeed, he had never been able to love
আসলে সে কখনো প্রেম করতে পারেনি

he had never been able to devote himself completely to another person
তিনি কখনই নিজেকে সম্পূর্ণরূপে অন্য ব্যক্তির কাছে উৎসর্গ করতে সক্ষম হননি

he had never been able to to forget himself
সে কখনই নিজেকে ভুলতে পারেনি

he had never been able to commit foolish acts for the love of another person
সে কখনই অন্য ব্যক্তির ভালবাসার জন্য বোকামি করতে পারেনি

at that time it seemed to set him apart from the childlike people
সেই সময় মনে হচ্ছিল শিশুসুলভ মানুষ থেকে তাকে আলাদা করে রেখেছে

But ever since his son was here, Siddhartha also become a childlike person
কিন্তু তার ছেলে এখানে আসার পর থেকেই সিদ্ধার্থও একজন শিশুসদৃশ ব্যক্তি হয়ে ওঠেন

he was suffering for the sake of another person
সে অন্য একজনের জন্য কষ্ট পেয়েছিল

he was loving another person
সে অন্য একজনকে ভালবাসত

he was lost to a love for someone else
সে অন্য কারো প্রতি ভালোবাসার কাছে হেরে গিয়েছিল

he had become a fool on account of love
প্রেমের কারণে সে বোকা হয়ে গিয়েছিল

Now he too felt the strongest and strangest of all passions

এখন তিনিও সমস্ত আবেগের মধ্যে সবচেয়ে শক্তিশালী এবং অদ্ভুত অনুভব করেছিলেন

he suffered from this passion miserably
তিনি এই আবেগ থেকে শোচনীয়ভাবে ভোগেন
and he was nevertheless in bliss
এবং তবুও তিনি আনন্দে ছিলেন
he was nevertheless renewed in one respect
তবুও তিনি এক বিষয়ে নবায়ন হয়েছিলেন
he was enriched by this one thing
তিনি এই একটি জিনিস দ্বারা সমৃদ্ধ ছিল
He sensed very well that this blind love for his son was a passion
তিনি খুব ভালভাবে অনুভব করেছিলেন যে তার ছেলের প্রতি এই অন্ধ ভালবাসা একটি আবেগ
he knew that it was something very human
তিনি জানতেন যে এটি খুব মানবিক কিছু
he knew that it was Sansara
তিনি জানতেন যে এটি সংসার
he knew that it was a murky source, dark waters
তিনি জানতেন যে এটি একটি ঘোলাটে উৎস, অন্ধকার জল
but he felt it was not worthless, but necessary
কিন্তু তিনি অনুভব করেছিলেন যে এটি মূল্যহীন নয়, কিন্তু প্রয়োজনীয়
it came from the essence of his own being
এটা তার নিজের সত্তার সারমর্ম থেকে এসেছে
This pleasure also had to be atoned for
এই আনন্দেরও প্রায়শ্চিত্ত করতে হয়েছে
this pain also had to be endured
এই যন্ত্রণাও সহ্য করতে হয়েছে
these foolish acts also had to be committed
এই মূর্খ কাজগুলোও করতে হয়েছিল

Through all this, the son let him commit his foolish acts
এই সবের মাধ্যমে, পুত্র তাকে তার মূর্খ কাজ করতে দেয়
he let him court for his affection
সে তার স্নেহের জন্য তাকে আদালতে যেতে দেয়
he let him humiliate himself every day
সে তাকে প্রতিদিন নিজেকে অপমান করতে দেয়
he gave in to the moods of his son
তিনি তার ছেলের মেজাজ ছেড়ে দিয়েছিলেন
his father had nothing which could have delighted him
তার বাবার কাছে এমন কিছু ছিল না যা তাকে আনন্দ দিতে পারে
and he nothing that the boy feared
এবং ছেলেটি যে ভয় পায়নি সে কিছুই সে
He was a good man, this father
ভালো মানুষ ছিলেন এই বাবা
he was a good, kind, soft man
তিনি একজন ভাল, দয়ালু, নরম মানুষ ছিলেন
perhaps he was a very devout man
সম্ভবত তিনি খুব ধার্মিক মানুষ ছিলেন
perhaps he was a saint, the boy thought
সম্ভবত তিনি একজন সাধু, ছেলেটি ভেবেছিল
but all these attributes could not win the boy over
কিন্তু এই সমস্ত গুণাবলী ছেলেটিকে জয় করতে পারেনি
He was bored by this father, who kept him imprisoned
তিনি এই পিতার দ্বারা বিরক্ত ছিলেন, যিনি তাকে বন্দী করে রেখেছিলেন
a prisoner in this miserable hut of his
তার এই হতভাগ্য কুঁড়েঘরে একজন বন্দী
he was bored of him answering every naughtiness with a smile
হাসিমুখে প্রতিটি দুষ্টুমির জবাব দিতে তিনি বিরক্ত ছিলেন

he didn't appreciate insults being responded to by friendliness
তিনি বন্ধুত্বের দ্বারা সাড়া দেওয়া অপমানের প্রশংসা করেননি

he didn't like viciousness returned in kindness
তিনি দুষ্টতা দয়া করে ফিরে পছন্দ করেননি

this very thing was the hated trick of this old sneak
এই খুব জিনিস এই পুরানো লুকোচুরি ঘৃণা কৌশল ছিল

Much more the boy would have liked it if he had been threatened by him
অনেক বেশি ছেলের ভালো লাগতো যদি তাকে হুমকি দেয়া হতো

he wanted to be abused by him
তিনি তার দ্বারা নির্যাতিত হতে চেয়েছিলেন

A day came when young Siddhartha had had enough
একটি দিন এসেছিল যখন তরুণ সিদ্ধার্থের যথেষ্ট ছিল

what was on his mind came bursting forth
তার মনে যা ছিল তা ফেটে গেল

and he openly turned against his father
এবং সে প্রকাশ্যে তার পিতার বিরুদ্ধে চলে গেল

Siddhartha had given him a task
সিদ্ধার্থ তাকে একটা কাজ দিয়েছিল

he had told him to gather brushwood
তিনি তাকে ব্রাশ কাঠ সংগ্রহ করতে বলেছিলেন

But the boy did not leave the hut
কিন্তু ছেলেটি কুঁড়েঘর ছাড়েনি

in stubborn disobedience and rage, he stayed where he was
একগুঁয়ে অবাধ্যতা এবং ক্রোধে, তিনি যেখানে ছিলেন সেখানেই থেকে যান

he thumped on the ground with his feet
সে তার পা দিয়ে মাটিতে ধাক্কা দিল

he clenched his fists and screamed in a powerful outburst
সে তার মুষ্টি চেপে ধরে এবং একটি শক্তিশালী বিস্ফোরণে চিৎকার করে উঠল

he screamed his hatred and contempt into his father's face
সে তার বাবার মুখে তার ঘৃণা এবং অবজ্ঞা চিৎকার করে

"Get the brushwood for yourself!" he shouted, foaming at the mouth
"নিজের জন্য ব্রাশউড পান!" তিনি চিৎকার করলেন, মুখে ফেনা উঠল

"I'm not your servant"
"আমি তোমার দাস নই"

"I know that you won't hit me, you wouldn't dare"
"আমি জানি তুমি আমাকে আঘাত করবে না, তুমি সাহস করবে না"

"I know that you constantly want to punish me"
"আমি জানি আপনি ক্রমাগত আমাকে শাস্তি দিতে চান"

"you want to put me down with your religious devotion and your indulgence"
"আপনি আমাকে আপনার ধর্মীয় ভক্তি এবং আপনার প্রশ্রয় দিয়ে নিচে নামাতে চান"

"You want me to become like you"
"তুমি চাও আমি তোমার মত হই"

"you want me to be just as devout, soft, and wise as you"
"আপনি চান যে আমি আপনার মতোই ধার্মিক, নরম এবং জ্ঞানী হই"

"but I won't do it, just to make you suffer"
"কিন্তু আমি এটা করব না, শুধু তোমাকে কষ্ট দেবার জন্য"

"I would rather become a highway-robber than be as soft as you"
"আমি তোমার মতো নরম হওয়ার চেয়ে রাজপথ-ডাকাত হতে চাই"

"I would rather be a murderer than be as wise as you"
"তোমার মতো জ্ঞানী হওয়ার চেয়ে আমি খুনি হতে চাই"
"I would rather go to hell, than to become like you!"
"আমি তোমার মত হওয়ার চেয়ে নরকে যেতে চাই!"
"I hate you, you're not my father
"আমি তোমাকে ঘৃণা করি, তুমি আমার বাবা নও
"even if you've slept with my mother ten times, you are not my father!"
"যদিও তুমি আমার মায়ের সাথে দশবার ঘুমাও, তুমি আমার বাবা নও!"

Rage and grief boiled over in him
রাগ ও বিষাদ তার মধ্যে ফুটে উঠল
he foamed at his father in a hundred savage and evil words
সে তার বাবার প্রতি একশত অসভ্য ও মন্দ কথায় ফেনা তুলেছিল
Then the boy ran away into the forest
তারপর ছেলেটি বনে পালিয়ে গেল
it was late at night when the boy returned
ছেলেটা যখন ফিরল তখন অনেক রাত
But the next morning, he had disappeared
কিন্তু পরদিন সকালে সে নিখোঁজ হয়ে যায়
What had also disappeared was a small basket
যা অদৃশ্য হয়ে গিয়েছিল তা ছিল একটি ছোট ঝুড়ি
the basket in which the ferrymen kept those copper and silver coins
যে ঝুড়িতে ফেরিওয়ালারা তামা ও রৌপ্য মুদ্রা রেখেছিল
the coins which they received as a fare
যে কয়েন তারা ভাড়া হিসেবে পেয়েছে
The boat had also disappeared
নৌকাটিও অদৃশ্য হয়ে গিয়েছিল
Siddhartha saw the boat lying by the opposite bank
সিদ্ধার্থ দেখতে পেল নৌকাটি উল্টোদিকে পড়ে আছে

Siddhartha had been shivering with grief
সিদ্ধার্থ শোকে কাঁপছিল
the ranting speeches the boy had made touched him
ছেলেটি যে কটু বক্তৃতা করেছিল তা তাকে স্পর্শ করেছিল
"I must follow him," said Siddhartha
"আমাকে অবশ্যই তাকে অনুসরণ করতে হবে," সিদ্ধার্থ বলল
"A child can't go through the forest all alone, he'll perish"
"একটি শিশু একা একা বনের মধ্য দিয়ে যেতে পারে না, সে ধ্বংস হয়ে যাবে"
"We must build a raft, Vasudeva, to get over the water"
"আমাদের একটি ভেলা তৈরি করতে হবে, বাসুদেব, জলের উপরে উঠতে"
"We will build a raft" said Vasudeva
বাসুদেব বললেন, আমরা ভেলা তৈরি করব
"we will build it to get our boat back"
"আমরা আমাদের নৌকা ফিরে পেতে এটি নির্মাণ করব"
"But you shall not run after your child, my friend"
"কিন্তু তুমি তোমার সন্তানের পিছনে দৌড়াবে না, আমার বন্ধু"
"he is no child anymore"
"সে আর বাচ্চা নেই"
"he knows how to get around"
"তিনি জানেন কিভাবে ঘুরতে হয়"
"He's looking for the path to the city"
"সে শহরের পথ খুঁজছে"
"and he is right, don't forget that"
"এবং তিনি ঠিক বলেছেন, ভুলে যাবেন না"
"he's doing what you've failed to do yourself"
"তিনি তা করছেন যা আপনি নিজে করতে ব্যর্থ হয়েছেন"
"he's taking care of himself"
"তিনি নিজের যত্ন নিচ্ছেন"

"he's taking his course for himself"
"তিনি নিজের জন্য তার কোর্স নিচ্ছেন"
"Alas, Siddhartha, I see you suffering"
"হায়, সিদ্ধার্থ, আমি তোমাকে কষ্ট পেতে দেখছি"
"but you're suffering a pain at which one would like to laugh"
"কিন্তু তুমি এমন যন্ত্রণায় ভুগছ যেটায় কেউ হাসতে চায়"
"you're suffering a pain at which you'll soon laugh yourself"
"আপনি এমন একটি যন্ত্রণা ভোগ করছেন যাতে আপনি শীঘ্রই নিজেই হাসবেন"
Siddhartha did not answer his friend
সিদ্ধার্থ তার বন্ধুকে উত্তর দিল না
He already held the axe in his hands
সে ইতিমধ্যেই হাতে কুড়াল ধরে রেখেছে
and he began to make a raft of bamboo
আর সে বাঁশের ভেলা তৈরি করতে লাগল
Vasudeva helped him to tie the canes together with ropes of grass
বাসুদেব তাকে ঘাসের দড়ি দিয়ে বেত বাঁধতে সাহায্য করেন
When they crossed the river they drifted far off their course
নদী পার হওয়ার সময় তারা তাদের পথ থেকে অনেক দূরে চলে যায়
they pulled the raft upriver on the opposite bank
তারা বিপরীত তীরে ভেলাটি টেনে নিয়ে গেল
"Why did you take the axe along?" asked Siddhartha
"তুমি কুড়ালটা সাথে নিয়েছো কেন?" সিদ্ধার্থ জিজ্ঞেস করল
"It might have been possible that the oar of our boat got lost"
"হয়তো আমাদের নৌকার ওড়না হারিয়ে গেছে"
But Siddhartha knew what his friend was thinking
কিন্তু সিদ্ধার্থ জানতেন তার বন্ধু কি ভাবছে

He thought, the boy would have thrown away the oar
সে ভাবল, ছেলেটা ওড়নাটা ফেলে দিত
in order to get some kind of revenge
প্রতিশোধ নেওয়ার জন্য
and in order to keep them from following him
এবং যাতে তারা তাকে অনুসরণ করা থেকে বিরত রাখে
And in fact, there was no oar left in the boat
এবং আসলে, নৌকায় কোন ওয়ার অবশিষ্ট ছিল না
Vasudeva pointed to the bottom of the boat
বাসুদেব নৌকার নীচের দিকে ইশারা করলেন
and he looked at his friend with a smile
এবং সে তার বন্ধুর দিকে হাসিমুখে তাকাল
he smiled as if he wanted to say something
সে হাসল যেন কিছু বলতে চায়
"Don't you see what your son is trying to tell you?"
"আপনি কি দেখতে পাচ্ছেন না আপনার ছেলে আপনাকে কি বলতে চাইছে?"
"Don't you see that he doesn't want to be followed?"
"আপনি কি দেখতে পাচ্ছেন না যে তিনি অনুসরণ করতে চান না?"
But he did not say this in words
কিন্তু কথায় কথায় বলেননি
He started making a new oar
সে নতুন করে বানাতে শুরু করল
But Siddhartha bid his farewell, to look for the run-away
কিন্তু সিদ্ধার্থ তার বিদায়, পলাতক খুঁজতে
Vasudeva did not stop him from looking for his child
বাসুদেব তাঁর সন্তানের খোঁজে বাধা দেননি

Siddhartha had been walking through the forest for a long time
সিদ্ধার্থ অনেকক্ষণ ধরে বনের মধ্যে দিয়ে হেঁটে যাচ্ছিল

the thought occurred to him that his search was useless
ভাবনা তার মনে হল যে তার অনুসন্ধান অকেজো

Either the boy was far ahead and had already reached the city
হয় ছেলেটি অনেক এগিয়ে ছিল এবং ইতিমধ্যে শহরে পৌঁছেছিল

or he would conceal himself from him
অথবা সে তার কাছ থেকে নিজেকে আড়াল করবে

he continued thinking about his son
তিনি তার ছেলের কথা ভাবতে থাকলেন

he found that he was not worried for his son
তিনি দেখতে পেলেন যে তিনি তার ছেলের জন্য চিন্তিত নন

he knew deep inside that he had not perished
তিনি গভীরভাবে জানতেন যে তিনি মারা যাননি

nor was he in any danger in the forest
বা বনে তার কোন বিপদ ছিল না

Nevertheless, he ran without stopping
তবুও সে না থামিয়ে দৌড় দিল

he was not running to save him
সে তাকে বাঁচাতে দৌড়াচ্ছিল না

he was running to satisfy his desire
সে তার ইচ্ছা পূরণ করতে দৌড়াচ্ছিল

he wanted to perhaps see him one more time
সে হয়তো তাকে আরেকবার দেখতে চেয়েছিল

And he ran up to just outside of the city
আর সে দৌড়ে শহরের বাইরে চলে গেল

When, near the city, he reached a wide road
যখন, শহরের কাছাকাছি, তিনি একটি প্রশস্ত রাস্তায় পৌঁছেছেন

he stopped, by the entrance of the beautiful pleasure-garden
তিনি থামলেন, সুন্দর আনন্দ উদ্যানের প্রবেশদ্বারে

the garden which used to belong to Kamala
যে বাগানটি কমলার অন্তর্গত ছিল
the garden where he had seen her for the first time
যে বাগানে সে তাকে প্রথম দেখেছিল
when she was sitting in her sedan-chair
যখন সে তার সেডান-চেয়ারে বসে ছিল
The past rose up in his soul
অতীত তার আত্মায় জেগে উঠল
again, he saw himself standing there
আবার, তিনি নিজেকে সেখানে দাঁড়িয়ে থাকতে দেখলেন
a young, bearded, naked Samana
একটি তরুণ, দাড়িওয়ালা, নগ্ন সামানা
his hair hair was full of dust
তার চুলের চুল ধুলোয় ভরা
For a long time, Siddhartha stood there
অনেকক্ষণ সিদ্ধার্থ সেখানেই দাঁড়িয়ে রইল
he looked through the open gate into the garden
সে খোলা গেট দিয়ে বাগানে তাকাল
he saw monks in yellow robes walking among the beautiful trees
তিনি হলুদ পোশাকে সন্ন্যাসীদের সুন্দর গাছের মধ্যে হাঁটতে দেখেছিলেন
For a long time, he stood there, pondering
অনেকক্ষণ সে সেখানে দাঁড়িয়ে ভাবছিল
he saw images and listened to the story of his life
তিনি ছবি দেখেছেন এবং তার জীবনের গল্প শুনেছেন
For a long time, he stood there looking at the monks
অনেকক্ষণ সে সেখানে দাঁড়িয়ে ভিক্ষুদের দিকে তাকিয়ে রইল
he saw young Siddhartha in their place
তিনি তাদের জায়গায় তরুণ সিদ্ধার্থকে দেখতে পেলেন
he saw young Kamala walking among the high trees
সে দেখল কমলাকে উঁচু গাছের মাঝে হাঁটছে

Clearly, he saw himself being served food and drink by Kamala
স্পষ্টতই, তিনি নিজেকে কমলাকে খাবার ও পানীয় পরিবেশন করতে দেখেছিলেন

he saw himself receiving his first kiss from her
সে নিজেকে তার কাছ থেকে তার প্রথম চুম্বন গ্রহণ করতে দেখেছিল

he saw himself looking proudly and disdainfully back on his life as a Brahman
তিনি নিজেকে গর্বিত এবং ঘৃণার সাথে ব্রাহ্মণ হিসাবে তার জীবনের দিকে ফিরে তাকাতে দেখেছিলেন

he saw himself beginning his worldly life, proudly and full of desire
তিনি নিজেকে তার পার্থিব জীবন শুরু করতে দেখেছেন, গর্বিত এবং আকাঙ্ক্ষায় পূর্ণ

He saw Kamaswami, the servants, the orgies
তিনি কামস্বামী, সেবক, অঙ্গরাজ্যকে দেখেছিলেন

he saw the gamblers with the dice
তিনি পাশা দিয়ে জুয়াড়িদের দেখেছেন

he saw Kamala's song-bird in the cage
সে খাঁচায় কমলার গান-পাখি দেখল

he lived through all this again
তিনি আবার এই সব মাধ্যমে বসবাস

he breathed Sansara and was once again old and tired
তিনি সংসারের নিঃশ্বাস ফেললেন এবং আবার বৃদ্ধ ও ক্লান্ত হয়ে পড়লেন

he felt the disgust and the wish to annihilate himself again
তিনি ঘৃণা অনুভব করলেন এবং আবার নিজেকে ধ্বংস করার ইচ্ছা অনুভব করলেন

and he was healed again by the holy Om
এবং পবিত্র ওম দ্বারা তিনি আবার সুস্থ হয়েছিলেন

for a long time Siddhartha had stood by the gate

অনেকক্ষণ সিদ্ধার্থ গেটের পাশে দাঁড়িয়ে ছিল

he realised his desire was foolish

তিনি বুঝতে পেরেছিলেন যে তার ইচ্ছা বোকামী

he realized it was foolishness which had made him go up to this place

তিনি বুঝতে পেরেছিলেন যে এটি বোকামি যা তাকে এই জায়গায় যেতে বাধ্য করেছে

he realized he could not help his son

তিনি বুঝতে পেরেছিলেন যে তিনি তার ছেলেকে সাহায্য করতে পারবেন না

and he realized that he was not allowed to cling to him

এবং তিনি বুঝতে পেরেছিলেন যে তাকে তাকে আঁকড়ে থাকতে দেওয়া হয়নি

he felt the love for the run-away deeply in his heart

তিনি তার হৃদয়ে গভীরভাবে পালিয়ে যাওয়ার জন্য ভালবাসা অনুভব করেছিলেন

the love for his son felt like a wound

তার ছেলের জন্য ভালবাসা একটি ক্ষত মত অনুভূত

but this wound had not been given to him in order to turn the knife in it

কিন্তু ছুরি ঘুরানোর জন্য এই ক্ষত তাকে দেওয়া হয়নি।

the wound had to become a blossom

ক্ষত একটি পুষ্প হতে হয়েছে

and his wound had to shine

এবং তার ক্ষত উজ্জ্বল ছিল

That this wound did not blossom or shine yet made him sad

এই ক্ষতটি এখনও ফোটেনি বা জ্বলেনি যে তাকে দুঃখিত করেছে

Instead of the desired goal, there was emptiness

কাঙ্খিত লক্ষ্যের পরিবর্তে ছিল শূন্যতা

emptiness had drawn him here, and sadly he sat down

শূন্যতা তাকে এখানে টেনে নিয়েছিল, এবং দুঃখের সাথে সে বসে রইল

he felt something dying in his heart

সে অনুভব করল তার হৃদয়ে কিছু মারা যাচ্ছে

he experienced emptiness and saw no joy any more

তিনি শূন্যতা অনুভব করেছিলেন এবং আর কোন আনন্দ দেখতে পাননি

there was no goal for which to aim for

লক্ষ্য করার জন্য কোন লক্ষ্য ছিল না

He sat lost in thought and waited

সে চিন্তায় হারিয়ে বসে অপেক্ষা করতে লাগল

This he had learned by the river

এই তিনি নদীর ধারে শিখেছিলেন

waiting, having patience, listening attentively

অপেক্ষা করা, ধৈর্য্য ধরে, মনোযোগ দিয়ে শোনা

And he sat and listened, in the dust of the road

এবং সে রাস্তার ধুলোয় বসে শুনছিল

he listened to his heart, beating tiredly and sadly

তিনি তার হৃদয়ের কথা শুনলেন, ক্লান্ত ও দুঃখের সাথে প্রহার করলেন

and he waited for a voice

এবং তিনি একটি কন্ঠস্বর জন্য অপেক্ষা করছিল

Many an hour he crouched, listening

ঘন্টাখানেক সে কুঁকড়ে বসে শুনছিল

he saw no images any more

সে আর কোন ছবি দেখতে পেল না

he fell into emptiness and let himself fall

সে শূন্যতায় পড়ে গেল এবং নিজেকে পড়ে গেল

he could see no path in front of him

সে তার সামনে কোন পথ দেখতে পেল না

And when he felt the wound burning, he silently spoke the Om

এবং যখন তিনি ক্ষতটি জ্বলতে অনুভব করলেন, তিনি নিঃশব্দে ওম বললেন

he filled himself with Om

সে নিজেকে ওম দিয়ে পূর্ণ করল

The monks in the garden saw him

বাগানের সন্ন্যাসীরা তাকে দেখেছে

dust was gathering on his gray hair

তার ধূসর চুলে ধুলো জড়ো হচ্ছিল

since he crouched for many hours, one of monks placed two bananas in front of him

যেহেতু তিনি অনেক ঘন্টা ধরে কুঁকড়ে ছিলেন, একজন সন্ন্যাসী তার সামনে দুটি কলা রাখেন

The old man did not see him

বৃদ্ধ তাকে দেখতে পাননি

From this petrified state, he was awoken by a hand touching his shoulder

এই ভয়ঙ্কর অবস্থা থেকে, তার কাঁধে হাতের স্পর্শে তিনি জেগে উঠলেন

Instantly, he recognised this tender bashful touch

সঙ্গে সঙ্গে, তিনি এই কোমল লজ্জাজনক স্পর্শ চিনতে

Vasudeva had followed him and waited

বাসুদেব তাকে অনুসরণ করে অপেক্ষা করতে লাগলেন

he regained his senses and rose to greet Vasudeva

তিনি তার জ্ঞান ফিরে পেলেন এবং বাসুদেবকে অভ্যর্থনা জানাতে উঠলেন

he looked into Vasudeva's friendly face

তিনি বাসুদেবের বন্ধুত্বপূর্ণ মুখের দিকে তাকালেন

he looked into the small wrinkles

তিনি ছোট বলির দিকে তাকালেন

his wrinkles were as if they were filled with nothing but his smile

তার বলিরেখাগুলো যেন তার হাসি ছাড়া আর কিছুই নয়
he looked into the happy eyes, and then he smiled too
তিনি খুশি চোখের দিকে তাকালেন, এবং তারপর তিনিও হাসলেন
Now he saw the bananas lying in front of him
এবার তার সামনে কলাগুলো পড়ে থাকতে দেখল
he picked the bananas up and gave one to the ferryman
সে কলাগুলো তুলে একটা ফেরিওয়ালাকে দিল
After eating the bananas, they silently went back into the forest
কলা খেয়ে তারা চুপচাপ বনে ফিরে গেল
they returned home to the ferry
তারা ফেরিতে বাড়ি ফিরেছে
Neither one talked about what had happened that day
সেদিনের ঘটনা নিয়ে কেউ কথা বলেনি
neither one mentioned the boy's name
কেউই ছেলেটির নাম উল্লেখ করেনি
neither one spoke about him running away
কেউই তার পালিয়ে যাওয়ার কথা বলেনি
neither one spoke about the wound
কেউই ক্ষতের কথা বলেনি
In the hut, Siddhartha lay down on his bed
কুঁড়েঘরে, সিদ্ধার্থ তার বিছানায় শুয়ে পড়ল
after a while Vasudeva came to him
কিছুক্ষণ পর বাসুদেব তাঁর কাছে এলেন
he offered him a bowl of coconut-milk
তিনি তাকে এক বাটি নারকেল-দুধ দিলেন
but he was already asleep
কিন্তু তিনি ইতিমধ্যেই ঘুমিয়ে ছিলেন

Om
ওম

For a long time the wound continued to burn
অনেকক্ষণ ধরে ক্ষত জ্বলতে থাকে
Siddhartha had to ferry many travellers across the river
সিদ্ধার্থকে নদী পার হতে অনেক যাত্রী নিয়ে যেতে হয়েছিল
many of the travellers were accompanied by a son or a daughter
অনেক যাত্রীর সাথে ছেলে বা মেয়ে ছিল
and he saw none of them without envying them
আর তিনি তাদের কাউকেই দেখেন না তাদের হিংসা না করে
he couldn't see them without thinking about his lost son
সে তার হারিয়ে যাওয়া ছেলের কথা না ভেবে তাদের দেখতে পায়নি
"So many thousands possess the sweetest of good fortunes"
"এত হাজার হাজার সৌভাগ্যের মধুর অধিকারী"
"why don't I also possess this good fortune?"
"কেন আমিও এই সৌভাগ্যের অধিকারী নই?"
"even thieves and robbers have children and love them"
"এমনকি চোর এবং ডাকাতদেরও সন্তান আছে এবং তাদের ভালবাসে"
"and they are being loved by their children"
"এবং তারা তাদের সন্তানদের দ্বারা প্রিয় হচ্ছে"
"all are loved by their children except for me"
"আমি ছাড়া সবাই তাদের সন্তানদের দ্বারা প্রিয়"
he now thought like the childlike people, without reason
সে এখন শিশুসদৃশ মানুষের মতই চিন্তা করত, কারণ ছাড়াই
he had become one of the childlike people
তিনি শিশুসদৃশ মানুষের একজন হয়ে উঠেছিলেন

he looked upon people differently than before
তিনি মানুষের প্রতি আগের চেয়ে ভিন্নভাবে তাকান
he was less smart and less proud of himself
তিনি কম স্মার্ট এবং নিজেকে কম গর্বিত ছিল
but instead, he was warmer and more curious
কিন্তু পরিবর্তে, তিনি উষ্ণ এবং আরো কৌতূহলী ছিল
when he ferried travellers, he was more involved than before
তিনি যখন যাত্রীদের নিয়ে যেতেন, তিনি আগের চেয়ে বেশি জড়িত ছিলেন
childlike people, businessmen, warriors, women
শিশুসুলভ মানুষ, ব্যবসায়ী, যোদ্ধা, নারী
these people did not seem alien to him, as they used to
এই লোকেরা তার কাছে বিদেশী বলে মনে হয়নি, যেমনটা তারা করত
he understood them and shared their life
তিনি তাদের বুঝতে পেরেছিলেন এবং তাদের জীবন ভাগ করেছিলেন
a life which was not guided by thoughts and insight
একটি জীবন যা চিন্তা এবং অন্তর্দৃষ্টি দ্বারা পরিচালিত হয়নি
but a life guided solely by urges and wishes
কিন্তু একটি জীবন শুধুমাত্র তাগিদ এবং ইচ্ছা দ্বারা পরিচালিত
he felt like the the childlike people
তিনি শিশুসদৃশ মানুষের মতো অনুভব করেছিলেন
he was bearing his final wound
তিনি তার চূড়ান্ত ক্ষত বহন করছিল
he was nearing perfection
তিনি পূর্ণতা কাছাকাছি ছিল
but the childlike people still seemed like his brothers
কিন্তু শিশুসদৃশ মানুষগুলোকে তখনও তার ভাইয়ের মতো মনে হতো

their vanities, desires for possession were no longer ridiculous to him
তাদের অসারতা, দখলের আকাঙ্ক্ষা তার কাছে আর হাস্যকর ছিল না
they became understandable and lovable
তারা বোধগম্য এবং প্রেমময় হয়ে ওঠে
they even became worthy of veneration to him
এমনকি তারা তাঁর কাছে শ্রদ্ধার যোগ্য হয়ে উঠেছিল।
The blind love of a mother for her child
সন্তানের প্রতি মায়ের অন্ধ ভালোবাসা
the stupid, blind pride of a conceited father for his only son
তার একমাত্র ছেলের জন্য একজন গর্বিত পিতার বোকা, অন্ধ গর্ব
the blind, wild desire of a young, vain woman for jewellery
গহনার জন্য একটি যুবতী, নিরর্থক মহিলার অন্ধ, বন্য আকাঙ্ক্ষা
her wish for admiring glances from men
পুরুষদের কাছ থেকে দৃষ্টি আকর্ষণ করার জন্য তার ইচ্ছা
all of these simple urges were not childish notions
এই সব সহজ তাগিদ শিশুসুলভ ধারণা ছিল না
but they were immensely strong, living, and prevailing urges
কিন্তু তারা ছিল অপরিমেয় শক্তিশালী, জীবন্ত এবং প্রবল তাগিদ
he saw people living for the sake of their urges
তিনি দেখেছেন মানুষ তাদের ইচ্ছার জন্য বেঁচে আছে
he saw people achieving rare things for their urges
তিনি দেখেছেন মানুষ তাদের ইচ্ছার জন্য বিরল জিনিস অর্জন করছে
travelling, conducting wars, suffering
ভ্রমণ, যুদ্ধ পরিচালনা, কষ্ট
they bore an infinite amount of suffering

তারা সীমাহীন কষ্ট সহ্য করে
and he could love them for it, because he saw life
এবং তিনি এর জন্য তাদের ভালবাসতে পারেন, কারণ তিনি জীবন দেখেছিলেন
that what is alive was in each of their passions
যে কি জীবন্ত তাদের প্রতিটি আবেগ ছিল
that what is is indestructible was in their urges, the Brahman
যেটি অবিনশ্বর তা তাদের তাগিদে ছিল, ব্রাহ্মণ
these people were worthy of love and admiration
এই মানুষ ভালবাসা এবং প্রশংসার যোগ্য ছিল
they deserved it for their blind loyalty and blind strength
তারা তাদের অন্ধ আনুগত্য এবং অন্ধ শক্তির জন্য এটি প্রাপ্য ছিল
there was nothing that they lacked
তাদের অভাব ছিল না
Siddhartha had nothing which would put him above the rest, except one thing
একটি জিনিস ছাড়া সিদ্ধার্থের কাছে এমন কিছুই ছিল না যা তাকে বাকিদের উপরে রাখবে
there still was a small thing he had which they didn't
তার কাছে একটি ছোট জিনিস ছিল যা তাদের কাছে ছিল না
he had the conscious thought of the oneness of all life
তিনি সমস্ত জীবনের একত্ব সচেতন চিন্তা ছিল
but Siddhartha even doubted whether this knowledge should be valued so highly
কিন্তু সিদ্ধার্থ এমনকি এই জ্ঞানের এত উচ্চ মূল্য দেওয়া উচিত কিনা সন্দেহ
it might also be a childish idea of the thinking people
এটা চিন্তাশীল মানুষের একটি শিশুসুলভ ধারণা হতে পারে
the worldly people were of equal rank to the wise men
জাগতিক লোকেরা জ্ঞানীদের সমান মর্যাদার অধিকারী ছিল

animals too can in some moments seem to be superior to humans

প্রাণীরাও কিছু মুহূর্তের মধ্যে মানুষের চেয়ে উচ্চতর বলে মনে হতে পারে

they are superior in their tough, unrelenting performance of what is necessary

তারা তাদের কঠোর, যা প্রয়োজন তা নিরলস কর্মক্ষমতার মধ্যে উচ্চতর

an idea slowly blossomed in Siddhartha

ধীরে ধীরে সিদ্ধার্থের মধ্যে একটা ধারণা ফুটে উঠল

and the idea slowly ripened in him

এবং ধারণাটি ধীরে ধীরে তার মধ্যে পরিপক্ক হয়েছিল

he began to see what wisdom actually was

তিনি দেখতে শুরু করলেন প্রজ্ঞা আসলে কি

he saw what the goal of his long search was

তিনি দেখেছেন তার দীর্ঘ অনুসন্ধানের লক্ষ্য কি ছিল

his search was nothing but a readiness of the soul

তার অনুসন্ধান আত্মার প্রস্তুতি ছাড়া আর কিছুই ছিল না

a secret art to think every moment, while living his life

একটি গোপন শিল্প প্রতি মুহূর্ত চিন্তা, তার জীবন যাপন করার সময়

it was the thought of oneness

এটা একত্ব চিন্তা ছিল

to be able to feel and inhale the oneness

একত্ব অনুভব করতে এবং শ্বাস নিতে সক্ষম হতে

Slowly this awareness blossomed in him

ধীরে ধীরে এই সচেতনতা তার মধ্যে প্রস্ফুটিত হয়

it was shining back at him from Vasudeva's old, childlike face

বাসুদেবের বৃদ্ধ, শিশুসদৃশ মুখ থেকে এটি তার দিকে জ্বলজ্বল করছিল

harmony and knowledge of the eternal perfection of the world
বিশ্বের শাশ্বত পরিপূর্ণতা সম্প্রীতি এবং জ্ঞান
smiling and to be part of the oneness
হাসিমুখ এবং একত্বের অংশ হতে
But the wound still burned
কিন্তু ক্ষত তখনও জ্বলে
longingly and bitterly Siddhartha thought of his son
আকুলভাবে এবং তিক্তভাবে সিদ্ধার্থ তার ছেলের কথা ভাবলেন
he nurtured his love and tenderness in his heart
তিনি তার হৃদয়ে তার ভালবাসা এবং কোমলতা লালনপালন করেছিলেন
he allowed the pain to gnaw at him
সে ব্যথা তার দিকে কুঁচকে যেতে দেয়
he committed all foolish acts of love
সে প্রেমের সব বোকামি কাজ করেছে
this flame would not go out by itself
এই শিখা নিজে থেকে নিভে যাবে না

one day the wound burned violently
একদিন ক্ষতটি হিংস্রভাবে জ্বলে উঠল
driven by a yearning, Siddhartha crossed the river
আকুল আকুলতায়, সিদ্ধার্থ নদী পার হন
he got off the boat and was willing to go to the city
তিনি নৌকা থেকে নামলেন এবং শহরে যেতে ইচ্ছুক হলেন
he wanted to look for his son again
তিনি তার ছেলেকে আবার খুঁজতে চেয়েছিলেন
The river flowed softly and quietly
নদী মৃদু এবং শান্তভাবে প্রবাহিত
it was the dry season, but its voice sounded strange
এটা ছিল শুষ্ক ঋতু, কিন্তু তার কন্ঠস্বর অদ্ভুত শোনাচ্ছিল

it was clear to hear that the river laughed
শুনে বোঝা গেল নদী হেসে উঠল
it laughed brightly and clearly at the old ferryman
এটি পুরানো ফেরিম্যানের দিকে উজ্জ্বল এবং স্পষ্টভাবে হেসেছিল
he bent over the water, in order to hear even better
আরও ভালো করে শোনার জন্য সে পানির ওপরে বাঁক দিল
and he saw his face reflected in the quietly moving waters
এবং তিনি শান্তভাবে চলমান জলের মধ্যে তার মুখ প্রতিফলিত দেখতে পান
in this reflected face there was something
এই প্রতিফলিত মুখে কিছু ছিল
something which reminded him, but he had forgotten
কিছু যা তাকে মনে করিয়ে দিয়েছিল, কিন্তু সে ভুলে গিয়েছিল
as he thought about it, he found it
তিনি এটি সম্পর্কে চিন্তা হিসাবে, তিনি এটি খুঁজে পেয়েছেন
this face resembled another face which he used to know and love
এই মুখটি অন্য একটি মুখের মতো যাকে তিনি চিনতেন এবং ভালোবাসতেন
but he also used to fear this face
কিন্তু তিনি এই মুখ ভয় ব্যবহার করতেন
It resembled his father's face, the Brahman
এটি তার পিতা ব্রাহ্মণের চেহারার সাথে সাদৃশ্যপূর্ণ ছিল
he remembered how he had forced his father to let him go
তার মনে পড়ে কিভাবে সে তার বাবাকে তাকে ছেড়ে দিতে বাধ্য করেছিল
he remembered how he had bid his farewell to him
তার মনে পড়ল কিভাবে সে তাকে বিদায় জানিয়েছিল
he remembered how he had gone and had never come back

তার মনে পড়ে কিভাবে সে চলে গিয়েছিল এবং আর ফিরে আসেনি

Had his father not also suffered the same pain for him?
তার বাবাও কি তার জন্য একই যন্ত্রণা ভোগ করেননি?
was his father's pain not the pain Siddhartha is suffering now?
তার বাবার কষ্ট কি সিদ্ধার্থ এখন ভুগছে না?
Had his father not long since died?
তার বাবা কি খুব বেশি দিন মারা যায়নি?
had he died without having seen his son again?
তিনি কি তার ছেলেকে আর দেখতে না পেয়ে মারা গেছেন?
Did he not have to expect the same fate for himself?
তার নিজের জন্যও কি একই পরিণতি আশা করতে হয়নি?
Was it not a comedy in a fateful circle?
এটি একটি ভাগ্য বৃত্তে একটি কমেডি ছিল না?
The river laughed about all of this
নদী এসব নিয়ে হেসে উঠল
everything came back which had not been suffered
সবকিছু ফিরে এসেছে যা সহ্য করা হয়নি
everything came back which had not been solved
সবকিছু ফিরে এসেছে যা সমাধান করা হয়নি
the same pain was suffered over and over again
একই যন্ত্রণা বারবার ভুগেছে
Siddhartha went back into the boat
সিদ্ধার্থ ফিরে গেল নৌকায়
and he returned back to the hut
এবং তিনি কুঁড়েঘরে ফিরে গেলেন
he was thinking of his father and of his son
সে তার বাবা এবং তার ছেলের কথা ভাবছিল
he thought of having been laughed at by the river
সে ভেবেছিল নদীর ধারে উপহাস করা হয়েছে

he was at odds with himself and tending towards despair
তিনি নিজের সাথে মতবিরোধে ছিলেন এবং হতাশার দিকে ঝুঁকছিলেন
but he was also tempted to laugh
কিন্তু সে হাসতেও প্রলুব্ধ হয়েছিল
he could laugh at himself and the entire world
তিনি নিজেকে এবং সমগ্র বিশ্বের হাসতে পারেন
Alas, the wound was not blossoming yet
হায়রে, ক্ষতটা তখনো ফুলেনি
his heart was still fighting his fate
তার হৃদয় এখনও তার ভাগ্য যুদ্ধ ছিল
cheerfulness and victory were not yet shining from his suffering
প্রফুল্লতা এবং বিজয় তখনও তার কষ্ট থেকে জ্বলজ্বল করেনি
Nevertheless, he felt hope along with the despair
তবুও, তিনি হতাশার পাশাপাশি আশা অনুভব করেছিলেন
once he returned to the hut he felt an undefeatable desire to open up to Vasudeva
একবার তিনি কুঁড়েঘরে ফিরে এসে বাসুদেবের কাছে খোলার অদম্য ইচ্ছা অনুভব করলেন
he wanted to show him everything
তিনি তাকে সবকিছু দেখাতে চেয়েছিলেন
he wanted to say everything to the master of listening
শ্রবণকর্তার কাছে তিনি সবকিছু বলতে চেয়েছিলেন

Vasudeva was sitting in the hut, weaving a basket
বাসুদেব কুঁড়েঘরে বসে ঝুড়ি বুনছিলেন
He no longer used the ferry-boat
তিনি আর ফেরি-নৌকা ব্যবহার করেন না
his eyes were starting to get weak
তার চোখ দুর্বল হতে শুরু করে

his arms and hands were getting weak as well

তার হাত ও হাত দুর্বল হয়ে পড়ছিল

only the joy and cheerful benevolence of his face was unchanging

শুধু তার মুখের আনন্দ এবং প্রফুল্ল দান অপরিবর্তিত ছিল

Siddhartha sat down next to the old man

সিদ্ধার্থ বৃদ্ধের পাশে বসল

slowly, he started talking about what they had never spoke about

ধীরে ধীরে, তিনি সেই বিষয়ে কথা বলতে শুরু করলেন যা তারা কখনও বলেনি

he told him of his walk to the city

তিনি তাকে শহরে তার হাঁটার কথা বলেছিলেন

he told at him of the burning wound

তিনি তাকে জ্বলন্ত ক্ষত সম্পর্কে বলেছিলেন

he told him about the envy of seeing happy fathers

তিনি তাকে সুখী পিতাদের দেখে হিংসার কথা বলেছিলেন

his knowledge of the foolishness of such wishes

এই ধরনের ইচ্ছার মূর্খতা সম্পর্কে তার জ্ঞান

his futile fight against his wishes

তার ইচ্ছার বিরুদ্ধে তার নিরর্থক লড়াই

he was able to say everything, even the most embarrassing parts

তিনি সবকিছু বলতে সক্ষম ছিলেন, এমনকি সবচেয়ে বিব্রতকর অংশগুলোও

he told him everything he could tell him

সে তাকে যা বলতে পারে তার সবই বলেছে

he showed him everything he could show him

তিনি তাকে দেখাতে পারেন সবকিছু দেখিয়েছেন

He presented his wound to him

তিনি তার ক্ষত উপস্থাপন করলেন

he also told him how he had fled today

সে আজকে কিভাবে পালিয়েছে তাও তাকে বলেছে
he told him how he ferried across the water
তিনি তাকে বলেন কিভাবে তিনি জল পেরিয়ে যান
a childish run-away, willing to walk to the city
একটি শিশুসুলভ পলাতক, শহরে হেঁটে যেতে ইচ্ছুক
and he told him how the river had laughed
এবং সে তাকে বলল যে নদী কেমন হেসেছিল
he spoke for a long time
তিনি অনেকক্ষণ কথা বলেছেন
Vasudeva was listening with a quiet face
বাসুদেব শান্ত মুখে শুনছিলেন
Vasudeva's listening gave Siddhartha a stronger sensation than ever before
বাসুদেবের কথা শুনে সিদ্ধার্থ আগের চেয়ে আরও শক্তিশালী অনুভূতি জাগিয়েছিল
he sensed how his pain and fears flowed over to him
তিনি অনুভব করেছিলেন কিভাবে তার ব্যথা এবং ভয় তার উপর প্রবাহিত হয়
he sensed how his secret hope flowed over him
তিনি অনুভব করেছিলেন যে কীভাবে তার গোপন আশা তার উপর প্রবাহিত হয়েছিল
To show his wound to this listener was the same as bathing it in the river
এই শ্রোতাকে তার ক্ষত দেখানো নদীতে স্নান করার সমান
the river would have cooled Siddhartha's wound
নদী সিদ্ধার্থের ক্ষত ঠান্ডা করত
the quiet listening cooled Siddhartha's wound
চুপচাপ শুনলে সিদ্ধার্থের ক্ষত শীতল হয়
it cooled him until he become one with the river
এটি তাকে শীতল করেছে যতক্ষণ না সে নদীর সাথে এক হয়ে যায়
While he was still speaking, still admitting and confessing

তিনি যখন কথা বলছিলেন, তখনও স্বীকার করছেন এবং স্বীকার করছেন

Siddhartha felt more and more that this was no longer Vasudeva

সিদ্ধার্থ আরও বেশি করে অনুভব করলেন যে এই আর বাসুদেব নেই

it was no longer a human being who was listening to him

এটা আর একজন মানুষ ছিল না যে তার কথা শুনছিল

this motionless listener was absorbing his confession into himself

এই গতিহীন শ্রোতা তার স্বীকারোক্তি নিজের মধ্যে শোষণ করছিল

this motionless listener was like a tree the rain

এই গতিহীন শ্রোতা ছিল বৃষ্টির গাছের মতো

this motionless man was the river itself

এই গতিহীন মানুষটি ছিল নদী নিজেই

this motionless man was God himself

এই গতিহীন মানুষ স্বয়ং ঈশ্বর ছিলেন

the motionless man was the eternal itself

গতিহীন মানুষটিই চিরন্তন

Siddhartha stopped thinking of himself and his wound

সিদ্ধার্থ নিজের এবং নিজের ক্ষতের কথা ভাবতে থেমে গেল

this realisation of Vasudeva's changed character took possession of him

বাসুদেবের পরিবর্তিত চরিত্রের এই উপলব্ধি তাকে দখল করে নেয়

and the more he entered into it, the less wondrous it became

এবং যত বেশি সে তাতে প্রবেশ করল, ততই কম বিস্ময়কর হয়ে উঠল

the more he realised that everything was in order and natural

তিনি আরও বুঝতে পেরেছিলেন যে সবকিছুই স্বাভাবিক এবং স্বাভাবিক

he realised that Vasudeva had already been like this for a long time

তিনি বুঝতে পারলেন যে বাসুদেব অনেক দিন ধরেই এমন ছিলেন

he had just not quite recognised it yet

তিনি ঠিক এখনও এটি পুরোপুরি স্বীকৃত ছিল না

yes, he himself had almost reached the same state

হ্যাঁ, তিনি নিজেও প্রায় একই অবস্থায় পৌঁছেছিলেন

He felt, that he was now seeing old Vasudeva as the people see the gods

তার মনে হল, মানুষ যেমন দেবতাদের দেখে সে এখন বৃদ্ধ বাসুদেবকে দেখছে

and he felt that this could not last

এবং তিনি অনুভব করেছিলেন যে এটি স্থায়ী হতে পারে না

in his heart, he started bidding his farewell to Vasudeva

মনে মনে তিনি বাসুদেবকে বিদায় জানাতে লাগলেন

Throughout all this, he talked incessantly

এই সবের মধ্যে তিনি অবিরাম কথা বলেছেন

When he had finished talking, Vasudeva turned his friendly eyes at him

কথা শেষ হলে বাসুদেব তার দিকে বন্ধুত্বপূর্ণ দৃষ্টি ফিরিয়ে নিলেন

the eyes which had grown slightly weak

চোখ যেগুলো একটু দুর্বল হয়ে গেছে

he said nothing, but let his silent love and cheerfulness shine

তিনি কিছু বলেননি, কিন্তু তার নীরব ভালবাসা এবং প্রফুল্লতা উজ্জ্বল হতে দিন

his understanding and knowledge shone from him

তাঁর বোধগম্যতা ও জ্ঞান তাঁর কাছ থেকে উজ্জ্বল হয়েছিল।

He took Siddhartha's hand and led him to the seat by the bank

তিনি সিদ্ধার্থের হাত ধরে ব্যাঙ্কের পাশের আসনে নিয়ে গেলেন

he sat down with him and smiled at the river

তিনি তার সাথে বসলেন এবং নদীর দিকে হাসলেন

"You've heard it laugh," he said

"আপনি এটা হাসতে শুনেছেন," তিনি বলেন

"But you haven't heard everything"

"কিন্তু তুমি তো সব শোনোনি"

"Let's listen, you'll hear more"

"চলুন শুনি, আরো শুনবেন"

Softly sounded the river, singing in many voices

মৃদু শব্দে নদী, বহু কণ্ঠে গান গাইছে

Siddhartha looked into the water

সিদ্ধার্থ জলের দিকে তাকাল

images appeared to him in the moving water

চলন্ত জলে তার কাছে ছবি দেখা গেল

his father appeared, lonely and mourning for his son

তার বাবা হাজির, একাকী এবং তার ছেলের জন্য শোকে

he himself appeared in the moving water

তিনি নিজেই চলন্ত জলে হাজির

he was also being tied with the bondage of yearning to his distant son

তিনিও তাঁর দূরন্ত পুত্রের আকাঙ্ক্ষার বন্ধনে আবদ্ধ ছিলেন

his son appeared, lonely as well

তার ছেলে হাজির, নিঃসঙ্গ

the boy, greedily rushing along the burning course of his young wishes

ছেলেটি, লোভের সাথে তার তরুণ ইচ্ছার জ্বলন্ত পথ ধরে ছুটে চলেছে

each one was heading for his goal
প্রত্যেকে তার লক্ষ্যের দিকে এগিয়ে যাচ্ছিল
each one was obsessed by the goal
প্রতিটি এক লক্ষ্য দ্বারা আবিষ্ট ছিল
each one was suffering from the pursuit
প্রত্যেকে সাধনা থেকে ভুগছিল
The river sang with a voice of suffering
কষ্টের কণ্ঠে নদী গেয়েছে
longingly it sang and flowed towards its goal
আকুলভাবে এটি গেয়েছিল এবং তার লক্ষ্যের দিকে প্রবাহিত হয়েছিল
"Do you hear?" Vasudeva asked with a mute gaze
"শুনছো?" বাসুদেব নীরব দৃষ্টিতে জিজ্ঞাসা করলেন
Siddhartha nodded in reply
উত্তরে মাথা নাড়ল সিদ্ধার্থ
"Listen better!" Vasudeva whispered
"আরও শোনো!" বাসুদেব ফিসফিস করে বললেন
Siddhartha made an effort to listen better
সিদ্ধার্থ ভালো করে শোনার চেষ্টা করল
The image of his father appeared
তার বাবার প্রতিচ্ছবি ফুটে উঠেছে
his own image merged with his father's
তার নিজের ইমেজ তার বাবার সাথে মিশে গেছে
the image of his son merged with his image
তার ছেলের ইমেজ তার ইমেজের সাথে মিশে গেছে
Kamala's image also appeared and was dispersed
কমলার মূর্তিও আবির্ভূত হয় এবং বিচ্ছুরিত হয়
and the image of Govinda, and other images
এবং গোবিন্দের ছবি, এবং অন্যান্য ছবি
and all the imaged merged with each other

এবং সমস্ত চিত্র একে অপরের সাথে মিশে গেছে
all the imaged turned into the river
সমস্ত চিত্র নদীতে পরিণত হয়েছে
being the river, they all headed for the goal
নদী হয়ে, তারা সবাই লক্ষ্যের দিকে এগিয়ে গেল
longing, desiring, suffering flowed together
আকাঙ্ক্ষা, আকাঙ্ক্ষা, কষ্ট একসাথে প্রবাহিত
and the river's voice sounded full of yearning
এবং নদীর কন্ঠস্বর আকুল হয়ে উঠল
the river's voice was full of burning woe
নদীর কন্ঠস্বর ছিল জ্বলন্ত হায়
the river's voice was full of unsatisfiable desire
নদীর কন্ঠে অতৃপ্ত ইচ্ছা ছিল
For the goal, the river was heading
লক্ষ্যের জন্য নদীপথে এগোচ্ছিল
Siddhartha saw the river hurrying towards its goal
সিদ্ধার্থ দেখল নদী তার লক্ষ্যের দিকে ছুটে আসছে
the river of him and his loved ones and of all people he had ever seen
তাঁর এবং তাঁর প্রিয়জনদের এবং সমস্ত লোকের নদী যা তিনি কখনও দেখেছিলেন
all of these waves and waters were hurrying
এই সব ঢেউ এবং জল দ্রুতগতিতে ছিল
they were all suffering towards many goals
তারা সবাই অনেক লক্ষ্যের দিকে ভুগছিল
the waterfall, the lake, the rapids, the sea
জলপ্রপাত, হ্রদ, র‍্যাপিডস, সমুদ্র
and all goals were reached
এবং সমস্ত লক্ষ্যে পৌঁছেছে
and every goal was followed by a new one
এবং প্রতিটি লক্ষ্য একটি নতুন একটি দ্বারা অনুসরণ করা হয়েছে

and the water turned into vapour and rose to the sky
আর জল বাষ্পে পরিণত হয়ে আকাশে উঠল
the water turned into rain and poured down from the sky
জল বৃষ্টিতে পরিণত হল এবং আকাশ থেকে বর্ষিত হল
the water turned into a source
জল একটি উৎস পরিণত
then the source turned into a stream
তারপর উৎস একটি স্রোতে পরিণত
the stream turned into a river
স্রোত একটি নদী পরিণত
and the river headed forwards again
এবং নদী আবার সামনের দিকে এগিয়ে গেল
But the longing voice had changed
কিন্তু আকুল কন্ঠ বদলে গেছে
It still resounded, full of suffering, searching
এটি এখনও ধ্বনিত হয়, কষ্টে পূর্ণ, অনুসন্ধান
but other voices joined the river
কিন্তু অন্যান্য কন্ঠ নদীতে যোগ দিয়েছে
there were voices of joy and of suffering
আনন্দ এবং কষ্টের কন্ঠস্বর ছিল
good and bad voices, laughing and sad ones
ভাল এবং খারাপ কন্ঠস্বর, হাসি এবং দুঃখজনক
a hundred voices, a thousand voices
একশো কন্ঠ, হাজার কন্ঠ
Siddhartha listened to all these voices
সিদ্ধার্থ এই সমস্ত কন্ঠস্বর শুনলেন
He was now nothing but a listener
তিনি এখন শ্রোতা ছাড়া আর কিছুই ছিলেন না
he was completely concentrated on listening
তিনি সম্পূর্ণরূপে শোনার উপর মনোযোগী ছিল
he was completely empty now
সে এখন সম্পূর্ণ খালি ছিল

he felt that he had now finished learning to listen
তার মনে হয়েছিল যে সে এখন শুনতে শেখা শেষ করেছে
Often before, he had heard all this
এর আগে প্রায়ই সে এসব শুনেছে
he had heard these many voices in the river
নদীতে সে এতগুলো কন্ঠস্বর শুনেছিল
today the voices in the river sounded new
আজ নদীর কন্ঠ নতুন শোনাল
Already, he could no longer tell the many voices apart
ইতিমধ্যে, তিনি আর অনেক কন্ঠ আলাদা করে বলতে পারেন না
there was no difference between the happy voices and the weeping ones
খুশির কন্ঠ আর কান্নাকাটির মধ্যে কোনো পার্থক্য ছিল না
the voices of children and the voices of men were one
শিশুদের কন্ঠস্বর এবং পুরুষদের কন্ঠ ছিল এক
all these voices belonged together
এই সব কন্ঠ একসাথে ছিল
the lamentation of yearning and the laughter of the knowledgeable one
আকুলতার বিলাপ এবং জ্ঞানী ব্যক্তির হাসি
the scream of rage and the moaning of the dying ones
ক্রোধের চিৎকার এবং মৃতদের হাহাকার
everything was one and everything was intertwined
সবকিছু এক ছিল এবং সবকিছুই জড়িত ছিল
everything was connected and entangled a thousand times
সবকিছু এক হাজার বার সংযুক্ত এবং জড়িত ছিল
everything together, all voices, all goals
সবকিছু একসাথে, সব ভয়েস, সব লক্ষ্য
all yearning, all suffering, all pleasure
সমস্ত আকাঙ্ক্ষা, সমস্ত দুঃখ, সমস্ত আনন্দ
all that was good and evil

ভাল এবং মন্দ সব ছিল
all of this together was the world
এই সব একসাথে পৃথিবী ছিল
All of it together was the flow of events
সব মিলেই ছিল ঘটনার প্রবাহ
all of it was the music of life
সবই ছিল জীবনের সঙ্গীত
when Siddhartha was listening attentively to this river
যখন সিদ্ধার্থ এই নদীর কথা মনোযোগ দিয়ে শুনছিল
the song of a thousand voices
হাজার কন্ঠের গান
when he neither listened to the suffering nor the laughter
যখন সে কষ্ট বা হাসি শোনেনি
when he did not tie his soul to any particular voice
যখন তিনি তার আত্মাকে কোন বিশেষ কন্ঠের সাথে বেঁধে রাখেননি
when he submerged his self into the river
যখন সে নদীতে ডুব দিল
but when he heard them all he perceived the whole, the oneness
কিন্তু যখন সে তাদের সব শুনেছিল তখন সে পুরোটাই উপলব্ধি করেছিল, একত্ব
then the great song of the thousand voices consisted of a single word
তারপর হাজার কন্ঠের মহান গানটি একটি একক শব্দ নিয়ে গঠিত
this word was Om; the perfection
এই শব্দটি ছিল ওম; পরিপূর্ণতা

"Do you hear" Vasudeva's gaze asked again
"শুনছেন কি" বাসুদেবের দৃষ্টি আবার জিজ্ঞেস করল
Brightly, Vasudeva's smile was shining

উজ্জ্বলভাবে, বাসুদেবের হাসি জ্বলজ্বল করছিল

it was floating radiantly over all the wrinkles of his old face

এটি তার পুরোনো মুখের সমস্ত বলিরেখার উপর উজ্জ্বলভাবে ভাসছিল

the same way the Om was floating in the air over all the voices of the river

একইভাবে নদীর সমস্ত কণ্ঠে ওম বাতাসে ভাসছিল

Brightly his smile was shining, when he looked at his friend

উজ্জ্বলভাবে তার হাসি জ্বলজ্বল করছিল, যখন সে তার বন্ধুর দিকে তাকাল

and brightly the same smile was now starting to shine on Siddhartha's face

এবং উজ্জ্বলভাবে একই হাসি এখন সিদ্ধার্থের মুখে জ্বলতে শুরু করেছে

His wound had blossomed and his suffering was shining

তার ক্ষতটি ফুলে উঠেছে এবং তার কষ্ট জ্বলজ্বল করছে

his self had flown into the oneness

তার স্ব একত্ব মধ্যে প্রবাহিত ছিল

In this hour, Siddhartha stopped fighting his fate

এই ঘন্টায় সিদ্ধার্থ তার ভাগ্যের সাথে লড়াই বন্ধ করে দেন

at the same time he stopped suffering

একই সময়ে তিনি কষ্ট বন্ধ করেন

On his face flourished the cheerfulness of a knowledge

তার মুখে এক জ্ঞানের প্রফুল্লতা ফুটে উঠল

a knowledge which was no longer opposed by any will

একটি জ্ঞান যা আর কোন ইচ্ছা দ্বারা বিরোধিতা ছিল না

a knowledge which knows perfection

একটি জ্ঞান যা পরিপূর্ণতা জানে

a knowledge which is in agreement with the flow of events

একটি জ্ঞান যা ঘটনা প্রবাহের সাথে একমত

a knowledge which is with the current of life

একটি জ্ঞান যা জীবনের স্রোতের সাথে রয়েছে
full of sympathy for the pain of others
অন্যের ব্যথার জন্য সহানুভূতিতে পূর্ণ
full of sympathy for the pleasure of others
অন্যের আনন্দের জন্য সহানুভূতিতে পূর্ণ
devoted to the flow, belonging to the oneness
প্রবাহের প্রতি নিবেদিত, একত্বের সাথে জড়িত
Vasudeva rose from the seat by the bank
বাসুদেব পাড়ে আসন থেকে উঠে দাঁড়ালেন
he looked into Siddhartha's eyes
সে সিদ্ধার্থের চোখের দিকে তাকাল
and he saw the cheerfulness of the knowledge shining in his eyes
এবং তিনি তার চোখে জ্ঞানের প্রফুল্লতা দেখতে পেলেন
he softly touched his shoulder with his hand
সে তার হাত দিয়ে আলতো করে তার কাঁধ স্পর্শ করল
"I've been waiting for this hour, my dear"
"আমি এই সময়ের জন্য অপেক্ষা করছি, আমার প্রিয়"
"Now that it has come, let me leave"
"এখন যে এসেছে, আমাকে যেতে দাও"
"For a long time, I've been waiting for this hour"
"অনেক দিন ধরে, আমি এই সময়ের জন্য অপেক্ষা করছিলাম"
"for a long time, I've been Vasudeva the ferryman"
"দীর্ঘকাল ধরে, আমি বাসুদেব ফেরিম্যান"
"Now it's enough. Farewell"
"এখন যথেষ্ট। বিদায়"
"farewell river, farewell Siddhartha!"
"বিদায় নদী, বিদায় সিদ্ধার্থ!"
Siddhartha made a deep bow before him who bid his farewell
সিদ্ধার্থ তাঁর বিদায়ের সামনে গভীর প্রণাম করলেন

"I've known it," he said quietly
"আমি এটা জানি," তিনি শান্তভাবে বললেন
"You'll go into the forests?"
"তুমি কি বনে যাবে?"
"I'm going into the forests"
"আমি বনে যাচ্ছি"
"I'm going into the oneness" spoke Vasudeva with a bright smile
"আমি একত্বে যাচ্ছি" বাসুদেব উজ্জ্বল হাসি দিয়ে বললেন
With a bright smile, he left
উজ্জ্বল হাসি দিয়ে তিনি চলে গেলেন
Siddhartha watched him leaving
সিদ্ধার্থ তাকে চলে যেতে দেখল
With deep joy, with deep solemnity he watched him leave
গভীর আনন্দে, গভীর গাম্ভীর্যের সাথে তিনি তাকে চলে যেতে দেখেছিলেন
he saw his steps were full of peace
সে দেখল তার পদক্ষেপ শান্তিতে পূর্ণ
he saw his head was full of lustre
সে দেখল তার মাথা দীপ্তিতে পূর্ণ
he saw his body was full of light
সে দেখল তার শরীর আলোয় পূর্ণ

Govinda
গোবিন্দ

Govinda had been with the monks for a long time
গোবিন্দ বহুদিন ধরে সন্ন্যাসীদের সঙ্গে ছিলেন
when not on pilgrimages, he spent his time in the pleasure-garden
তীর্থযাত্রায় না গিয়ে তিনি আনন্দ-উদ্যানে সময় কাটাতেন
the garden which the courtesan Kamala had given the followers of Gotama
যে বাগানটি গণিকা কমলা গোতমার অনুগামীদের দিয়েছিলেন
he heard talk of an old ferryman, who lived a day's journey away
তিনি একজন বৃদ্ধ ফেরিম্যানের কথা শুনেছেন, যিনি এক দিনের যাত্রা দূরে থাকতেন
he heard many regarded him as a wise man
তিনি শুনেছেন অনেকেই তাকে জ্ঞানী বলে গণ্য করেছেন
When Govinda went back, he chose the path to the ferry
গোবিন্দ ফিরে গেলে ফেরির পথ বেছে নিলেন
he was eager to see the ferryman
তিনি ফেরিম্যানকে দেখতে আগ্রহী ছিলেন
he had lived his entire life by the rules
তিনি তার পুরো জীবন নিয়ম মেনেই কাটিয়েছেন
he was looked upon with veneration by the younger monks
ছোট সন্ন্যাসীরা তাকে শ্রদ্ধার সাথে দেখতেন
they respected his age and modesty
তারা তার বয়স এবং বিনয় সম্মান
but his restlessness had not perished from his heart
কিন্তু তার অস্থিরতা তার অন্তর থেকে বিলুপ্ত হয়নি
he was searching for what he had not found
তিনি যা খুঁজে পাননি তা খুঁজছিলেন

He came to the river and asked the old man to ferry him over
তিনি নদীর ধারে এসে বৃদ্ধকে তাকে ফেরি করতে বললেন
when they got off the boat on the other side, he spoke with the old man
তারা যখন নৌকা থেকে অন্য দিকে নামল, তখন সে বৃদ্ধের সাথে কথা বলল

"You're very good to us monks and pilgrims"
"আপনি আমাদের সন্ন্যাসী এবং তীর্থযাত্রীদের জন্য খুব ভাল"
"you have ferried many of us across the river"
"আপনি আমাদের অনেককে নদীর ওপারে নিয়ে গেছেন"
"Aren't you too, ferryman, a searcher for the right path?"
"আপনিও নন, ফেরিম্যান, সঠিক পথের সন্ধানকারী?"
smiling from his old eyes, Siddhartha spoke
বুড়ো চোখ থেকে হেসে বলল সিদ্ধার্থ
"oh venerable one, do you call yourself a searcher?"
"ওহ শ্রদ্ধেয়, আপনি কি নিজেকে একজন অনুসন্ধানকারী বলছেন?"
"are you still a searcher, although already well in years?"
"আপনি কি এখনও একজন অনুসন্ধানকারী, যদিও ইতিমধ্যে কয়েক বছর ধরে ভাল?"
"do you search while wearing the robe of Gotama's monks?"
"তুমি কি গোটামার সন্ন্যাসীদের পোশাক পরে খোঁজ করছ?"
"It's true, I'm old," spoke Govinda
"এটা সত্যি, আমার বয়স হয়েছে," গোবিন্দ বলল
"but I haven't stopped searching"
"কিন্তু আমি খোঁজা বন্ধ করিনি"
"I will never stop searching"
"আমি কখনই অনুসন্ধান বন্ধ করব না"
"this seems to be my destiny"

"এটাই আমার নিয়তি বলে মনে হচ্ছে"
"You too, so it seems to me, have been searching"
"আপনিও, তাই আমার কাছে মনে হচ্ছে, খুঁজছেন"
"Would you like to tell me something, oh honourable one?"
"আপনি কি আমাকে কিছু বলতে চান, ওহ মাননীয়?"
"What might I have that I could tell you, oh venerable one?"
"আমার কাছে কী থাকতে পারে যা আমি আপনাকে বলতে পারি, ওহ শ্রদ্ধেয়?"
"Perhaps I could tell you that you're searching far too much?"
"সম্ভবত আমি আপনাকে বলতে পারি যে আপনি অনেক বেশি অনুসন্ধান করছেন?"
"Could I tell you that you don't make time for finding?"
"আমি কি আপনাকে বলতে পারি যে আপনি খুঁজে বের করার জন্য সময় করেন না?"
"How come?" asked Govinda
"কেমন এলো?" গোবিন্দকে জিজ্ঞেস করলেন
"When someone is searching they might only see what they search for"
"যখন কেউ অনুসন্ধান করে তখন তারা কেবল তা দেখতে পারে যা তারা অনুসন্ধান করে"
"he might not be able to let anything else enter his mind"
"সে হয়তো অন্য কিছু তার মনে ঢুকতে দিতে পারবে না"
"he doesn't see what he is not searching for"
"সে যা খুঁজছে তা সে দেখতে পায় না"
"because he always thinks of nothing but the object of his search"
"কারণ সে সবসময় তার অনুসন্ধানের বস্তু ছাড়া আর কিছুই মনে করে না"
"he has a goal, which he is obsessed with"
"তার একটি লক্ষ্য আছে, যা নিয়ে সে আচ্ছন্ন"
"Searching means having a goal"

"অনুসন্ধান মানে একটি লক্ষ্য থাকা"
"But finding means being free, open, and having no goal"
"কিন্তু খোঁজার অর্থ হল স্বাধীন, উন্মুক্ত হওয়া এবং কোন লক্ষ্য না থাকা"
"You, oh venerable one, are perhaps indeed a searcher"
"আপনি, ওহ শ্রদ্ধেয়, সম্ভবত সত্যিই একজন অনুসন্ধানকারী"
"because, when striving for your goal, there are many things you don't see"
"কারণ, আপনার লক্ষ্যের জন্য চেষ্টা করার সময়, এমন অনেক কিছু আছে যা আপনি দেখতে পান না"
"you might not see things which are directly in front of your eyes"
"আপনি এমন জিনিসগুলি দেখতে পাবেন না যা সরাসরি আপনার চোখের সামনে রয়েছে"
"I don't quite understand yet," said Govinda, "what do you mean by this?"
"আমি এখনও ঠিক বুঝতে পারিনি," গোবিন্দ বলল, "এর দ্বারা আপনি কী বোঝাতে চাচ্ছেন?"
"oh venerable one, you've been at this river before, a long time ago"
"ওহ শ্রদ্ধেয়, আপনি এই নদীতে অনেক দিন আগে ছিলেন"
"and you have found a sleeping man by the river"
"এবং আপনি নদীর ধারে একজন ঘুমন্ত মানুষ খুঁজে পেয়েছেন"
"you have sat down with him to guard his sleep"
"আপনি তার ঘুম পাহারা দিতে তার সাথে বসেছেন"
"but, oh Govinda, you did not recognise the sleeping man"
"কিন্তু, হে গোবিন্দ, তুমি ঘুমন্ত মানুষটিকে চিনতে পারনি"
Govinda was astonished, as if he had been the object of a magic spell

গোবিন্দ চমকে উঠলেন, যেন তিনি কোনো জাদুমন্ত্রের বস্তু হয়েছিলেন

the monk looked into the ferryman's eyes
সন্ন্যাসী ফেরিম্যানের চোখের দিকে তাকাল

"Are you Siddhartha?" he asked with a timid voice
"তুমি কি সিদ্ধার্থ?" সে ভীতু গলায় জিজ্ঞেস করল

"I wouldn't have recognised you this time either!"
"এবার আমিও তোমাকে চিনতে পারতাম না!"

"from my heart, I'm greeting you, Siddhartha"
"আমার হৃদয় থেকে, আমি তোমাকে শুভেচ্ছা জানাচ্ছি, সিদ্ধার্থ"

"from my heart, I'm happy to see you once again!"
"আমার হৃদয় থেকে, আমি আপনাকে আবার দেখে খুশি!"

"You've changed a lot, my friend"
"তুমি অনেক বদলে গেছো বন্ধু"

"and you've now become a ferryman?"
"এবং আপনি এখন ফেরিম্যান হয়ে গেছেন?"

In a friendly manner, Siddhartha laughed
বন্ধুত্বপূর্ণ ভঙ্গিতে হেসে উঠল সিদ্ধার্থ

"yes, I am a ferryman"
"হ্যাঁ, আমি একজন ফেরিম্যান"

"Many people, Govinda, have to change a lot"
"অনেক মানুষ, গোবিন্দ, অনেক বদলাতে হবে"

"they have to wear many robes"
"তাদের অনেক পোশাক পরতে হবে"

"I am one of those who had to change a lot"
"আমি তাদের মধ্যে একজন যাদের অনেক পরিবর্তন করতে হয়েছে"

"Be welcome, Govinda, and spend the night in my hut"
"স্বাগত হও, গোবিন্দ, এবং আমার কুঁড়েঘরে রাত কাটাও"

Govinda stayed the night in the hut
গোবিন্দ কুঁড়েঘরে রাত্রি যাপন করেন

he slept on the bed which used to be Vasudeva's bed
তিনি সেই বিছানায় শুতেন যা বাসুদেবের শয্যা ছিল
he posed many questions to the friend of his youth
তিনি তার যৌবনের বন্ধুকে অনেক প্রশ্ন করেছিলেন
Siddhartha had to tell him many things from his life
সিদ্ধার্থকে তার জীবন থেকে অনেক কিছু বলতে হয়েছিল

then the next morning came
তারপর পরের দিন সকাল হল
the time had come to start the day's journey
দিনের যাত্রা শুরু করার সময় এসেছে
without hesitation, Govinda asked one more question
বিনা দ্বিধায়, গোবিন্দ আরও একটি প্রশ্ন করলেন
"Before I continue on my path, Siddhartha, permit me to ask one more question"
"আমি আমার পথে এগিয়ে যাওয়ার আগে, সিদ্ধার্থ, আমাকে আরও একটি প্রশ্ন জিজ্ঞাসা করার অনুমতি দিন"
"Do you have a teaching that guides you?"
"আপনার কি এমন কোনো শিক্ষা আছে যা আপনাকে গাইড করে?"
"Do you have a faith or a knowledge you follow"
"আপনার কি বিশ্বাস বা জ্ঞান আছে যা আপনি অনুসরণ করেন"
"is there a knowledge which helps you to live and do right?"
"এমন কোন জ্ঞান আছে যা আপনাকে বাঁচতে এবং সঠিক কাজ করতে সাহায্য করে?"
"You know well, my dear, I have always been distrustful of teachers"
"আপনি ভাল জানেন, আমার প্রিয়, আমি সবসময় শিক্ষকদের অবিশ্বাসী"
"as a young man I already started to doubt teachers"

"একজন যুবক হিসাবে আমি ইতিমধ্যে শিক্ষকদের সন্দেহ করতে শুরু করেছি"

"when we lived with the penitents in the forest, I distrusted their teachings"

"যখন আমরা বনে অনুতপ্তদের সাথে থাকতাম, আমি তাদের শিক্ষাকে অবিশ্বাস করতাম"

"and I turned my back to them"

"এবং আমি তাদের দিকে মুখ ফিরিয়ে নিলাম"

"I have remained distrustful of teachers"

"আমি শিক্ষকদের অবিশ্বাসী রয়েছি"

"Nevertheless, I have had many teachers since then"

"তবুও, তখন থেকে আমার অনেক শিক্ষক আছে"

"A beautiful courtesan has been my teacher for a long time"

"একজন সুন্দরী গণিকা দীর্ঘদিন ধরে আমার শিক্ষক"

"a rich merchant was my teacher"

"একজন ধনী বণিক আমার শিক্ষক ছিলেন"

"and some gamblers with dice taught me"

"এবং পাশা নিয়ে কিছু জুয়াড়ি আমাকে শিখিয়েছে"

"Once, even a follower of Buddha has been my teacher"

"একসময়, এমনকি বুদ্ধের একজন অনুসারীও আমার শিক্ষক ছিলেন"

"he was travelling on foot, pilgering"

"তিনি পায়ে হেঁটে ভ্রমণ করছিলেন, পিলগারিং"

"and he sat with me when I had fallen asleep in the forest"

"এবং তিনি আমার সাথে বসেছিলেন যখন আমি বনে ঘুমিয়ে পড়েছিলাম"

"I've also learned from him, for which I'm very grateful"

"আমিও তার কাছ থেকে শিখেছি, যার জন্য আমি খুব কৃতজ্ঞ"

"But most of all, I have learned from this river"

"তবে সবচেয়ে বেশি, আমি এই নদী থেকে শিখেছি"

"and I have learned most from my predecessor, the ferryman Vasudeva"
"এবং আমি আমার পূর্বসূরি, ফেরিম্যান বাসুদেবের কাছ থেকে সবচেয়ে বেশি শিখেছি"
"He was a very simple person, Vasudeva, he was no thinker"
"তিনি খুব সাধারণ মানুষ ছিলেন, বাসুদেব, তিনি কোন চিন্তাবিদ ছিলেন না"
"but he knew what is necessary just as well as Gotama"
"কিন্তু তিনি গোটামার মতোই কী প্রয়োজনীয় তা জানতেন"
"he was a perfect man, a saint"
"তিনি একজন নিখুঁত মানুষ, একজন সাধু ছিলেন"
"Siddhartha still loves to mock people, it seems to me"
"সিদ্ধার্থ এখনও মানুষকে উপহাস করতে ভালোবাসে, এটা আমার কাছে মনে হয়"
"I believe in you and I know that you haven't followed a teacher"
"আমি আপনাকে বিশ্বাস করি এবং আমি জানি যে আপনি একজন শিক্ষককে অনুসরণ করেননি"
"But haven't you found something by yourself?"
"কিন্তু তুমি কি নিজে থেকে কিছু খুঁজে পাও নি?"
"though you've found no teachings, you still found certain thoughts"
"যদিও আপনি কোন শিক্ষা খুঁজে পাননি, তবুও আপনি কিছু চিন্তা খুঁজে পেয়েছেন"
"certain insights, which are your own"
"কিছু অন্তর্দৃষ্টি, যা আপনার নিজস্ব"
"insights which help you to live"
"অন্তর্দৃষ্টি যা আপনাকে বাঁচতে সাহায্য করে"
"Haven't you found something like this?"
"আপনি কি এরকম কিছু খুঁজে পাননি?"
"If you would like to tell me, you would delight my heart"

"আপনি যদি আমাকে বলতে চান, আপনি আমার হৃদয়কে খুশি করবেন"

"you are right, I have had thoughts and gained many insights"

"আপনি ঠিক বলেছেন, আমি চিন্তা করেছি এবং অনেক অন্তর্দৃষ্টি অর্জন করেছি"

"Sometimes I have felt knowledge in me for an hour"

"কখনও কখনও আমি এক ঘন্টার জন্য আমার মধ্যে জ্ঞান অনুভব করেছি"

"at other times I have felt knowledge in me for an entire day"

"অন্য সময়ে আমি সারা দিন ধরে আমার মধ্যে জ্ঞান অনুভব করেছি"

"the same knowledge one feels when one feels life in one's heart"

"একই জ্ঞান যখন কেউ অনুভব করে তখন নিজের হৃদয়ে জীবন অনুভব করে"

"There have been many thoughts"

"অনেক চিন্তা ছিল"

"but it would be hard for me to convey these thoughts to you"

"কিন্তু এই চিন্তাগুলি আপনার কাছে পৌঁছে দেওয়া আমার পক্ষে কঠিন হবে"

"my dear Govinda, this is one of my thoughts which I have found"

"আমার প্রিয় গোবিন্দ, এটি আমার একটি চিন্তা যা আমি পেয়েছি"

"wisdom cannot be passed on"

"জ্ঞান প্রেরণ করা যায় না"

"Wisdom which a wise man tries to pass on always sounds like foolishness"

"একজন জ্ঞানী ব্যক্তি যে জ্ঞান দেওয়ার চেষ্টা করেন তা সর্বদা মূর্খতার মতো শোনায়"

"Are you kidding?" asked Govinda

"তুমি মজা করছো?" গোবিন্দকে জিজ্ঞেস করলেন

"I'm not kidding, I'm telling you what I have found"

"আমি মজা করছি না, আমি যা পেয়েছি তা বলছি"

"Knowledge can be conveyed, but wisdom can't"

"জ্ঞান জানানো যায়, কিন্তু প্রজ্ঞা দেওয়া যায় না"

"wisdom can be found, it can be lived"

"জ্ঞান পাওয়া যায়, বেঁচে থাকা যায়"

"it is possible to be carried by wisdom"

"প্রজ্ঞা দ্বারা বহন করা সম্ভব"

"miracles can be performed with wisdom"

"বুদ্ধি দিয়ে অলৌকিক কাজ করা যায়"

"but wisdom cannot be expressed in words or taught"

"কিন্তু জ্ঞান কথায় প্রকাশ করা যায় না বা শেখানো যায় না"

"This was what I sometimes suspected, even as a young man"

"একজন যুবক হিসাবেও আমি মাঝে মাঝে এটিই সন্দেহ করতাম"

"this is what has driven me away from the teachers"

"এটাই আমাকে শিক্ষকদের কাছ থেকে দূরে সরিয়ে দিয়েছে"

"I have found a thought which you'll regard as foolishness"

"আমি একটি চিন্তা খুঁজে পেয়েছি যা আপনি বোকামি হিসাবে বিবেচনা করবেন"

"but this thought has been my best"

"কিন্তু এই চিন্তা আমার সেরা হয়েছে"

"The opposite of every truth is just as true!"

"প্রত্যেক সত্যের বিপরীতও সত্য!

"any truth can only be expressed when it is one-sided"

"যে কোনো সত্য তখনই প্রকাশ করা যায় যখন তা একতরফা হয়"
"only one sided things can be put into words"
"শুধুমাত্র একতরফা জিনিসগুলিকে শব্দে রাখা যায়"
"Everything which can be thought is one-sided"
"যা ভাবা যায় সবই একতরফা"
"it's all one-sided, so it's just one half"
"এটি সব একতরফা, তাই এটি মাত্র এক অর্ধেক"
"it all lacks completeness, roundness, and oneness"
"এতে সম্পূর্ণতা, গোলাকারতা এবং একতার অভাব রয়েছে"
"the exalted Gotama spoke in his teachings of the world"
"উন্নত গোটামা তাঁর বিশ্বের শিক্ষায় কথা বলেছেন"
"but he had to divide the world into Sansara and Nirvana"
"কিন্তু তাকে পৃথিবীকে সংসার ও নির্বাণে ভাগ করতে হয়েছিল"
"he had divided the world into deception and truth"
"তিনি বিশ্বকে প্রতারণা ও সত্যে বিভক্ত করেছিলেন"
"he had divided the world into suffering and salvation"
"তিনি পৃথিবীকে দুঃখ ও পরিত্রাণের মধ্যে ভাগ করেছিলেন"
"the world cannot be explained any other way"
"পৃথিবীকে অন্য কোন উপায়ে ব্যাখ্যা করা যায় না"
"there is no other way to explain it, for those who want to teach"
"যারা শেখাতে চান তাদের জন্য এটি ব্যাখ্যা করার অন্য কোন উপায় নেই"
"But the world itself is never one-sided"
"কিন্তু পৃথিবী নিজেই কখনো একতরফা নয়"
"the world exists around us and inside of us"
"জগত আমাদের চারপাশে এবং আমাদের ভিতরে বিদ্যমান"
"A person or an act is never entirely Sansara or entirely Nirvana"

"একটি ব্যক্তি বা একটি কাজ কখনই সম্পূর্ণরূপে সংসার বা সম্পূর্ণরূপে নির্বাণ নয়"
"a person is never entirely holy or entirely sinful"
"একজন ব্যক্তি কখনই সম্পূর্ণ পবিত্র বা সম্পূর্ণ পাপী নয়"
"It seems like the world can be divided into these opposites"
"মনে হচ্ছে বিশ্বকে এই বিপরীতে ভাগ করা যেতে পারে"
"but that's because we are subject to deception"
"কিন্তু এর কারণ আমরা প্রতারণার শিকার"
"it's as if the deception was something real"
"এটা যেন প্রতারণাটি বাস্তব কিছু ছিল"
"Time is not real, Govinda"
"সময় আসল নয়, গোবিন্দ"
"I have experienced this often and often again"
"আমি প্রায়ই এবং বারবার এটি অনুভব করেছি"
"when time is not real, the gap between the world and the eternity is also a deception"
"যখন সময় বাস্তব হয় না, তখন পৃথিবী এবং অনন্তকালের ব্যবধানও একটি প্রতারণা"
"the gap between suffering and blissfulness is not real"
"দুঃখ এবং সুখের মধ্যে ব্যবধান বাস্তব নয়"
"there is no gap between evil and good"
"মন্দ এবং ভাল মধ্যে কোন ব্যবধান নেই"
"all of these gaps are deceptions"
"এই ফাঁক সব প্রতারণা"
"but these gaps appear to us nonetheless"
"তবে এই ফাঁকগুলি আমাদের কাছে প্রদর্শিত হয়"
"How come?" asked Govinda timidly
"কেমন এলো?" গোবিন্দকে ভীতু গলায় জিজ্ঞেস করলেন
"Listen well, my dear," answered Siddhartha
"ভালো করে শোন, আমার প্রিয়," সিদ্ধার্থ উত্তর দিল
"The sinner, which I am and which you are, is a sinner"
"পাপী, যে আমি এবং যা তুমি, সে পাপী"

"but in times to come the sinner will be Brahma again"
"কিন্তু ভবিষ্যতে পাপী আবার ব্রহ্ম হবে"
"he will reach the Nirvana and be Buddha"
"তিনি নির্বাণে পৌঁছে বুদ্ধ হবেন"
"the times to come are a deception"
"আগামী সময় একটি প্রতারণা"
"the times to come are only a parable!"
"আগামী সময় শুধুমাত্র একটি দৃষ্টান্ত!"
"The sinner is not on his way to become a Buddha"
"পাপী বুদ্ধ হওয়ার পথে নয়"
"he is not in the process of developing"
"তিনি বিকাশের প্রক্রিয়ার মধ্যে নেই"
"our capacity for thinking does not know how else to picture these things"
"আমাদের চিন্তা করার ক্ষমতা এই জিনিসগুলিকে কীভাবে চিত্রিত করতে হয় তা জানে না"
"No, within the sinner there already is the future Buddha"
"না, পাপীর মধ্যেই ভবিষ্যৎ বুদ্ধ আছে"
"his future is already all there"
"তার ভবিষ্যত ইতিমধ্যেই সব আছে"
"you have to worship the Buddha in the sinner"
"পাপীতে বুদ্ধের উপাসনা করতে হবে"
"you have to worship the Buddha hidden in everyone"
"সবার মধ্যে লুকিয়ে থাকা বুদ্ধের উপাসনা করতে হবে"
"the hidden Buddha which is coming into being the possible"
"লুকানো বুদ্ধ যা সম্ভব হচ্ছে"
"The world, my friend Govinda, is not imperfect"
"জগত, আমার বন্ধু গোবিন্দ, অপূর্ণ নয়"
"the world is on no slow path towards perfection"
"বিশ্ব পরিপূর্ণতার দিকে ধীর পথে নেই"
"no, the world is perfect in every moment"

"না, পৃথিবী প্রতি মুহূর্তে নিখুঁত"
"all sin already carries the divine forgiveness in itself"
"সমস্ত পাপ ইতিমধ্যেই স্বর্গীয় ক্ষমা বহন করে"
"all small children already have the old person in themselves"
"সমস্ত ছোট বাচ্চাদের ইতিমধ্যেই নিজের মধ্যে বৃদ্ধ ব্যক্তি রয়েছে"
"all infants already have death in them"
"সব শিশুর ইতিমধ্যেই মৃত্যু আছে"
"all dying people have the eternal life"
"সমস্ত মৃত মানুষের অনন্ত জীবন আছে"
"we can't see how far another one has already progressed on his path"
"আমরা দেখতে পাচ্ছি না যে অন্য একজন ইতিমধ্যে তার পথে কতদূর এগিয়েছে"
"in the robber and dice-gambler, the Buddha is waiting"
"ডাকাত এবং পাশা-জুয়াড়িতে, বুদ্ধ অপেক্ষা করছেন"
"in the Brahman, the robber is waiting"
"ব্রাহ্মণে, ডাকাত অপেক্ষা করছে"
"in deep meditation, there is the possibility to put time out of existence"
"গভীর ধ্যানে, অস্তিত্ব থেকে সময় বের করে দেওয়ার সম্ভাবনা রয়েছে"
"there is the possibility to see all life simultaneously"
"এক সাথে সব জীবন দেখার সুযোগ আছে"
"it is possible to see all life which was, is, and will be"
"যা ছিল, আছে এবং থাকবে সব জীবন দেখা সম্ভব"
"and there everything is good, perfect, and Brahman"
"এবং সেখানে সবকিছু ভাল, নিখুঁত এবং ব্রহ্ম"
"Therefore, I see whatever exists as good"
"অতএব, আমি যা কিছু বিদ্যমান তা ভাল হিসাবে দেখি"
"death is to me like life"

"মৃত্যু আমার কাছে জীবনের মত"
"to me sin is like holiness"
"আমার কাছে পাপ পবিত্রতার মত"
"wisdom can be like foolishness"
"জ্ঞান মূর্খতার মত হতে পারে"
"everything has to be as it is"
"সবকিছু যেমন আছে তেমন হতে হবে"
"everything only requires my consent and willingness"
"সবকিছুর জন্য শুধুমাত্র আমার সম্মতি এবং ইচ্ছা প্রয়োজন"
"all that my view requires is my loving agreement to be good for me"
"আমার দৃষ্টিভঙ্গির জন্য যা প্রয়োজন তা হল আমার জন্য ভাল হওয়ার জন্য আমার প্রেমময় চুক্তি"
"my view has to do nothing but work for my benefit"
"আমার দৃষ্টিভঙ্গি আমার সুবিধার জন্য কাজ করা ছাড়া কিছুই করতে হবে না"
"and then my perception is unable to ever harm me"
"এবং তারপর আমার উপলব্ধি আমার ক্ষতি করতে অক্ষম"
"I have experienced that I needed sin very much"
"আমি অনুভব করেছি যে আমার পাপের খুব প্রয়োজন ছিল"
"I have experienced this in my body and in my soul"
"আমি আমার শরীরে এবং আমার আত্মায় এটি অনুভব করেছি"
"I needed lust, the desire for possessions, and vanity"
"আমার প্রয়োজন ছিল লালসা, সম্পদের আকাঙ্ক্ষা এবং অসার"
"and I needed the most shameful despair"
"এবং আমার সবচেয়ে লজ্জাজনক হতাশার প্রয়োজন ছিল"
"in order to learn how to give up all resistance"
"কীভাবে সমস্ত প্রতিরোধ ত্যাগ করতে হয় তা শিখতে"

"in order to learn how to love the world"
"বিশ্বকে কীভাবে ভালবাসতে হয় তা শিখতে"
"in order to stop comparing things to some world I wished for"
"আমি চেয়েছিলাম এমন কিছু বিশ্বের সাথে তুলনা করা বন্ধ করার জন্য"
"I imagined some kind of perfection I had made up"
"আমি কল্পনা করেছিলাম যে আমি কিছু পরিপূর্ণতা তৈরি করেছি"
"but I have learned to leave the world as it is"
"কিন্তু আমি পৃথিবীকে যেমন আছে তেমনি ছেড়ে যেতে শিখেছি"
"I have learned to love the world as it is"
"আমি পৃথিবীকে যেমন আছে তেমন ভালোবাসতে শিখেছি"
"and I learned to enjoy being a part of it"
"এবং আমি এটির একটি অংশ হতে উপভোগ করতে শিখেছি"
"These, oh Govinda, are some of the thoughts which have come into my mind"
"ওহে গোবিন্দ, এগুলি আমার মনের মধ্যে কিছু চিন্তা এসেছে"

Siddhartha bent down and picked up a stone from the ground
সিদ্ধার্থ নিচু হয়ে মাটি থেকে একটা পাথর তুলে নিল
he weighed the stone in his hand
সে তার হাতে পাথরটি ওজন করল
"This here," he said playing with the rock, "is a stone"
"এটা এখানে," সে পাথরের সাথে খেলতে খেলতে বলল, "একটি পাথর"
"this stone will, after a certain time, perhaps turn into soil"

"এই পাথর, একটি নির্দিষ্ট সময় পরে, সম্ভবত মাটিতে পরিণত হবে"

"it will turn from soil into a plant or animal or human being"
"এটি মাটি থেকে উদ্ভিদ বা প্রাণী বা মানুষে পরিণত হবে"

"In the past, I would have said this stone is just a stone"
"অতীতে, আমি বলতাম এই পাথরটি একটি পাথর"

"I might have said it is worthless"
"আমি হয়তো বলতাম এটা মূল্যহীন"

"I would have told you this stone belongs to the world of the Maya"
"আমি তোমাকে বলতাম এই পাথরটি মায়ার জগতের"

"but I wouldn't have seen that it has importance"
"কিন্তু আমি দেখতাম না যে এর গুরুত্ব আছে"

"it might be able to become a spirit in the cycle of transformations"
"এটি রূপান্তরের চক্রে একটি আত্মা হয়ে উঠতে সক্ষম হতে পারে"

"therefore I also grant it importance"
"তাই আমিও এটাকে গুরুত্ব দিচ্ছি"

"Thus, I would perhaps have thought in the past"
"এইভাবে, আমি হয়তো অতীতে ভাবতাম"

"But today I think differently about the stone"
"কিন্তু আজ আমি পাথর সম্পর্কে অন্যভাবে চিন্তা করি"

"this stone is a stone, and it is also animal, god, and Buddha"
"এই পাথর একটি পাথর, এবং এটি পশু, দেবতা এবং বুদ্ধ"

"I do not venerate and love it because it could turn into this or that"
"আমি এটিকে শ্রদ্ধা করি না এবং ভালবাসি না কারণ এটি এই বা এটিতে পরিণত হতে পারে"

"I love it because it is those things"
"আমি এটি পছন্দ করি কারণ এটি সেই জিনিসগুলি"

"this stone is already everything"
"এই পাথর ইতিমধ্যে সবকিছু"

"it appears to me now and today as a stone"
"এটি আমার কাছে এখন এবং আজ একটি পাথর হিসাবে প্রদর্শিত হয়"

"that is why I love this"
"তাই আমি এটা ভালোবাসি"

"that is why I see worth and purpose in each of its veins and cavities"
"তাই আমি এর প্রতিটি শিরা এবং গহ্বরে মূল্য এবং উদ্দেশ্য দেখতে পাই"

"I see value in its yellow, gray, and hardness"
"আমি এর হলুদ, ধূসর এবং কঠোরতায় মূল্য দেখি"

"I appreciated the sound it makes when I knock at it"
"আমি যখন এটিতে আঘাত করি তখন এটি যে শব্দ করে তা আমি প্রশংসা করি"

"I love the dryness or wetness of its surface"
"আমি এর পৃষ্ঠের শুষ্কতা বা আর্দ্রতা পছন্দ করি"

"There are stones which feel like oil or soap"
"এমন পাথর আছে যা তেল বা সাবানের মতো মনে হয়"

"and other stones feel like leaves or sand"
"এবং অন্যান্য পাথর পাতা বা বালির মত মনে হয়"

"and every stone is special and prays the Om in its own way"
"এবং প্রতিটি পাথর বিশেষ এবং তার নিজস্ব উপায়ে ওম প্রার্থনা করে"

"each stone is Brahman"
"প্রতিটি পাথরই ব্রাহ্মণ"

"but simultaneously, and just as much, it is a stone"
"কিন্তু একই সাথে, এবং ঠিক ততটাই, এটি একটি পাথর"

"it is a stone regardless of whether it's oily or juicy"
"এটি তৈলাক্ত বা রসালো যাই হোক না কেন এটি একটি পাথর"

"and this why I like and regard this stone"
"এবং এই কারণেই আমি এই পাথরটিকে পছন্দ করি এবং সম্মান করি"

"it is wonderful and worthy of worship"
"এটি চমৎকার এবং উপাসনার যোগ্য"

"But let me speak no more of this"
"কিন্তু আমাকে আর কিছু বলতে দাও না"

"words are not good for transmitting the secret meaning"
"গুপ্ত অর্থ প্রেরণের জন্য শব্দগুলি ভাল নয়"

"everything always becomes a bit different, as soon as it is put into words"
"সবকিছু সবসময় একটু আলাদা হয়ে যায়, যত তাড়াতাড়ি এটি শব্দে রাখা হয়"

"everything gets distorted a little by words"
"সবকিছু কথায় একটু বিকৃত হয়ে যায়"

"and then the explanation becomes a bit silly"
"এবং তারপরে ব্যাখ্যাটি কিছুটা নির্বোধ হয়ে যায়"

"yes, and this is also very good, and I like it a lot"
"হ্যাঁ, এবং এটিও খুব ভাল, এবং আমি এটি অনেক পছন্দ করি"

"I also very much agree with this"
"আমিও এর সাথে খুব একমত"

"one man's treasure and wisdom always sounds like foolishness to another person"
"একজন মানুষের ধন এবং প্রজ্ঞা সর্বদা অন্য ব্যক্তির কাছে বোকামি বলে মনে হয়"

Govinda listened silently to what Siddhartha was saying
গোবিন্দ চুপ করে শুনলেন সিদ্ধার্থ যা বলছে

there was a pause and Govinda hesitantly asked a question
একটি বিরতি ছিল এবং গোবিন্দ ইতস্তত করে একটি প্রশ্ন জিজ্ঞাসা করলেন

"Why have you told me this about the stone?"

"তুমি আমাকে পাথরের কথা বললে কেন?"
"I did it without any specific intention"
"আমি কোন নির্দিষ্ট উদ্দেশ্য ছাড়াই এটি করেছি"
"perhaps what I meant was, that I love this stone and the river"
"সম্ভবত আমি বলতে চেয়েছিলাম যে আমি এই পাথর এবং নদীকে ভালবাসি"
"and I love all these things we are looking at"
"এবং আমি এই সমস্ত জিনিস পছন্দ করি যা আমরা দেখছি"
"and we can learn from all these things"
"এবং আমরা এই সমস্ত জিনিস থেকে শিখতে পারি"
"I can love a stone, Govinda"
"আমি একটি পাথরকে ভালবাসতে পারি, গোবিন্দ"
"and I can also love a tree or a piece of bark"
"এবং আমি একটি গাছ বা বাকলের টুকরোও ভালবাসতে পারি"
"These are things, and things can be loved"
"এগুলি জিনিস, এবং জিনিসগুলিকে ভালবাসা যায়"
"but I cannot love words"
"কিন্তু আমি শব্দ ভালোবাসতে পারি না"
"therefore, teachings are no good for me"
"অতএব, শিক্ষা আমার জন্য ভাল নয়"
"teachings have no hardness, softness, colours, edges, smell, or taste"
"শিক্ষার কোন কঠোরতা, কোমলতা, রং, প্রান্ত, গন্ধ বা স্বাদ নেই"
"teachings have nothing but words"
"শিক্ষার শব্দ ছাড়া আর কিছুই নেই"
"perhaps it is words which keep you from finding peace"
"সম্ভবত এটি এমন শব্দ যা আপনাকে শান্তি খুঁজে পেতে বাধা দেয়"

"because salvation and virtue are mere words"
"কারণ পরিত্রাণ এবং পুণ্য নিছক শব্দ"
"Sansara and Nirvana are also just mere words, Govinda"
"সংসার এবং নির্বাণও নিছক শব্দ, গোবিন্দ"
"there is no thing which would be Nirvana"
"এমন কিছু নেই যা নির্বাণ হবে"
"therefore Nirvana is just the word"
" অতএব নির্বাণ শব্দ মাত্র"
Govinda objected, "Nirvana is not just a word, my friend"
গোবিন্দ আপত্তি জানিয়েছিলেন, "নির্বাণ শুধু একটি শব্দ নয়, আমার বন্ধু"
"Nirvana is a word, but also it is a thought"
"নির্বাণ একটি শব্দ, কিন্তু এটি একটি চিন্তা"
Siddhartha continued, "it might be a thought"
সিদ্ধার্থ বললো, "এটা হয়তো একটা চিন্তা"
"I must confess, I don't differentiate much between thoughts and words"
"আমি অবশ্যই স্বীকার করি, আমি চিন্তা এবং শব্দের মধ্যে খুব বেশি পার্থক্য করি না"
"to be honest, I also have no high opinion of thoughts"
"সত্যি বলতে কি, আমারও চিন্তার কোন উচ্চ মতামত নেই"
"I have a better opinion of things than thoughts"
"চিন্তার চেয়ে জিনিস সম্পর্কে আমার ভাল মতামত আছে"
"Here on this ferry-boat, for instance, a man has been my predecessor"
"এখানে এই ফেরি-বোটে, উদাহরণস্বরূপ, একজন লোক আমার পূর্বসূরি ছিল"
"he was also one of my teachers"
"তিনি আমার শিক্ষকদের একজন ছিলেন"
"a holy man, who has for many years simply believed in the river"

"একজন পবিত্র মানুষ, যিনি বহু বছর ধরে কেবল নদীতে বিশ্বাস করেছিলেন"
"and he believed in nothing else"
"এবং তিনি অন্য কিছুতে বিশ্বাস করেননি"
"He had noticed that the river spoke to him"
"তিনি লক্ষ্য করেছিলেন যে নদী তার সাথে কথা বলেছিল"
"he learned from the river"
"সে নদী থেকে শিখেছে"
"the river educated and taught him"
"নদী তাকে শিক্ষিত করেছে এবং শিখিয়েছে"
"the river seemed to be a god to him"
"নদী তার কাছে দেবতা বলে মনে হয়েছিল"
"for many years he did not know that everything was as divine as the river"
"অনেক বছর ধরে তিনি জানতেন না যে সবকিছুই নদীর মতো ঐশ্বরিক"
"the wind, every cloud, every bird, every beetle"
"বাতাস, প্রতিটি মেঘ, প্রতিটি পাখি, প্রতিটি বিটল"
"they can teach just as much as the river"
"তারা নদীর মতই শিক্ষা দিতে পারে"
"But when this holy man went into the forests, he knew everything"
"কিন্তু এই পবিত্র মানুষটি যখন বনে গেলেন, তিনি সবই জানতেন"
"he knew more than you and me, without teachers or books"
"তিনি আপনার এবং আমার চেয়ে বেশি জানতেন, শিক্ষক বা বই ছাড়াই"
"he knew more than us only because he had believed in the river"
"তিনি আমাদের চেয়ে বেশি জানতেন কারণ তিনি নদীতে বিশ্বাস করেছিলেন"

Govinda still had doubts and questions
গোবিন্দের মনে তখনও সন্দেহ ও প্রশ্ন ছিল
"But is that what you call things actually something real?"
"কিন্তু আপনি যাকে বলছেন তা কি আসলে কিছু বাস্তব?"
"do these things have existence?"
"এই জিনিসগুলির কি অস্তিত্ব আছে?"
"Isn't it just a deception of the Maya"
"এটা কি শুধুই মায়ার প্রতারণা নয়"
"aren't all these things an image and illusion?"
"এই সব জিনিস কি একটি চিত্র এবং মায়া নয়?"
"Your stone, your tree, your river"
"তোমার পাথর, তোমার গাছ, তোমার নদী"
"are they actually a reality?"
"তারা কি আসলেই বাস্তবতা?"
"This too," spoke Siddhartha, "I do not care very much about"
"এটাও," সিদ্ধার্থ বলল, "আমি খুব একটা পাত্তা দিই না"
"Let the things be illusions or not"
"বিষয়গুলি মায়া হোক বা না হোক"
"after all, I would then also be an illusion"
"সবকিছুর পরে, আমিও তখন একটি মায়া হব"
"and if these things are illusions then they are like me"
"এবং যদি এই জিনিসগুলি মায়া হয় তবে তারা আমার মতো"
"This is what makes them so dear and worthy of veneration for me"
"এটাই তাদের এত প্রিয় এবং আমার জন্য শ্রদ্ধার যোগ্য করে তোলে"
"these things are like me and that is how I can love them"
"এই জিনিসগুলি আমার মত এবং আমি কিভাবে তাদের ভালবাসতে পারি"
"this is a teaching you will laugh about"

"এটি এমন একটি শিক্ষা যা আপনি হাসবেন"
"love, oh Govinda, seems to me to be the most important thing of all"
"ভালোবাসা, ওহ গোবিন্দ, আমার কাছে সবচেয়ে গুরুত্বপূর্ণ জিনিস বলে মনে হচ্ছে"
"to thoroughly understand the world may be what great thinkers do"
"বিশ্বকে পুঙ্খানুপুঙ্খভাবে বুঝতে মহান চিন্তাবিদরা যা করেন"
"they explain the world and despise it"
"তারা বিশ্বকে ব্যাখ্যা করে এবং এটিকে ঘৃণা করে"
"But I'm only interested in being able to love the world"
"কিন্তু আমি কেবল বিশ্বকে ভালবাসতে আগ্রহী"
"I am not interested in despising the world"
"আমি দুনিয়াকে তুচ্ছ করতে আগ্রহী নই"
"I don't want to hate the world"
"আমি বিশ্বকে ঘৃণা করতে চাই না"
"and I don't want the world to hate me"
"এবং আমি চাই না পৃথিবী আমাকে ঘৃণা করুক"
"I want to be able to look upon the world and myself with love"
"আমি ভালবাসার সাথে বিশ্ব এবং নিজেকে দেখতে সক্ষম হতে চাই"
"I want to look upon all beings with admiration"
"আমি সমস্ত প্রাণীকে প্রশংসার সাথে দেখতে চাই"
"I want to have a great respect for everything"
"আমি সবকিছুর জন্য মহান সম্মান পেতে চাই"
"This I understand," spoke Govinda
"এটা আমি বুঝি," গোবিন্দ বলল
"But this very thing was discovered by the exalted one to be a deception"
"কিন্তু এই জিনিসটিই প্রতারণা বলে আবিষ্কার করেছেন"
"He commands benevolence, clemency, sympathy, tolerance"

"তিনি দয়া, দয়া, সহানুভূতি, সহনশীলতার আদেশ দেন"
"but he does not command love"
"কিন্তু সে ভালবাসার আদেশ দেয় না"
"he forbade us to tie our heart in love to earthly things"
"তিনি আমাদের হৃদয়কে পার্থিব জিনিসের সাথে প্রেমে বাঁধতে নিষেধ করেছেন"
"I know it, Govinda," said Siddhartha, and his smile shone golden
"আমি এটা জানি, গোবিন্দ," সিদ্ধার্থ বলল, এবং তার হাসি সোনালী হয়ে উঠল
"And behold, with this we are right in the thicket of opinions"
"এবং দেখুন, এর সাথে আমরা মতামতের ঝোপে ঠিক আছি"
"now we are in the dispute about words"
"এখন আমরা শব্দ নিয়ে বিতর্কে আছি"
"For I cannot deny, my words of love are a contradiction"
"কারণ আমি অস্বীকার করতে পারি না, আমার ভালবাসার কথাগুলি একটি দ্বন্দ্ব"
"they seem to be in contradiction with Gotama's words"
"তারা গোটামার কথার সাথে সাংঘর্ষিক বলে মনে হচ্ছে"
"For this very reason, I distrust words so much"
"এই কারণেই, আমি শব্দগুলিকে এত অবিশ্বাস করি"
"because I know this contradiction is a deception"
"কারণ আমি জানি এই দ্বন্দ্ব একটি প্রতারণা"
"I know that I am in agreement with Gotama"
"আমি জানি যে আমি গোটামার সাথে একমত"
"How could he not know love when he has discovered all elements of human existence"
"সে কিভাবে ভালবাসা জানতে পারে না যখন সে মানুষের অস্তিত্বের সমস্ত উপাদান আবিষ্কার করেছে"

"he has discovered their transitoriness and their meaninglessness"
"তিনি তাদের ক্ষণস্থায়ীতা এবং তাদের অর্থহীনতা আবিষ্কার করেছেন"
"and yet he loved people very much"
"এবং তবুও তিনি মানুষকে খুব ভালোবাসতেন"
"he used a long, laborious life only to help and teach them!"
"তিনি একটি দীর্ঘ, শ্রমসাধ্য জীবন ব্যবহার করেছিলেন শুধুমাত্র তাদের সাহায্য এবং শেখানোর জন্য!"
"Even with your great teacher, I prefer things over the words"
"এমনকি আপনার মহান শিক্ষকের সাথেও, আমি শব্দের চেয়ে জিনিস পছন্দ করি"
"I place more importance on his acts and life than on his speeches"
"আমি তার বক্তৃতার চেয়ে তার কাজ এবং জীবনকে বেশি গুরুত্ব দিই"
"I value the gestures of his hand more than his opinions"
"আমি তার মতামতের চেয়ে তার হাতের অঙ্গভঙ্গিকে বেশি মূল্য দিই"
"for me there was nothing in his speech and thoughts"
"আমার জন্য তার বক্তৃতা এবং চিন্তা কিছুই ছিল না"
"I see his greatness only in his actions and in his life"
"আমি কেবল তার কর্ম এবং তার জীবনে তার মহত্ব দেখি"

For a long time, the two old men said nothing
অনেকক্ষণ বুড়ো দুইজন কিছু বলল না
Then Govinda spoke, while bowing for a farewell
তারপর বিদায়ের জন্য প্রণাম করার সময় গোবিন্দ কথা বললেন

"I thank you, Siddhartha, for telling me some of your thoughts"

"আমি তোমাকে ধন্যবাদ জানাই, সিদ্ধার্থ, তোমার কিছু ভাবনা আমাকে বলার জন্য"

"These thoughts are partially strange to me"

"এই চিন্তাগুলি আমার কাছে আংশিকভাবে অদ্ভুত"

"not all of these thoughts have been instantly understandable to me"

"এই সমস্ত চিন্তা আমার কাছে তাৎক্ষণিকভাবে বোধগম্য হয়নি"

"This being as it may, I thank you"

"এটি যেমন হতে পারে, আমি আপনাকে ধন্যবাদ"

"and I wish you to have calm days"

"এবং আমি আপনাকে শান্ত দিন কামনা করি"

But secretly he thought something else to himself

কিন্তু গোপনে নিজের কাছে অন্য কিছু ভাবলেন

"This Siddhartha is a bizarre person"

"এই সিদ্ধার্থ একজন উদ্ভট ব্যক্তি"

"he expresses bizarre thoughts"

"তিনি উদ্ভট চিন্তা প্রকাশ করেন"

"his teachings sound foolish"

"তার শিক্ষা মূর্খ মনে হয়"

"the exalted one's pure teachings sound very different"

"উন্নত ব্যক্তির বিশুদ্ধ শিক্ষাগুলি খুব আলাদা শোনায়"

"those teachings are clearer, purer, more comprehensible"

"এই শিক্ষাগুলি আরও পরিষ্কার, বিশুদ্ধ, আরও বোধগম্য"

"there is nothing strange, foolish, or silly in those teachings"

"সেসব শিক্ষার মধ্যে অদ্ভুত, বোকা বা মূর্খ কিছু নেই"

"But Siddhartha's hands seemed different from his thoughts"

"কিন্তু সিদ্ধার্থের হাত তার চিন্তা থেকে আলাদা বলে মনে হয়েছিল"

"his feet, his eyes, his forehead, his breath"

"তার পা, তার চোখ, তার কপাল, তার শ্বাস"

"his smile, his greeting, his walk"

"তার হাসি, তার অভিবাদন, তার হাঁটা"

"I haven't met another man like him since Gotama became one with the Nirvana"

"গোটামা নির্বাণের সাথে এক হয়ে যাওয়ার পর থেকে আমি তার মতো আর একজনের সাথে দেখা করিনি"

"since then I haven't felt the presence of a holy man"

"তারপর থেকে আমি একজন পবিত্র মানুষের উপস্থিতি অনুভব করিনি"

"I have only found Siddhartha, who is like this"

"আমি কেবল সিদ্ধার্থকে খুঁজে পেয়েছি, যিনি এইরকম"

"his teachings may be strange and his words may sound foolish"

"তাঁর শিক্ষাগুলি অদ্ভুত হতে পারে এবং তাঁর কথাগুলি বোকামি মনে হতে পারে"

"but purity shines out of his gaze and hand"

"কিন্তু তার দৃষ্টি ও হাত থেকে বিশুদ্ধতা জ্বলজ্বল করে"

"his skin and his hair radiates purity"

"তার ত্বক এবং চুল বিশুদ্ধতা বিকিরণ করে"

"purity shines out of every part of him"

"তার প্রতিটি অঙ্গ থেকে পবিত্রতা জ্বলে ওঠে"

"a calmness, cheerfulness, mildness and holiness shines from him"

"একটি প্রশান্তি, প্রফুল্লতা, মৃদুতা এবং পবিত্রতা তার কাছ থেকে উজ্জ্বল হয়"

"something which I have seen in no other person"

"এমন কিছু যা আমি অন্য কারো মধ্যে দেখিনি"

"I have not seen it since the final death of our exalted teacher"

"আমাদের শ্রেষ্ঠ শিক্ষকের চূড়ান্ত মৃত্যুর পর থেকে আমি এটি দেখিনি"

While Govinda thought like this, there was a conflict in his heart

গোবিন্দ যখন এইরকম ভাবছিলেন, তখন তাঁর হৃদয়ে একটা দ্বন্দ্ব ছিল

he once again bowed to Siddhartha

তিনি আবার সিদ্ধার্থকে প্রণাম করলেন

he felt he was drawn forward by love

তিনি অনুভব করেছিলেন যে তিনি ভালবাসার দ্বারা এগিয়ে আছেন

he bowed deeply to him who was calmly sitting

তিনি তাকে গভীরভাবে প্রণাম করলেন যিনি শান্তভাবে বসে ছিলেন

"Siddhartha," he spoke, "we have become old men"

"সিদ্ধার্থ," সে বলল, "আমরা বুড়ো হয়ে গেছি"

"It is unlikely for one of us to see the other again in this incarnation"

"আমাদের একজনের পক্ষে এই অবতারে আরেকজনকে দেখার সম্ভাবনা নেই"

"I see, beloved, that you have found peace"

"আমি দেখছি, প্রিয়, তুমি শান্তি পেয়েছ"

"I confess that I haven't found it"

"আমি স্বীকার করছি যে আমি এটি খুঁজে পাইনি"

"Tell me, oh honourable one, one more word"

"আমাকে বলুন, ওহ মাননীয়, আর একটি শব্দ"

"give me something on my way which I can grasp"

"আমাকে আমার পথে এমন কিছু দাও যা আমি উপলব্ধি করতে পারি"

"give me something which I can understand!"

"আমাকে এমন কিছু দাও যা আমি বুঝতে পারি!"

"give me something I can take with me on my path"

"আমাকে এমন কিছু দিন যা আমি আমার পথে নিয়ে যেতে পারি"

"my path is often hard and dark, Siddhartha"

"আমার পথ প্রায়ই কঠিন এবং অন্ধকার, সিদ্ধার্থ"

Siddhartha said nothing and looked at him

সিদ্ধার্থ কিছু না বলে তার দিকে তাকাল

he looked at him with his ever unchanged, quiet smile

সে তার অপরিবর্তিত, শান্ত হাসি দিয়ে তার দিকে তাকাল

Govinda stared at his face with fear

গোবিন্দ ভয়ে মুখের দিকে তাকাল

there was yearning and suffering in his eyes

তার চোখে আকুলতা ও কষ্ট ছিল

the eternal search was visible in his look

চিরন্তন অনুসন্ধান তার চেহারায় দৃশ্যমান ছিল

you could see his eternal inability to find

আপনি খুঁজে পেতে তার চিরন্তন অক্ষমতা দেখতে পারেন

Siddhartha saw it and smiled

সিদ্ধার্থ তা দেখে হাসলেন

"Bend down to me!" he whispered quietly in Govinda's ear

"আমার কাছে নিচু হও!" সে গোবিন্দের কানে চুপচাপ ফিসফিস করে বলল

"Like this, and come even closer!"

"এই মত, এবং আরো কাছাকাছি আসা!"

"Kiss my forehead, Govinda!"

"আমার কপালে চুমু দাও গোবিন্দ!"

Govinda was astonished, but drawn on by great love and expectation

গোবিন্দ আশ্চর্য হয়েছিলেন, কিন্তু প্রচণ্ড ভালবাসা এবং প্রত্যাশার দ্বারা আকৃষ্ট হয়েছিলেন

he obeyed his words and bent down closely to him

তিনি তার কথা মেনে নিলেন এবং তার কাছে নত হলেন

and he touched his forehead with his lips

আর সে তার ঠোঁট দিয়ে তার কপাল স্পর্শ করল
when he did this, something miraculous happened to him
যখন সে এটা করেছিল, তখন তার সাথে অলৌকিক কিছু ঘটেছিল

his thoughts were still dwelling on Siddhartha's wondrous words
তার চিন্তা তখনও সিদ্ধার্থের বিস্ময়কর কথার উপর আবদ্ধ ছিল

he was still reluctantly struggling to think away time
সে তখনও অনিচ্ছাকৃতভাবে সময় নিয়ে ভাবতে সংগ্রাম করছিল

he was still trying to imagine Nirvana and Sansara as one
তিনি এখনও নির্বাণ এবং সংসারকে এক হিসাবে কল্পনা করার চেষ্টা করছেন

there was still a certain contempt for the words of his friend
তার বন্ধুর কথার প্রতি একটা নির্দিষ্ট অবজ্ঞা ছিল

those words were still fighting in him
সেই কথাগুলো তখনও তার মধ্যে যুদ্ধ করছিল

those words were still fighting against an immense love and veneration
সেই শব্দগুলো তখনও এক অপরিমেয় ভালোবাসা ও শ্রদ্ধার বিরুদ্ধে লড়াই করছিল

and during all these thoughts, something else happened to him
এবং এই সমস্ত চিন্তার সময়, তার সাথে অন্য কিছু ঘটেছিল

He no longer saw the face of his friend Siddhartha
সে আর তার বন্ধু সিদ্ধার্থের মুখ দেখতে পেল না

instead of Siddhartha's face, he saw other faces
সিদ্ধার্থের মুখের পরিবর্তে সে অন্য মুখ দেখতে পেল

he saw a long sequence of faces
তিনি মুখের একটি দীর্ঘ ক্রম দেখেছিলেন

he saw a flowing river of faces

তিনি মুখের একটি প্রবাহিত নদী দেখেছিলেন
hundreds and thousands of faces, which all came and disappeared
শত শত এবং হাজার হাজার মুখ, যা সব এসেছিল এবং অদৃশ্য হয়ে গেছে
and yet they all seemed to be there simultaneously
এবং তবুও তারা সবাই একই সাথে সেখানে আছে বলে মনে হচ্ছে
they constantly changed and renewed themselves
তারা ক্রমাগত পরিবর্তন এবং নিজেদের পুনর্নবীকরণ
they were themselves and they were still all Siddhartha's face
তারা নিজেরাই ছিল এবং তারা এখনও সিদ্ধার্থের মুখ ছিল
he saw the face of a fish with an infinitely painfully opened mouth
তিনি একটি সীমাহীন বেদনাদায়ক মুখ খোলা একটি মাছের মুখ দেখলেন
the face of a dying fish, with fading eyes
মরা মাছের মুখ, বিবর্ণ চোখ সহ
he saw the face of a new-born child, red and full of wrinkles
তিনি একটি নবজাত শিশুর মুখ দেখতে পেলেন, লাল এবং বলিরেখায় ভরা
it was distorted from crying
এটা কান্না থেকে বিকৃত ছিল
he saw the face of a murderer
তিনি একজন হত্যাকারীর মুখ দেখতে পেলেন
he saw him plunging a knife into the body of another person
তিনি তাকে অন্য ব্যক্তির শরীরে একটি ছুরি নিক্ষেপ করতে দেখেছিলেন
he saw, in the same moment, this criminal in bondage
তিনি একই মুহূর্তে এই অপরাধীকে দাসত্বে দেখতে পেলেন

he saw him kneeling before a crowd
তিনি তাকে ভিড়ের সামনে হাঁটু গেড়ে বসে থাকতে দেখেছেন

and he saw his head being chopped off by the executioner
এবং তিনি দেখেন জল্লাদ তার মাথা কেটে ফেলছে

he saw the bodies of men and women
তিনি পুরুষ ও মহিলাদের মৃতদেহ দেখেছেন

they were naked in positions and cramps of frenzied love
তারা অবস্থান এবং উন্মত্ত প্রেমের বাধা ছিল নগ্ন

he saw corpses stretched out, motionless, cold, void
তিনি মৃতদেহগুলিকে প্রসারিত, গতিহীন, ঠান্ডা, শূন্য দেখেছিলেন

he saw the heads of animals
তিনি প্রাণীদের মাথা দেখেছেন

heads of boars, of crocodiles, and of elephants
শুয়োরের মাথা, কুমির এবং হাতির মাথা

he saw the heads of bulls and of birds
তিনি ষাঁড় এবং পাখির মাথা দেখলেন

he saw gods; Krishna and Agni
তিনি দেবতাদের দেখেছিলেন; কৃষ্ণ ও অগ্নি

he saw all of these figures and faces in a thousand relationships with one another
তিনি এই সমস্ত পরিসংখ্যান এবং মুখগুলি একে অপরের সাথে হাজার হাজার সম্পর্কের মধ্যে দেখেছিলেন

each figure was helping the other
প্রতিটি চিত্র অন্যকে সাহায্য করছিল

each figure was loving their relationship
প্রতিটি চিত্র তাদের সম্পর্ক প্রেম ছিল

each figure was hating their relationship, destroying it
প্রতিটি চিত্র তাদের সম্পর্ককে ঘৃণা করছিল, এটি ধ্বংস করছিল

and each figure was giving re-birth to their relationship

এবং প্রতিটি চিত্র তাদের সম্পর্কের পুনর্জন্ম দিচ্ছিল
each figure was a will to die
প্রতিটি চিত্র ছিল মরার ইচ্ছা
they were passionately painful confessions of transitoriness
তারা ছিল ক্ষণস্থায়ীতার আবেগপূর্ণ বেদনাদায়ক স্বীকারোক্তি
and yet none of them died, each one only transformed
এবং তবুও তাদের কেউই মারা গেছে, প্রত্যেকে কেবল রূপান্তরিত হয়েছে
they were always reborn and received more and more new faces
তারা সর্বদা পুনর্জন্ম পেয়েছে এবং আরও নতুন মুখ পেয়েছে
no time passed between the one face and the other
একটি মুখ এবং অন্য মুখের মধ্যে কোন সময় অতিবাহিত হয় না
all of these figures and faces rested
এই পরিসংখ্যান এবং মুখ সব বিশ্রাম
they flowed and generated themselves
তারা প্রবাহিত এবং নিজেদের তৈরি
they floated along and merged with each other
তারা ভেসে উঠল এবং একে অপরের সাথে মিশে গেল
and they were all constantly covered by something thin
এবং তারা সব ক্রমাগত পাতলা কিছু দ্বারা আবৃত ছিল
they had no individuality of their own
তাদের নিজস্ব কোনো ব্যক্তিত্ব ছিল না
but yet they were existing
কিন্তু তবুও তারা বিদ্যমান ছিল
they were like a thin glass or ice
তারা একটি পাতলা গ্লাস বা বরফ মত ছিল
they were like a transparent skin
তারা একটি স্বচ্ছ চামড়া মত ছিল
they were like a shell or mould or mask of water
তারা একটি শেল বা ছাঁচ বা জল মুখোশ মত ছিল

and this mask was smiling
এবং এই মুখোশ হাসছিল
and this mask was Siddhartha's smiling face
আর এই মুখোশটা ছিল সিদ্ধার্থের হাসিমাখা মুখ
the mask which Govinda was touching with his lips
যে মুখোশটি গোবিন্দ তার ঠোঁট দিয়ে স্পর্শ করছিলেন
And, Govinda saw it like this
এবং, গোবিন্দ এটা এভাবে দেখেছেন
the smile of the mask
মুখোশের হাসি
the smile of oneness above the flowing forms
প্রবাহিত রূপের উপরে একতার হাসি
the smile of simultaneousness above the thousand births and deaths
হাজার জন্ম-মৃত্যুর ঊর্ধ্বে যুগপৎ হাসি
the smile of Siddhartha's was precisely the same
সিদ্ধার্থের হাসিটাও ঠিক একই রকম ছিল
Siddhartha's smile was the same as the quiet smile of Gotama, the Buddha
সিদ্ধার্থের হাসি ছিল বুদ্ধের গৌতম হাসির মতোই
it was delicate and impenetrable smile
এটা ছিল সূক্ষ্ম এবং দুর্ভেদ্য হাসি
perhaps it was benevolent and mocking, and wise
সম্ভবত এটি ছিল উপকারী এবং উপহাসকারী এবং জ্ঞানী
the thousand-fold smile of Gotama, the Buddha
গোটামা, বুদ্ধের হাজারগুণ হাসি
as he had seen it himself with great respect a hundred times
যেমনটা সে নিজেই একশোবার পরম শ্রদ্ধার সাথে দেখেছে
Like this, Govinda knew, the perfected ones are smiling
এমনি করে গোবিন্দ জানতেন, সিদ্ধরা হাসছে
he did not know anymore whether time existed
সময় আছে কিনা সে আর জানত না

he did not know whether the vision had lasted a second or a hundred years
তিনি জানতেন না যে দর্শনটি এক সেকেন্ড বা একশ বছর স্থায়ী হয়েছিল
he did not know whether a Siddhartha or a Gotama existed
তিনি জানতেন না সিদ্ধার্থ নাকি গোতম আছে
he did not know if a me or a you existed
সে জানত না আমি বা তোমার অস্তিত্ব আছে কিনা
he felt in his as if he had been wounded by a divine arrow
তার মনে হল যেন সে ঐশ্বরিক তীর দ্বারা আহত হয়েছে
the arrow pierced his innermost self
তীরটি তার অন্তরতম আত্মাকে বিদ্ধ করেছিল
the injury of the divine arrow tasted sweet
ঐশ্বরিক তীরের আঘাতের স্বাদ মিষ্টি ছিল
Govinda was enchanted and dissolved in his innermost self
গোবিন্দ বিমোহিত হয়েছিলেন এবং তাঁর অন্তরে বিলীন হয়েছিলেন
he stood still for a little while
সে কিছুক্ষণ স্থির থাকলো
he bent over Siddhartha's quiet face, which he had just kissed
তিনি সিদ্ধার্থের শান্ত মুখের উপর নিচু হয়েছিলেন, যা তিনি এইমাত্র চুম্বন করেছিলেন
the face in which he had just seen the scene of all manifestations
যে মুখের মধ্যে সে সব প্রকাশের দৃশ্য দেখেছিল
the face of all transformations and all existence
সমস্ত রূপান্তর এবং সমস্ত অস্তিত্বের মুখ
the face he was looking at was unchanged
তিনি যে মুখের দিকে তাকিয়ে ছিলেন তা অপরিবর্তিত ছিল
under its surface, the depth of the thousand folds had closed up again

এর পৃষ্ঠের নীচে, হাজার ভাঁজের গভীরতা আবার বন্ধ হয়ে গিয়েছিল

he smiled silently, quietly, and softly
তিনি নীরবে, শান্তভাবে এবং মৃদু হাসলেন

perhaps he smiled very benevolently and mockingly
সম্ভবত তিনি খুব উদারভাবে এবং উপহাস করে হাসলেন

precisely this was how the exalted one smiled
ঠিক এভাবেই উচ্চাভিলাষী হাসলেন

Deeply, Govinda bowed to Siddhartha
গভীরভাবে, গোবিন্দ সিদ্ধার্থকে প্রণাম করলেন

tears he knew nothing of ran down his old face
অশ্রু সে কিছুই জানত না তার পুরানো মুখ দিয়ে বয়ে গেল

his tears burned like a fire of the most intimate love
তার অশ্রু সবচেয়ে অন্তরঙ্গ প্রেমের আগুনের মত জ্বলে উঠল

he felt the humblest veneration in his heart
তিনি তার হৃদয়ে নম্র শ্রদ্ধা অনুভব করেছিলেন

Deeply, he bowed, touching the ground
গভীরভাবে, তিনি মাটি স্পর্শ করে প্রণাম করলেন

he bowed before him who was sitting motionlessly
তিনি তার সামনে প্রণাম করলেন যিনি নিশ্চল বসে ছিলেন

his smile reminded him of everything he had ever loved in his life
তার হাসি তাকে মনে করিয়ে দেয় যে সে তার জীবনে যা ভালোবাসেনি

his smile reminded him of everything in his life that he found valuable and holy
তার হাসি তাকে তার জীবনের সবকিছু মনে করিয়ে দেয় যা সে মূল্যবান এবং পবিত্র বলে মনে করেছিল

www.tranzlaty.com

www.ingramcontent.com/pod-product-compliance
Lightning Source LLC
Chambersburg PA
CBHW012000090526
44590CB00026B/3803
* 9 7 8 1 8 3 5 6 6 6 7 4 6 *